中华当代学术著作辑要

社会主义价格理论与价格改革

张卓元 著

图书在版编目(CIP)数据

社会主义价格理论与价格改革/张卓元著.—北京：商务印书馆，2023
（中华当代学术著作辑要）
ISBN 978-7-100-21700-2

Ⅰ.①社… Ⅱ.①张… Ⅲ.①社会主义经济—价格理论—研究 ②物价改革—研究—中国 Ⅳ.①F045.32 ②F726.1

中国版本图书馆 CIP 数据核字(2022)第 169072 号

权利保留，侵权必究。

中华当代学术著作辑要
社会主义价格理论与价格改革
张卓元　著

商　务　印　书　馆　出　版
（北京王府井大街36号　邮政编码100710）
商　务　印　书　馆　发　行
北 京 通 州 皇 家 印 刷 厂 印 刷
ISBN 978-7-100-21700-2

2023年3月第1版　　开本710×1000 1/16
2023年3月北京第1次印刷　印张16½
定价：98.00元

中华当代学术著作辑要
出　版　说　明

学术升降,代有沉浮。中华学术,继近现代大量吸纳西学、涤荡本土体系以来,至上世纪八十年代,因重开国门,迎来了学术发展的又一个高峰期。在中西文化的相互激荡之下,中华大地集中迸发出学术创新、思想创新、文化创新的强大力量,产生了一大批卓有影响的学术成果。这些出自新一代学人的著作,充分体现了当代学术精神,不仅与中国近现代学术成就先后辉映,也成为激荡未来社会发展的文化力量。

为展现改革开放以来中国学术所取得的标志性成就,我馆组织出版"中华当代学术著作辑要",旨在系统整理当代学人的学术成果,展现当代中国学术的演进与突破,更立足于向世界展示中华学人立足本土、独立思考的思想结晶与学术智慧,使其不仅并立于世界学术之林,更成为滋养中国乃至人类文明的宝贵资源。

"中华当代学术著作辑要"主要收录改革开放以来中国大陆学者、兼及港澳台地区和海外华人学者的原创名著,涵盖语言、文学、历史、哲学、政治、经济、法律、社会学和文艺理论等众多学科。丛书选目遵循优中选精的原则,所收须为立意高远、见解独到,在相关学科领域具有重要影响的专著或论文集;须经历时间的积淀,具有定评,且侧重于首次出版十年以上的著作;须在当时具有广泛的学术影响,并至今仍富于生命力。

自1897年始创起,本馆以"昌明教育、开启民智"为己任,近年又确立了"服务教育,引领学术,担当文化,激动潮流"的出版宗旨,继上世纪八十年代以来系统出版"汉译世界学术名著丛书"后,近期又有"中华现代学术名著丛书"等大型学术经典丛书陆续推出,"中华当代学术著作辑要"为又一重要接续,冀彼此间相互辉映,促成域外经典、中华现代与当代经典的聚首,全景式展示世界学术发展的整体脉络。尤其寄望于这套丛书的出版,不仅仅服务于当下学术,更成为引领未来学术的基础,并让经典激发思想,激荡社会,推动文明滚滚向前。

商务印书馆编辑部

2016 年 1 月

再版前言

衷心感谢商务印书馆将我于1987年4月出版的《社会主义价格理论与价格改革》一书再版。在本书即将再版发行之际，我特做一简要说明。

第一，对本书的回顾与评价。

本书是在三十四年前党的十三大开幕前夕写成和出版的。当时还是中国实行改革开放初期，正在"摸着石头过河"，社会各界特别是经济学界对如何推进改革，包括是否坚持市场导向改革、是逐渐推进还是快速转轨、价格改革在经济改革中的地位和作用等问题，有不同意见，争论不休。1987年10月至1988年6月，国家体改委还组织中国社会科学院课题组、中共中央党校课题组、北京大学课题组、中国人民大学课题组、吴敬琏课题组等八个单位，上百名当时出众的经济学家，就我国中期(1988—1995年)改革规划纲要分别提出报告，对此后市场化改革如何推进提出不同的方案，报告写作过程中，还专门组织研讨会，交流各家主张，并展开热烈讨论。当时，有的主张中期改革应以企业改革为主线，有的则主张以价格改革为主线，还有的则主张企业改革和价格改革双线推进；在改革推进的速度上，有的主张快速(五年左右)基本转轨，有的则主张稳中求进等。我本人作为中国社会科学院课题组负责人之一，也积极参与讨论。可以说，那时呈现出久违的百家争鸣的可喜局面(参见1988年沈阳出版社出版的《中国改革大思路》一书)。在这样一个大环境下，本书拥护党的十二届三中全会决定说的"价格体系的改革是整个经济体制改革成败的关键"的论断,从理论上论证了为什么价格改革是经济体制改革成败的关键,不赞成贬低价格改革重要性的主张;主张价格改革目标模式应选择用市场价格体制取代行政定价体制,让价格在市场中形成,同时认为改革应采取分步实施、配套进行,反对一步到位的主张;认为应着力推进价格形成机制改革,以此促进价格体系合理化,认为单靠调整价格是不可能真正理顺价格结构的;认为要顺利推进价格改革,必须控制社会总需求和货币供应量,防止物价过快上涨,反对实施通货膨胀政策;等等。

1987年10月25日,党的十三大报告明确中国价格改革的目标,是"逐步建立少数重要商品和劳务价格由国家管理,其他大量商品和劳务价格由市场调节的制度",实质上就是市场价格制度(这比1992年确立社会主义市场经济体制改革目标整整早五年)。而本书在此之前就认为中国价格改革的目标是,"以自由价格为主,部分产品仍实行国家统一定价和浮动价",实质上就是市场价格制度。这说明本书在改革大潮中是跟上潮流的,属于市场化改革的促进派。需要说明,在二十世纪八十年代中期,主张用市场价格体制代替行政定价体制作为中国价格改革目标模式的不只是我一个人,而是有好些人。我在《价格理论与实践》2018年第12期发表的《中国价格改革目标的较早确立及其影响——纪念价格改革40周年》一文中就说:"1984年11月25日至30日在江苏常州举行的中国价格学会(会长是当时国家物价局局长刘卓甫)第三次价格理论讨论会上,就对中国价格改革目标展开了热烈的讨论。有三种意见:第一种,国家统一定价、浮动价、自由价并存,以浮动价为主。第二种,中央定价、地方定价、企业定价并存,以企业定价为主。第三种,谁经营谁定价。有的经济学家明确提出,放弃行政定价体制,价格形成要充分考虑国内外市场供求情况。1986年后,参加讨论的多数经济学家已逐渐明确价格改革的目标,是用市场价格体制代替行政定价体制,我所在的中国社会科学院财贸所价格研究团队,也在发表的论著中明确主张市场价格体制。"

顺便说一下,本书还比较详细地记录了1979年后中国价格改革的实际进展,这对了解和研究改革开放史是有帮助的。

第二,中国价格改革是经济市场化改革的一个成功范例。

中国经济市场化改革到2020年已进行四十二年,社会主义市场经济体制已经确立并在不断完善中。在这当中,价格改革是进展比较顺利的,在二十世纪八九十年代更曾显示一枝独秀,走在整个经济体制改革前面。比如二十世纪八十年代由于放开小商品、农副产品、工业消费品等价格,结果放到哪里活到哪里,商品价格一旦放开就会像泉水般涌流出来,市场逐渐繁荣,凭票供应的票证一个一个取消,给老百姓的生活带来极大的便利,让老百姓切身感受到改革带来的好处,从而支持改革、拥护改革。

党和政府在改革开放初期就高度重视价格改革。1984年,党的十二届三中全会《中共中央关于经济体制改革的决定》就指出,"价格是最有效的调节手段,合理的价格是保证国民经济活而不乱的重要条件,价格体系的改革是整个经济体制改革成败的关键"。决定做出后,1985年1月1日,中央一号文件规定,从当年起,除个别品种外,国家放开农产品价格。1986年,国家全部放开小商品价格,并放开了自行车、电冰箱、洗衣机等七种主要工业消费品价格。1985年1月,国家放开工业生产资料属于企业自销和完成国家计划后的超产部分的出厂价格,实行工业生产资料价格双轨制。1987年党的十三大报告进一步提出建立社会主义市场价格体制。

随着1985年起价格改革以放开价格为主,价格领域的市场化改革进展迅速。1990年,市场调节价在社会商品零售总额中的比重已过半数。在1992年党的十四大确立社会主义市场经济体制改革目标时,商品和服务价格市场化比重已达60%以上。这说明,在国民经济其他领域开始明确建立社会主义市场经济体制时,商品和服务价格领域的市场价格体制已率先初步建立起来了。这正是中国价格改革常常走在整个经济体制改革前面的原因和重要表现。

党的十八大以后,价格领域市场化改革继续深化推进。2013年党的十八届三中全会决定提出,"完善主要由市场决定价格的机制。凡是能由市场形成价格的都交给市场,政府不进行不当干预。推进水、石油、天然气、电力、交通、电信等领域价格改革,放开竞争性环节价格。政府定价范围主要限定在重要公用事业、公益性服务、网络型自然垄断环节,提高透明度,接受社会监督。完善农产品价格形成机制,注重发挥市场形成价格作用"。2015年10月,《中共中央 国务院关于推进价格机制改革的若干意见》发布,对如何更好地落实三中全会决定关于深化价格改革部分做了具体部署。意见明确了今后六大重点领域价格改革方向,即完善农产品价格形成机制,加快推进能源价格市场化,完善环境服务价格政策,理顺医疗服务价格,健全交通运输价格机制,创新公用事业和公益性服务价格管理。决定和意见发布后,各方面迅速行动,落实各项深化价格改革举措,取得良好效果。到2017年,97%的商品和服务价格已放开由市场调节,价格市场化程度之高,已远远超出二十世纪八九十年代人们的设想,那时大家认为80%左右的商品和服务价格放开由市场调节,就算是实行市场价格体制了。

党的十八大以后价格改革的深化,还表现在加快推进生产要素价格的市场化改革,并取得重要进展。这也是今后深化中国价格改革的重点。

第三,深化价格改革展望。

2017年,党的十九大报告指出,"经济体制改革必须以完善产权制度和要素市场化配置为重点"。而要素市场化配置的关键是要素价格市场化和要素的自由流动。报告还提出要"加快要素价格市场化改革"。因此,今后价格改革首先是推进生产要素价格的市场化。

生产要素价格主要包括:资本要素价格利息率和人民币对外币的比率汇价,劳动力的价格工资,土地的价格地租和地价,技术要素中科技成果资本化,数据要素市场价格等。按照发展社会主义市场经济的要求,必须完善主要由市场决定要素价格机制。

资本的价格利率,经过多年的市场化改革,2015年最终放开银行存款利率上限,标志着利率市场化已基本形成。存在的问题是贷款利率双轨制,即银行给国有大中型企业的贷款利率较低,给民营和小微企业的贷款利率较高,有关部门正在采取措施缩小价差。与此同时,人民币汇率市场化形成机制不断完善。2016年,人民币正式纳入国际货币基金组织特别提款权货币篮子,标志着人民币资本项目可兑换向前迈了一大步。2020年,有的自由贸易试验区内部开始试行人民币资本项目自由兑换。这方面改革需随着经济的增长和对外开放的扩大继续深化。

工资是劳动力的价格,工资形成机制改革的方向也是市场化。改革开放后,我国各种各样的就业市场逐步建立和发展,大批农民工到城市就业。据统计,2015年,全国2.7亿农民工月工资已达3000元;2020年,全国超过2.8亿农民工月工资已达4072元。中国劳动力市场发展的最大障碍是现行的户籍制度,户籍没有放开严重影响劳动力的流动,从而影响劳动力市场价格的更好形成。进入新世纪后,国家开始探索和实施户籍制度改革,积极推动超大、特大城市调整完善积分落户政策,探索推动在长三角、珠三角等城市群率先实现户籍准入年限同城化累计互认。2021年,有的地区如浙江省取消除杭州市外的城市落户限制,试行以经常居住地登记户口制度。此外,相关措施还有建立城镇教育、就业创业、医疗卫生等基本公共服务与常住人口挂钩机制,推动公共资源按常住人口规模配置;继续健全最低工资标准调整、工资集体协商和企业薪酬调查制度;深化国有企业工资决定机制改革,完善事业单位岗位绩效工资制度;建立公务员和企业相当人员工资水平调查比较制度,落实并完善工资正常调整机制。

在土地和地租价格市场化改革方面,2013年,党的十八届三中全会决定提出:"建立城乡统一的建设用地市场。在符合规划和用途管制前提下,允许农村集体经营性建设用地出让、租赁、入股,实行与国有土地同等入市、同权同价。"此后,又进一步明确,要从两权分离即农村集体土地所有权和农户土地承包权的分离,发展为三权分离,即农村集体土地所有权、农户土地承包权、农村土地经营权的分离,发展土地承包经营权流转市场。到2020年,有的大城市郊区,在农村集体经营性建设用地上,建起商品房用于出租,租金虽然比较便宜,但已可大大增加农村集体收入。

技术要素价格市场化程度较高,技术市场发展也较快。技术市场成交金额2000年为651亿元,2020年已发展为28252亿元,名义增长达42倍以上。

数据要素价格市场化正在积极探索中。随着数字经济的快速发展,数据交易越来越多,将在竞争中逐步形成市场调节价。

其次,进一步完善资源产品价格形成机制。资源产品很多都在自然垄断行业。党的十八届三中全会决定明确规定,自然垄断行业要实行网运分开,放开竞争性业务。也就是说,自然垄断行业中的竞争性业务是要放开由市场调节的,其价格也要实行市场调节价;而自然垄断环节则一般实行政府定价,由有关机构进行监管,并接受社会监督。

2020年,我国正式宣布将力争2030年前实现碳达峰、2060年前实现碳中和。这意味着我国经济社会发展要全面实现绿色转型,也意味着深化能源价格改革要围绕"碳达峰、碳中和"目标推进。比如,要更好实行针对高耗能、高排放行业的差别电价、阶梯电价等绿色电价政策,完善居民阶梯电价制度等。

我国是淡水资源短缺国家,人均淡水资源占有量只有世界平均水平的四分之一。与此同时,水资源利用效率不高,水污染防治压力较大。要用价格杠杆促进水资源的高效清洁利用,系统推进水利工程水价、农业水价、城市供水价格、污水处理费等改革,助力水资源保护、水污染防治、水生态修复等。

以上说明,我国资源价格改革仍需继续深化。

2020年新冠肺炎疫情暴发以来,各国均采取宽松的货币政策,大量放水,刺激经济,导致2021年国际市场上许多大宗商品价格包括铁矿石、原油、粮食等大幅上涨,出现通货膨胀的苗头,而通货膨胀会严重干扰市场价格体制的完善,影响国民经济的稳定健康运行,影响人民生活的改善。如何防止通货膨胀的袭击,及时治理通货膨胀,也需认真关注。

最后,依法治价,完善监管。政府的一个重要职责就是要维护公平竞争的市场环境,依法规范市场主体包括政府的价格行为。我国规范市场主体价格行为的主要有1998年颁布实施的《价格法》和2008年实施的《反垄断法》,比如《价格法》规定了经营者禁止从事的价格串通、低价倾销、哄抬物价、价格欺诈、价格歧视、压价收购、牟取暴利等不正当价格行为。《反垄断法》从维护市场公平竞争的角度,对排除、限制市场竞争的价格行为予以禁止。强化反垄断执法是依法治价的重要方面,自2008年实施《反垄断法》后,国家发改委、地方价格主管部门等调查并已做出执法决定的反垄断案件已超过百件,罚没金额达几百亿元。

"十四五"期间,还要基本建立适应高质量发展要求的价格政策体系,做好保供稳价、促进经济社会绿色转型等。

需要指出,我国市场价格监管制度建设也要进一步完善。比如,1998年颁布实施的《价格法》,一些规定已经不适应监管的需要,新世纪后网络平台发展迅速,规范网上价格行为现行法律法规缺乏针对性规则,需要制定专门的监管规则,或者对现行制度进行修订完善。《反垄断法》也面临类似情况。总之,今后需加强制度建设,进一步完善法律法规。

张卓元

2021 年 7 月于北京

说　　明

随着我国经济体制改革的逐步展开,社会主义价格理论和价格改革问题日益为人们所关注。在传统经济体制下形成的价格体系和价格管理体制,越来越不适应社会主义有计划商品经济的发展,不适应对内搞活经济、对外实行开放方针的贯彻执行。价格改革特别是价格体系改革已经成为整个经济体制改革成败的关键。

在这种客观形势的推动下,价格问题成了经济科学研究的一个热门。这几年,价格基础理论研究和实际问题研究都很活跃,理论界和经济界还对其中一些重大问题展开了热烈的讨论。1981年,国务院决定成立价格研究中心,开始组织测算理论价格,并已取得了初步的成果。事实证明,价格理论研究和讨论的开展,不仅有助于繁荣和发展社会主义经济科学,而且能够有效地提高我们进行价格改革的自觉性和提高价格工作的管理水平。

价格是国民经济活动的综合表现,牵涉的问题很多、很复杂。本书拟着重对社会主义价格形成理论、价格改革的理论基础(包括目标模式、步骤、如何配套、理顺价格与稳定价格的关系、经济环境)等问题,进行一些探讨。

目　　录

第一章　正确认识社会主义经济的性质是研究社会主义价格问题的出发点…………………………………………………………… 1
第二章　价格在社会主义经济中的作用 ………………………… 26
第三章　社会主义价格形成的一般规律 ………………………… 46
第四章　社会主义理论价格或基础价格 ………………………… 74
第五章　价格改革是经济体制改革成败的关键 ………………… 97
第六章　价格改革的目标模式 …………………………………… 115
第七章　我国价格体系的改革 …………………………………… 131
第八章　我国价格管理体制的改革 ……………………………… 151
第九章　价格改革与价格总水平的控制 ………………………… 174
第十章　价格改革要分步、配套进行 …………………………… 191
第十一章　社会主义国家对价格的直接管理和间接管理 ……… 213
第十二章　为价格改革创造良好的经济环境 …………………… 233

第一章　正确认识社会主义经济的性质是研究社会主义价格问题的出发点

研究社会主义经济中的价格,包括研究价格在社会主义经济中的地位和作用,社会主义价格形成的规律性,价格体系和价格管理体制的改革等问题,都要首先明确社会主义经济的根本性质和特征。对社会主义经济的性质的不同认识,往往对上述问题得出极不相同的结论。

1984年,党的十二届三中全会做出的《中共中央关于经济体制改革的决定》指出:(社会主义计划经济)是在公有制基础上的有计划的商品经济。这是对社会主义经济性质的总的概括,是通过总结国内外几十年社会主义建设的经验和教训得出的科学结论,对于我国社会主义现代化建设和经济体制改革,具有重大指导意义。确认社会主义经济是有计划的商品经济,为我们分析和考察社会主义价格问题指明了方向,提供了研究问题的根本出发点和理论基础。

第一节　研究的主题是社会主义商品经济中的价格

价格是人们最常见、接触最多的经济现象。我们日常碰到的价格,包括它的形成、运动、作用等,都是在社会主义经济条件下活生生地存在的。因此,研究价格问题,不能脱离周围的经济条件,不能不首先考察社会主义经济的性质和特征。

国内外理论界和经济界关于社会主义经济的性质和特征问题的研

究和讨论，焦点就在于商品货币关系在社会主义经济中的地位和作用，包括：社会主义经济中是否存在商品货币关系？如果存在，是局部范围存在，还是广泛存在？如果广泛存在，能不能说社会主义经济也是一种商品经济？等等。

我国经济学界对社会主义商品关系问题的认识，总的来说，经历了如下三个发展阶段：

第一阶段，从1953到年1976年"四人帮"被粉碎时为止。多数人认为，社会主义两种公有制经济之间交换的产品、国家卖给职工的个人消费品，都是商品；而在全民所有制经济内部交换的生产资料，则基本上不是商品，只具有商品的外壳。

与此相联系，学术界一般都按照斯大林《苏联社会主义经济问题》一书的观点，解释社会主义商品生产存在的原因，认为除了存在社会分工这个一般条件外，主要是由两种社会主义公有制（即全民所有制和集体所有制）的并存决定的。1956年以后，直到"文化大革命"前夕，随着我国社会主义建设的发展和理论研究的逐步深入，不少文章认为，只从两种社会主义所有制并存，不能全面说明社会主义商品生产存在的原因，并从社会主义社会还要保留物质利益原则（或物质利益关系）出发，对社会主义商品生产存在的原因提出了各种不尽相同的说法。但是，这一时期占统治地位的观点，还是两种公有制并存决定论。"文化大革命"期间，"四人帮"及其舆论工具把社会主义商品关系归结为旧社会的残余和痕迹，或者资本主义因素，又从斯大林的观点大大后退一步。

第二阶段，从粉碎"四人帮"特别是1978年底党的十一届三中全会到1984年党的十二届三中全会为止。多数人认为，不仅两种公有制经济之间交换的产品、国家卖给职工的个人消费品，都是商品，而且全民所有制经济内部交换的生产资料，也是商品，从而肯定社会主义社会存在广泛的商品关系。

与此相联系,学术界着重从全民所有制经济内部关系来分析社会主义商品关系存在的原因。例如,有人从全民所有制经济内部人与人之间、劳动者集体(企业)之间存在经济利益的差别和矛盾,有人从全民所有制经济中存在部分集体所有制或企业所有制因素,有人从全民所有制经济中存在所有权与经营权的分离等,来论证社会主义商品关系存在的客观必然性。

第三阶段,从1984年党的十二届三中全会做出《中共中央关于经济体制改革的决定》到现在。一般都认为,社会主义经济不仅存在广泛的商品货币关系,而且社会主义经济从总体上看,仍然是一种商品经济。①

应当指出,这三个阶段的划分是相对的,不是绝对的。在第一阶段,确切点说,从1957年开始,就有人从社会主义全民所有制经济的特点出发,分析社会主义商品关系存在的原因,并且有人明确地从社会主义社会存在经济利益差别的角度,论证全民所有制经济内部交换的生产资料也是商品,只是这种观点在这一阶段不占主导地位。在第二阶段,也有一些论著,提出社会主义经济是一种商品经济,包括提出社会主义经济活动也要按商品经济的原则来组织,但是,当时并没有明确提出社会主义经济从总体上看仍然是一种商品经济,土地、资金商品化和土地市场、资金市场、劳动力市场、技术市场等问题也还没有提出来。与此相反,在第二阶段,仍有人坚持只能从两种公有制并存来论证社会主义商品关系存在的客观必然性,认定全民所有制经济内部交换的生产资料不是商品。在第三阶段,也不是没有人怀疑社会主义经济是有计划的商品经济的概括。但是,这些在经济学界和论坛中都不占优势。

---

① 参见张卓元:《社会主义商品经济》,《经济研究》编辑部编《中国社会主义经济理论的回顾与展望》,经济日报出版社1986年版。

这也说明，学术思想的发展、人的认识的发展，不是直线式的、同步的，而是螺旋式上升的、不同步的。

还要指出，确认社会主义经济是商品经济，比一般的承认社会主义经济存在商品货币关系，在理论上前进了一大步。因为坚持两种公有制决定商品关系存在的人，反对大力发展社会主义商品生产和商品交换的人（斯大林就没有提出过要大力发展社会主义商品生产和商品交换），也能接受后一种说法，即只是一般地承认社会主义经济存在商品货币关系。也有人赞成从全民所有制经济内部寻找商品关系存在的原因，但是不同意社会主义市场体系包括资金等生产要素市场，认为资金等生产要素市场是属于资本主义性质的东西，这实际上是不承认社会主义经济从总体上看是一种商品经济。与此不同，承认社会主义经济也是一种商品经济，就意味着承认社会主义经济活动绝大部分是商品经济活动，例如，工农业产品，除少数自给部分（工业品不到10%，农产品三分之一左右）外，都要作为商品进入流通过程，而且随着技术的进步和生产的发展，专业化和社会化水平的提高，工农业产品特别是农产品的商品率将进一步提高；发展社会主义经济就是发展社会主义商品经济，要求彻底摆脱自然经济的锁链；有计划地组织、调节、控制经济，就是有计划地组织、调节、控制商品经济；承认社会主义企业是商品生产者和经营者，实行自主经营、自负盈亏；随着社会主义商品关系的发展，一些不是劳动产品的，如土地、资金等，也将逐步商品化，进入社会主义市场体系；社会主义经济主要是通过企业间的横向的信息流和市场力量，来协调经济的运行，尊重等价交换原则，发展横向经济联系；市场机制作为社会主义经济的内在机制，将发挥重要作用；等等。所有这些，相对于原来承认社会主义经济存在商品关系的认识，是一个大的飞跃。

人们认识的发展是由实践所推动的。理论界对社会主义商品货币关系的认识的发展也不例外。我们知道,传统的经济理论总是把社会主义计划经济同商品经济对立起来,把价值规律看成是社会主义经济的异物。根据这种理论,许多社会主义国家都建立起高度集中的、以行政管理为主的、排斥利用商品货币关系的经济管理体制。长时期以来,这甚至被认为是社会主义经济的唯一可行的模式。但是,在几十年的实践中,人们越来越深切地感到,这种管理体制不完全符合社会主义经济发展的客观规律,存在种种弊端,特别明显地表现在整个社会经济活动缺乏生机和活力,经济效益不高等上面。因为排斥商品货币关系,否认企业是相对独立的商品生产者,一切经济活动几乎都听命于上级领导机关特别是计划机关的指令,自然压抑了数以十万计的企业和数以千万计的劳动者的积极性,使社会经济不能生气勃勃地灵活运转;同时,不通过市场这个纽带,就很难了解社会和消费者的需要及其变化,信息不灵,也往往使计划脱离实际,货不对路,一方面大量产品积压,一方面又有许多产品短缺,造成比例失调和社会劳动的浪费。所以,当社会主义经济发展到一定阶段,特别是要求生产的发展更好地符合社会多方面的需要、社会经济更加重视提高效益和保持灵活运转的时候,必然要求对原有的过分集中的经济体制进行改革。这种改革的主要内容,就在于充分利用商品货币关系和市场机制,来改善我们的经济组织和管理工作。党的十一届三中全会以来,党中央关于改革经济体制的一系列卓有成效的决策,就是在充分认识到社会主义计划经济必须大力发展商品生产和商品交换,更好地利用市场机制和市场调节,从而坚决抛弃那种把计划经济和商品经济对立起来的自然经济或半自然经济的观点后做出的。可以这样说,重视还是排斥商品货币关系是新旧体制的根本标志。

为什么社会主义经济仍然具有商品经济的性质呢?最重要的,是因为社会主义经济中商品关系有其存在的客观必然性。一方面,社会主义经济存在广泛的社会分工,这是商品经济存在和发展的前提条件。另一方面,在社会主义社会,不仅还存在全民所有制和集体所有制,它们之间需要通过商品交换来建立彼此的经济联系;而且在全民所有制经济内部,由于还要承认不同劳动者的能力是"天然特权",人与人之间、企业与企业之间便仍然存在根本利益一致前提下的经济利益差别,即每个劳动者和企业,都有自己相对独立的经济利益,其中劳动者的利益在相当程度上是同企业的利益结合在一起的,这就决定了在全民所有制经济内部,在国营企业之间,不能不采取以等价交换为基本特征的商品关系,来调节他们之间的经济利益矛盾。

社会主义存在商品关系的客观必然性,还可以进一步从社会主义企业仍然是相对独立的商品生产者和经营者的角度进行论证。

各国社会主义建设的经验表明:社会主义条件下把整个社会作为一个"辛迪卡"的设想是行不通的。社会主义全民所有制的生产和经营是要分散到各个企业进行的。社会或国家必须承认其相对独立性,必须让这些企业实行经济核算制、自主经营、自负盈亏,使企业和劳动者从物质利益上关心生产和经营的成果。正如列宁所说:"必须把国民经济的一切大部门建立在个人利益的关心上面。共同讨论,专人负责。由于不会实行这个原则,我们每一步都吃到苦头。"[①]社会主义经济关系要求从物质利益上调动劳动者的社会主义积极性,全民所有制企业对生产资料的占有、使用和经营管理权,就含有重要的经济意义,直接关系到企业和职工的物质利益,使不同企业之间存在一定的你我界限。在某种意义上,企业的这种对生产资料的占有、使用和经营管理权,也可以说是一定程度的对生产资料的所有权。至于企业用自有资

[①] 列宁:《新经济政策和政治教育局的任务》,《列宁全集》第33卷,人民出版社1957年版,第51页。

金或税后利润购置的生产资料,则有较大程度的所有权。这种情况,都使企业要细心盘算其经营成果,计算盈亏,力争多盈利。国营企业生产的产品,包括生产资料,在企业间进行交换时,不能说根本不发生所有权的转移,因为所有权终究要归结为经济利益,既然企业间买卖生产资料与各自的经济利益相联,那么,生产资料的买卖就实际上发生一定意义的所有权转移。正因为这样,社会主义社会还要借助等价交换原则来调节生产和经营这些产品的企业的经济利益矛盾。因此,社会主义国有企业,实际上是作为相对独立的商品生产者和经营者存在的。它们所生产和经营的产品,不论是消费品还是生产资料,都是商品。否认这些,就是违背了社会主义经济的本质,必然破坏社会主义经济的健全发展,使我们每一步都吃到苦头。

有人认为,用利益差别论来论证社会主义商品关系存在的客观必然性,同马克思主义经典著作对商品关系存在的原因的解释对不上号。这个说法并不完全。

的确,马克思主义经典著作反复讲过,一旦社会占有生产资料和消灭私有制以后,商品关系将不复存在,也讲过商品首先是私人生产品这些话。但是,我们也要看到,在马克思主义经典著作中,也有一些地方讲到存在经济上的你我界限,因而导致发生商品关系。只不过以往我们对这些论述没有引起足够的注意,甚至被人们遗忘了,从而得出社会主义存在商品关系在马克思著作中找不到任何根据的结论。

事实上,马克思在《资本论》第1卷开头就说过,商品关系体现的是在经济上"彼此当作外人看待的关系"[①]。因此,在古代,"商品交换是在共同体的尽头,在它们与别的共同体或其成员接触的地方开始

[①] 《马克思恩格斯全集》第23卷,人民出版社1972年版,第105页。

的"①。显然,当时并未出现私有制,商品关系最早是在两个原始共同体之间交换产品时发生的,他们各自用自己的产品去交换对方的产品。可见,只要存在经济上的你我界限,彼此当作外人看待,就存在商品关系的根源。这种分析,是符合马克思的原意的。

过去曾提出这样的问题,马克思在《哥达纲领批判》中,认为在实行按劳分配的社会主义社会中,商品关系将不再存在,这是不是马克思的论断有欠缺之处呢?

我认为,这个问题要对具体的历史条件进行具体分析。

首先,马克思和恩格斯都一再申明:他们只能从对他们所处的时代的资本主义经济的分析中推论未来社会的大致情景。他们从这种分析中所能得出的唯一结论是生产资料的公有制必将代替资本主义的私有制,至于新社会组织方面的细节,要留待以后的实践去解决,他们不能给出什么"现成方案"或"最终规律"去束缚后来革命家的手脚。

其次,在马克思、恩格斯生活的时代,生产力的发展水平还是不高的,技术的发展也远不如今天这样日新月异,那时产品品种少,人们的需求结构比较简单,因此,可能马克思、恩格斯设想在未来实行按劳分配时,不但生产安排比较简单,而且可以做到每个劳动者从社会获得他提供了多少劳动量的凭证,然后到社会的分配机关领取各种消费品(多少斤面粉、油、糖、肉等食品和多少米棉布等)②,如像我们在革命战

---

① 《马克思恩格斯全集》第 23 卷,第 106 页。

② 恩格斯说过:"在共产主义社会里无论生产和消费都很容易估计。既然知道每一个人平均需要多少物品,那就容易算出一定数量的人需要多少物品;既然那时生产已经不掌握在个别私人企业主的手里,而是掌握在公社及其管理机构的手里,那也就不难按照需求来调节生产了。"(《马克思恩格斯全集》第 2 卷,人民出版社 1957 年版,第 605 页)恩格斯在《反杜林论》中,再一次强调在未来的公有制社会里,"人们可以非常简单地处理"生产计划的安排,生产资料包括劳动力的分配等问题(参见《马克思恩格斯选集》第 3 卷,人民出版社 1972 年版,第 348 页)。

争年代实行供给制时干部战士按规定领取各种实物一样。可是,现代科学技术的迅速发展,生产力的日益提高,一批又一批新的产品加入生活消费品的行列,产品质量也不断改善,消费资料中属于生存资料的部分相对缩小,属于享受和发展资料的部分不断增大,人们的消费结构和消费方式经历着一次又一次革命性的变化,并且变化的周期在逐渐缩短。这些,就使得按劳分配通过实物形式根本行不通,除了通过商品流通形式以外,现阶段还找不到别的更好的办法。所以,从消费品分配的角度,情况将同有的同志的想象相反,经济越是发展,越是不能取消商品关系来实现按劳分配,越是需要通过商品交换来实现按劳分配原则。

总之,时代发展了,我们必须根据新的经济实践和经济现象进行新的理论概括,丰富和发展马克思主义经济科学,并更好地使经济科学为今天的社会主义现代化建设服务。

恩格斯在《反杜林论》中说:"政治经济学不可能对一切国家和一切历史时代都是一样的。""政治经济学本质上是一门**历史的**科学。它所涉及的是历史性的即经常变化的材料。"①恩格斯曾经批评一些人,总想到马克思的著作中找到一些现成的、不变的永远使用的定义和概念来套现实,而不是用实践去检验理论概念和定义,以多变的现实生活来丰富和补充概念和定义。他指出:"不言而喻,在事物及其互相关系不是被看作固定的东西,而是被看作可变的东西的时候,它们在思想上的反映、概念,会同样发生变化和变形;我们不能把它们限定在僵硬的定义中,而是要在它们的历史的或逻辑的形成过程中来加以阐明。"②马克思主义这些历史唯物主义原理,应当成为我们研究社会主义经济客观规律性的基本指导思想和方法论基础。

---

① 《马克思恩格斯选集》第3卷,第186页。
② 《马克思恩格斯全集》第25卷,人民出版社1974年版,第17页。

对商品货币关系在社会主义经济中的地位和作用的认识的深化，使我们进行经济体制改革（包括价格改革）的指导思想更加明确，提高了大家投身改革潮流的自觉性，从而必将推动我国社会主义现代化建设的进程。

世界各国经济发展的历史经验证明，商品经济的充分发展，是社会经济发展的不可逾越的阶段。因此，发展社会主义商品经济，也是实现我国经济现代化的必要条件。发展商品关系，将在如下两个方面对社会主义经济的发展起积极作用。

首先，增强价值观念，讲求经济效益。在商品关系中，价值是评价各项经济活动效果的社会共同的尺度。不同企业生产的同种（同质同量）产品，不管你的个别劳动消耗是多是少，社会都用同一的社会必要劳动时间进行评价。商品经济的基本规律——价值规律——是优胜劣汰的天然评判者。这就使它成为一种无声的力量，督促着每一个企业努力再努力，永不停步，并在这过程中促进技术进步和经济效益的提高。同时，商品是为社会为市场而生产的，发展商品生产，要求各个企业、部门和地区按照社会和市场的需要生产。如果产品不适销对路，商品就卖不出去，它的价值就不能实现。这种经济机制，有助于在社会生产和社会消费之间建立紧密的联系，节约社会劳动，提高微观和宏观的经济效益。

其次，促进劳动和生产的社会化。社会主义商品经济的发展，将有力地打破自然经济的各种束缚，打破地区分割和封锁，发挥自己的优势，避开自己的短处，充分而合理地利用各种资源，努力获取社会分工的好处，从而促进劳动和生产社会化程度的提高。而大家知道，劳动和生产社会化程度的提高，是生产发展、社会进步的根本标志。

价格是商品经济内在的、固有的范畴。承认社会主义经济也是一种商品经济，就意味着承认价格在社会主义经济生活中具有重要的职能和作用,而同否认社会主义经济也是商品经济时常常贬低和限制价格的作用有重大区别。我国学术论坛上近年来社会主义价格问题成为"热门货",和我们对社会主义商品关系问题认识的飞跃是密不可分的,也是理论研究的逻辑必然结果。

第二节　社会主义有计划商品经济的特点规定着社会主义价格的基本特征

虽然社会主义经济仍然是一种商品经济,但是,它既不同于简单商品经济,也不同于资本主义商品经济,而是具有社会主义特征的商品经济。党的八届六中全会决议在谈到社会主义商品生产和交换时说:"这种商品生产和商品交换不同于资本主义的商品生产和商品交换,因为它们是在社会主义公有制的基础上有计划地进行的,而不是在资本主义私有制的基础上无政府状态地进行的。"我认为,这是对社会主义商品经济特征的科学概括。因此,把社会主义商品经济,从而把社会主义经济表述为有计划的商品经济是合乎逻辑的,正确的。

过去有的同志说,提社会主义经济是有计划的商品经济,落脚点仍然是商品经济,计划经济被抽象掉了。其实,所谓计划经济,是指在国民经济中有计划地分配和调节社会劳动,或者说有计划地组织、管理和调节社会经济活动的一种社会经济制度。这里,有计划地组织、管理和调节,必须落脚到社会经济活动上。问题是这种经济活动是自然经济活动,还是商品经济活动,或是产品经济活动。落脚到自然经济活动上的计划经济,必然窒息生机和活力,忽视经济效益。落脚到产品经济活动上的计划经济,则是脱离实际,现阶段往往成为落脚到自然经济活动上的计划经济的变种。只有落脚到商品经济活动上的计划经济,才反映了社会主义经济发展的客观要求和必然趋势。

社会主义经济也是一种商品经济,但不是一般的以私有制为基础的商品经济,而是在公有制基础上的有计划的商品经济。这种商品经济的特点,根据赵紫阳总理在《关于第七个五年计划的报告》中提出的,主要有三点,一是以公有制为基础的,二是实行按劳分配原则的,三是有计划有控制的。总的说,社会主义商品经济要在有宏观控制下协调地发展,而不能让其盲目地无政府状态地发展。

按照马克思主义政治经济学基本原理,商品经济有其内在的自发性,容易走上盲目发展的道路,从而带来社会劳动的浪费。社会主义商品经济是建立在公有制基础上的,国家可以制定发展国民经济计划,作为其运用经济、法律、行政等手段,协调整个宏观经济使之大体按比例发展的依据。经济体制改革不是放弃国家对经济的管理,而只是把管理的对象从几乎无所不包转变为主要管理宏观经济,而把大量的微观经济活动放开,让企业和劳动者自行决策;同时,国家对经济的管理从直接管理变为主要进行间接管理,从行政方法变为主要运用经济方法,即主要通过价格、信贷、税收等在流通过程中的作用,进行引导和控制,使各项经济活动符合有计划发展的要求。所以,放活微观经济是改革,加强宏观控制也是改革,因为这两者是应当密切结合的。当然,我们不能笼统地说凡是加强宏观控制都是改革,因为如果单纯是为了强化行政手段对宏观经济的干预就很难说是改革,只有同放活微观经济相结合的加强宏观控制才是改革,特别是对宏观经济从直接管理逐步向以间接管理为主过渡,才更符合改革的含义。比如,从总的发展趋势看,我国的宏观经济管理已经逐步开始从直接控制资源分配的机制,转向以需求管理为核心的、以财政信贷手段为主体的控制机制,但在财政信贷手段的运用中,目前仍以指标和额度控制为主。随着经济体制改革的进行,将逐步向运用间接的经济手段过渡,即从额度控制过渡到以经济参数(特别是利息率和汇率)控制为主。

一些经济发达的国家往往把财政和货币政策作为对宏观经济控制的主要武器。其中有许多经验,例如,通过降低利息率放松信贷,以刺激投资和经济增长,而通过提高利息率紧缩银根,则可抑制投资和需求的过快增长;用严格控制货币供应量来反对通货膨胀和控制物价总水平的上涨率;通过增加财政支出、减税和补贴,以刺激需求和经济发展,而通过紧缩财政支出,实现财政收支平衡甚至有盈余,则可抑制需求的过分增长等,都值得我们借鉴。因为它们反映了社会化程度较高的商品经济运动的内在规律性。我们也应重视财政、货币政策及其调节机制的作用,实现财政、信贷、外汇、物资的综合平衡。特别要改变长期以来财政可以无条件向银行透支(这将使货币政策屈从于财政政策,财政如出现赤字就会直接带来通货膨胀),以及笼统地把信贷差额作为货币发行依据的做法,克服由此造成的财政超分配和信用膨胀的弊端。根据我国多年经济发展的经验,为了对宏观经济实行有效的控制,需要长期采取紧的财政政策,实现财政收支平衡,以便很好地抑制社会总需求的过分增长。特别是我国不存在发达的资金市场,政府的财政赤字往往靠发票子来弥补,容易引起通货膨胀。至于货币政策,则可视具体情况而定,在需求膨胀时紧缩一些,而为了刺激社会总需求的增长,活跃国民经济,则可放松一些,中央银行通过降低再贷款利率,促使整个利率水平下降,增加货币供应量。总之,只要我们逐步掌握商品经济运动的内在规律,善于运用财政、货币政策,以及和其他政策如外贸政策、收入分配政策等相配合,就能把微观经济放活同宏观经济控制很好地结合起来,使社会主义商品经济在大的方面纳入有计划发展的轨道,避免资本主义商品经济那样的无政府状态和周期性经济危机。

社会主义国家对商品经济的发展实行宏观控制,还包含着要在总体上在收入分配方面实行按劳分配原则,走共同富裕道路的内容。发展商品关系,不但意味着承认经济差别,而且必然扩大经济差别,这是支配商品生产的价值规律发生作用的必然结果。发展社会主义商品经济，必然会使一部分人先富裕起来。与此同时，我们需要采取恰当的政策和措施，防止私有制下商品经济的发展必然带来的两极分化的现象。商品经济的发展必然扩大经济差别，我们不能通过限制商品经济的发展来限制经济差别的扩大，例如采取价格歧视、取消平等竞争条件的办法，而是要坚持建立统一的市场，等价交换，实行平等竞争的原则，发挥价值规律优胜劣汰的作用。与此同时，要采取适当的影响收入分配的政策，特别是工资和奖金政策、税收政策等，来对不同企业、部门、地区劳动者的收入水平，进行适当的调节，既承认差别，又要使收入差别控制在大致反映劳动贡献不同的范围内。至于极少数从个体经济中分泌出的资本主义经济成分，国家更可以制定必要的法律，根据发展社会主义商品经济的要求，在一定时期内利用其有利于社会经济发展的作用，同时采取各种措施，包括国家参股，不让其动摇社会主义的根基，保证社会主义公有制在整个国民经济中占据优势。这样，社会主义商品经济就能更好地在新体制下发展，充分调动全国劳动人民的积极性，使社会主义经济制度的固有优越性充分发挥出来。

在这里，有必要把社会主义有计划的商品经济同那种完全由市场调节的市场经济，即资本主义商品经济区别开来。在资本主义市场经济中，市场是至高无上的，整个经济的运动都受市场的支配，自发势力统治着一切。资本主义国家虽然也能运用一些经济杠杆和行政手段，对某些经济活动进行引导和调节，但是不能对宏观经济进行自觉的引导和调节，不能实现国民经济的协调发展。因此，生产和流通的无政府状态是资本主义经济永远摆脱不了的。与此不同，社会主义商品经济当然也离不开市场。社会主义经济活动要实行商品原则，在很大程度上也就是要实行市场原则。关键的问题在于：社会主义市场是可以由国家计划进行调节的。无论是商品市场，还是资金市场、劳动力市场、技术市场、信息市场等,国家都要运用经济的、行政的、法律的力量,实行计划指导,参与市场调节,给市场活动规定一定的界限,尽可能限制其自发性,不让其对计划经济产生巨大的冲击波,保证重大比例关系比较适当,社会主义经济大体按比例地协调发展,避免资本主义市场经济必然带来的周期性的经济危机。

社会主义商品的特点是由社会主义劳动的特点决定的。

社会主义经济是以生产资料公有制为基础的,劳动的私人性已不复存在,因而消除了私人劳动和社会劳动的矛盾。社会主义商品是由联合劳动者生产的。联合生产和劳动,是社会主义劳动的首要特点。所以,社会主义商品生产者作为联合劳动者之间的关系,基本上是互助合作的关系。

同时,社会主义联合劳动是不成熟的、不完全的。一是一般都保留集体所有制经济,在那里,从生产资料的所有到生产劳动的组织和产品的占有,都只局限在各该集体的范围内,是社会化程度较低的联合劳动。二是全民所有制经济也不是直接在全社会范围内组织联合劳动,如像把整个社会主义全民所有制经济当成一个大工厂一样,而是还要通过在一个个具有相对独立经济利益的实体即企业范围内组织联合劳动,并且要根据这些企业的生产经营成果给予不同的对待:好的奖励,差的惩罚,通过企业对物质利益的关心来调动企业及其职工的积极性。

社会主义联合劳动的不成熟性,决定了社会主义劳动一方面是社会劳动,是社会自觉的计划组织起来的,为生产满足社会需要的产品而进行的劳动;另一方面,它又是局部劳动,是在一个个具有相对独立性的企业直接组织下进行的劳动,具有某种程度的间接社会性。又是社会劳动,又是局部劳动,这就是社会主义劳动两重性、商品两重性的根源。局部劳动和社会劳动的矛盾,制约着社会主义商品和劳动的矛盾运动。

同马克思、恩格斯设想社会主义社会不存在商品关系相联系,他们认为,在未来社会主义社会,劳动从一开始就是直接的社会劳动。例如,恩格斯说:"社会一旦占有生产资料并且以直接社会化的形式把它们应用于生产,每一个人的劳动,无论其特殊用途是如何的不同,从一开始就成为直接的社会劳动。"①社会主义建设的实践证明,这个论断是难以实现的。这是因为,在社会主义社会,还要保留商品生产和商品交换,还存在生产商品的劳动两重性,存在局部劳动和社会劳动的矛盾,从而还存在局部劳动转化为社会劳动的客观必然性。②

过去,不少学者在否认社会主义经济是商品经济的同时,认为在社会主义公有制条件下,劳动具有直接的社会性。这可能同他们对社会主义再生产中物质替换的困难估计不足有关。但更重要的是,在自然经济论影响下形成的经济体制,否认企业是相对独立的商品生产者和经营者,否认要使企业经营成果同企业职工的经济利益紧密联系起来。这样,就很自然地认为企业生产的产品都是由国家包下来,统购包销,统负盈亏,产品即使卖不出去,局部劳动即使较少转化为甚至不能转化为社会劳动,对企业也无经济损失,不影响企业和职工的物质利益,因而劳动表面上的确从一开始就具有直接的社会性。但是,这种体制是不完全符合社会主义经济的发展规律的,因而根据这种体制运行所概括的理论是不全面的、有缺陷的。

认识社会主义经济是有计划的商品经济,是我们改革经济体制,实行对内搞活经济,对外实行开放的根本出发点。有计划的商品经济要求在计划经济中充分利用市场机制,对国民经济活动广泛地实行市场

---

① 《马克思恩格斯选集》第3卷,第348页。
② 奥塔·锡克认为,在社会主义条件下,劳动"具有一般的性质并且基本上是直接社会的性质,但是在一定程度上还是抽象的劳动。也就是说,每种劳动的事先追求的社会性必须个别地具体地付诸实现,还必须经过市场的检验和纠正"(〔捷克〕奥塔·锡克:《社会主义的计划和市场》,王锡君等译,中国社会科学出版社1982年版,第206页)。

调节,自觉地利用价值规律,合理调节社会劳动在国民经济各部门的分配,推动技术进步和社会生产力的提高,克服过分集中统一计划常常容易产生的比例关系失调、产品货不对路、经济增长速度减慢等弊病。而在微观经济活动中,真正承认各个社会主义企业的相对独立的商品生产者和经营者的地位和权益,承认他们是自主经营、自负盈亏的经济实体,参加市场竞争,使它们既有内在的动力又有外在的强制力,努力改善经营管理,提高经济效益。要发展有计划的商品经济,就要发展对外经济技术交流,充分利用国外的市场、资金、技术和经营管理方法,以便挖掉民族经济的孤立性和闭塞性这一自然经济的根基,冲破生产社会化的国界,参加世界市场的竞争,以促进我国社会主义现代化建设事业的发展。

社会主义有计划商品经济的特点,决定着社会主义价格的基本特征。

社会主义经济是商品经济,要按商品经济原则办事,决定着社会主义价格形成要受商品经济运动规律的制约,在一般情况下,价格要在市场中形成。价格除了首先要反映价值或其转化形态以外,也要反映市场供求关系。否认市场供求因素在社会主义价格形成中的作用,是否认社会主义经济是商品经济的必然结论。

社会主义经济是有计划的商品经济,要按计划原则办事,决定着社会主义价格的形成不会只受商品经济运动规律的制约,不能完全听凭自发市场力量的摆布,而要有计划的指导,通过计划调节减少和避免某些短期市场供求因素带来的价格大的波动,从而减少和避免价格信号的失真对生产和消费的错误引导,带来种种损失和浪费。正因为这样,西方资产阶级均衡价格理论,不能作为社会主义价格形成的理论基础。因为均衡价格理论实际上主张价格形成完全交给自发的市场力量。

第三节　社会主义商品经济中的价值规律和价格规律

价值规律是商品经济运动的基本规律,而价值规律的作用是通过价格及其运动来实现的。我们从社会主义经济的性质和基本特征出发来研究社会主义价格形成的规律性和特点,要经过分析价值规律在社会主义经济中的作用这个中介环节。我们如果对价值规律在社会主义有计划商品经济中的作用有了比较清晰的认识,那么,就能在总的方面把握住社会主义价格形成的基本特性,因为价值规律对商品经济运动的调节功能,正是在价格以价值为中心,并围绕价值上下波动来贯彻下去的。

我国经济学界关于价值规律在社会主义经济中作用问题的研究和讨论,同商品货币关系问题一样,经历了一个发展变化的过程。长期争论的核心是计划经济与价值规律的关系,或者说,价值规律究竟是社会主义经济的异物还是内在的东西。具体来说,可以分为以下四个发展阶段:(一)1956—1957年关于价值规律和计划经济关系问题的讨论;(二)1958—1959年关于人民公社化后价值规律作用问题的讨论;(三)1961—1964年关于价值规律和社会主义经济管理关系问题的讨论;(四)1978年以后关于价值规律与经济体制改革关系问题的讨论。[①]

传统的社会主义经济理论把价值规律视为社会主义经济的异物,因而排斥价值范畴和价值规律的作用。这种理论以苏联二十世纪二十年代以来数十年的经济学论著为代表,可谓根深蒂固。但是在苏联建设社会主义过程中,上述理论在实践中不断碰壁。1943年,苏联《在马

---

① 参见张卓元:《社会主义经济中的价值规律》,《经济研究》编辑部编《中国社会主义经济理论的回顾与展望》。

克思主义旗帜下》杂志发表编辑部文章,根据斯大林的意见,不得不认为在社会主义制度下仍然存在价值规律。但作者却认为在社会主义制度下价值规律是"经过改造"的。按照这篇文章的解释,所谓"改造"是指:"社会劳动是在整个国民经济范围内有计划组织起来的,因此在这里,就克服了商品生产的这样一种特性:用于生产有用物品的劳动也许是社会不需要的,它得不到社会承认,生产出来的商品卖不掉。"这样一来,所谓"价值"只不过是计算的手段,或者说,只不过是一个技术性范畴而已。[1]

1952年,斯大林在《苏联社会主义经济问题》一书中,虽然承认了在社会主义两种公有制之间存在商品生产和商品交换,并抛弃了价值规律被"改造"的说法;但是,斯大林仍然强调价值规律对生产不起调节作用,不许生产资料产品进入流通,断言生产资料脱出了价值规律发生作用的范围[2],并认为价值规律的作用同建设共产主义是相矛盾的。

在传统的社会主义经济理论的影响下,把价值规律同社会主义经济的有计划发展的关系看作有你无我、有我无你、此消彼长、此长彼消的"太极图"的观点,长时期在我国经济学界居于主导地位。在此基础上,"代替论"(随着社会主义改造的基本完成,社会主义基本经济规律和有计划发展规律的调节作用代替了价值规律的作用)、"限制论"(随着国家扩大计划管理的范围,价值规律的作用范围将不断受到限制)、"野性难除论"(社会主义制度下,价值规律虽然"改土归流",但毕竟"野性难除",需要给它戴上"笼头")等相继出现。

以上这些观点同传统的理论把计划经济同商品经济对立起来,否

---

[1] 《关于讲授政治经济学的若干问题》,《在马克思主义旗帜下》,1943年第7—8期,第75页。

[2] 《苏联社会主义经济问题》,中共中央马克思、恩格斯、列宁、斯大林著作编译局译,人民出版社1961年版,第41页。

定或贬低商品关系在社会主义经济中的重要地位,是一脉相承的。既然传统的理论把社会主义经济看成是自然经济或半自然经济,极力排斥商品货币关系,釜底抽薪,自然人为地大大限制了价值规律作用的范围。按照传统的理论建立的、排斥商品货币关系的经济体制,实行几乎单一的指令性计划,而指令性计划又是用行政方法,按产品即按使用价值安排企业的生产和销售的,排斥经济方法和经济杠杆即各种价值杠杆的运用,排斥市场机制,从而排斥价值规律的作用。传统的理论不承认企业是自主经营、自负盈亏的社会主义商品生产者和经营者,否认全民所有制内部交换的产品是商品,麻痹了价值规律对社会主义经济的调节作用,如此等等。

但是,当时也出现了少数文章,突破了传统经济理论的框框,鲜明地提出了被后来的实践所验证是正确的见解。

第一个是:孙冶方1956年提出了把计划放在价值规律的基础上的观点。他认为,价值规律的基本内容和作用,即通过由社会平均必要劳动量决定价值来推动社会生产力的发展,以调节社会生产或分配社会生产力等,在社会主义和共产主义社会都是存在的;只是在私有制度下的商品经济中,它是通过商品流通,通过市场竞争来起作用,来体现自己的,因而它是带着破坏性的;而在计划经济中,是应该由我们通过计算来主动地去捉摸它。他强调,我们的社会主义经济发展计划必须以价值规律为基础。这样,他就把社会主义经济中价值规律的作用,提到了空前未有的高度,打开了人们认识这个问题的广阔视野。[①]

第二个是:顾准在1957年发表的一篇论文中提出社会主义经济是计划经济与经济核算的矛盾统一体,价值规律是通过经济核算制度调节社会生产的。这种调节的最高限度的做法是:"使劳动者的物质报

---

① 孙冶方:《把计划和统计放在价值规律的基础上》,《经济研究》1956年第6期。

酬与企业盈亏发生程度极为紧密的联系,使价格成为调节生产的主要工具。因为企业会自发地追求价格有利的生产,价格也会发生自发的涨落,这种涨落就实际上在调节着生产。同时全社会还有一个统一的经济计划,不过这个计划是'某种预见,不是个别计划的综合',因此它更富于弹性,更偏向于规定一些重要的经济指标,更减少它对于企业经济活动的具体规定。"①这就是主张充分发挥价值规律对社会主义经济的调节作用。

上述孙冶方和顾准的主张提出后,尽管一再被斥为修正主义,但是国内外社会主义建设的实践却判明,其基本内容是正确的。在那个时候,就能提出这些远见卓识,应当说是很有理论勇气的。这在我国商品、价值理论的发展史上具有重要的意义。

党的十一届三中全会以后,总的来说,经济学界空前活跃。由于党的"双百"方针得到比较认真的贯彻执行,学术问题自由讨论空气比较浓厚,特别是党和政府重视和鼓励经济学界对社会主义现代化建设和经济体制改革等重大问题发表意见。在这种形势下,经济学界对价值规律问题的研讨有较大的进展,开拓了新的研究领域,学术讨论会议频繁举行,呈现一派欣欣向荣的景象。

这几年来,社会主义经济中价值规律作用问题的研究,在如下几个方面有比较突出的进展。

第一,用经济方法管理经济,就是按照价值规律要求办事。这个问题在二十世纪六十年代也讨论过,并提出过相类似的观点。但是,粉碎"四人帮"以后对这个问题的讨论比较展开,特别是明确把按价值规律办事同物质利益原则联系起来了(这一点在二十世纪六十年代讨论时

---

① 顾准:《试论社会主义制度下的商品生产和价值规律》,《经济研究》1957年第3期。

没有明确提出过)。有的论著指出,通过利用价值规律和价值工具,正确处理各方面经济利益关系的办法来进行计划管理,就是用经济办法管理经济。这是关系到企业能否从物质利益和经济责任上关心自己的经营管理效果。在保留商品关系条件下,利用价值规律实行经济核算,把企业的经济利益同它的经营管理效果联系起来是完全必要的,是有利于调动企业的主动性和积极性的。①

第二,价值和价值规律是社会主义经济(包括全民所有制经济)内在的东西。随着人们从社会主义全民所有制经济内部研究商品关系存在的客观必然性,价值和价值规律也就不再被认为是外在于社会主义经济特别是全民所有制经济的异物,而是它本身固有的范畴和规律了。这也就打破了所谓生产资料的生产脱出了价值规律作用的范围的信条,而是肯定价值规律的作用范围也包括生产资料的生产和流通。

第三,价值规律对社会主义生产仍然起调节作用。过去在斯大林著作的影响下,一般都否认价值规律对社会主义生产起调节作用,把有计划发展规律同价值规律对立起来。这一时期有许多文章,强调有计划发展规律和价值规律都包含按比例分配社会劳动的要求,这是两者都对社会主义经济(包括生产和流通)起调节作用的共同基础。② 正如马克思说的:"商品的价值规律决定社会在它所支配的全部劳动时间中能够用多少时间去生产每一种特殊商品。"③价值规律要求"在社会总劳动时间中","只把必要的比例量使用在不同类的商品上"④。中华人民共和国成立以来,我国经济几次遭到破坏,都是既违背有计划发展规律又违背价值规律的结果。从实践来看,一些过分强调集中统一

---

① 见刘国光、何建章、黄振奇:《计划经济和价值规律》,《红旗》1978年第6期。
② 见孙尚清、陈吉元、张耳:《社会主义经济的计划性与市场性相结合的几个理论问题》,《经济研究》1979年第5期。
③ 《马克思恩格斯全集》第23卷,第394页。
④ 《马克思恩格斯全集》第25卷,第716页。

计划领导、不重视价值规律调节的国家,都碰到带有共同性的问题,即重要比例关系失调,品种少,质量差,消耗大,效率低,经济增长速度减慢。今后,应在经济管理中首先尊重有计划发展规律的同时,重视价值规律的调节作用,充分利用市场机制,在理论上和实际工作中都应把有计划规律的调节作用同价值规律的调节作用统一起来,结合起来。这样,就从理论上突破了社会主义经济中计划和市场的相互排斥论。

第四,对社会主义经济应当实行计划调节和市场调节相结合。既然社会主义经济是计划经济,有计划发展规律和价值规律共同起调节作用,因而应当实行计划调节和市场调节相结合的方针。计划调节说明社会能够自觉地按比例地安排社会生产,市场调节则通过市场机制实现社会生产的按比例发展。同时,计划调节和市场调节是互相渗透的,计划调节离不开利用市场机制、市场调节不能离开计划的指导,两者是你中有我,我中有你的关系。①

第五,改革传统的经济体制首先是要按价值规律办事。这几年有的论著提出:传统的经济体制偏重于或单纯用行政方法管理经济,表现为计划统得很死,而且普遍采用指令性计划,从上到下层层下达,把下面包括劳动群众的手脚捆得死死的,整个社会经济机体的运行没有多少生气和活力。这在政策上,就是否认利用市场机制,反对实行市场调节,结果陷入官僚主义的幻想。在理论上,则是把有计划发展规律同价值规律对立起来,否定或不尊重价值规律的作用。为了改变这种过分集中的管理体制,充分利用市场机制,把国民经济搞活,主要就是要尊重价值规律,按价值规律办事。有的同志担心,上述提法会导致忽视社会主义经济规律的作用。其实,这种担心是不必要的,因为必须明确,

---

① 见孙尚清、陈吉元、张耳:《社会主义经济的计划性与市场性相结合的几个理论问题》,《经济研究》1979年第5期。

这里讨论的主题是改革经济体制的问题,是改善我们的计划工作的问题。而在这个问题上,我们面临的突出问题是:高度集中但往往脱离实际的计划管理,国民经济比例失调,排斥市场调节,不注意利用市场机制和价格、利润、利息、税收、工资等经济杠杆,产品品种少,质量差,消耗大,效率低,企业经济管理差和不讲究经济活动效果,等等。所有这些,主要是违反了价值规律。针对这种状况,改革经济体制,促进社会主义现代化建设,提出按客观经济规律办事,首先或主要是按价值规律办事,是正确的,是有的放矢,抓住了关键。①

第六,价值规律既然是客观规律,就不能加以限制。"限制论"来自斯大林的《苏联社会主义经济问题》。社会主义建设实践表明:限制价值规律的作用,往往受到客观经济规律的惩罚。因此,有的论著提出"限制论"是站不住脚的。凡是有商品生产的地方,价值规律就要起作用。商品生产存在的范围,就是价值规律起作用的范围。在这个范围内,价值规律的作用是不受限制的。在社会主义制度下,只是因为社会主义经济规律同时起作用的结果,价值规律的作用不会造成整个社会生产的无政府状态。②

第七,必须利用价值规律才能实现社会主义企业的自动调节。传统的社会主义经济体制窒息了企业的生机和活力,理论界也不重视研究如何发挥企业的积极性和主动性问题。经济体制改革的中心环节就在于增强企业的活力,使它内有动力、外有压力,不断提高经济活动的效果。在这种形势下,有的论著提出,必须尊重和利用价值规律,才能使企业自动地发挥主动性创造性,提高经济效果。这是因为,在商品生产条件下,价值规律在企业的经营活动中经常起作用,用社会平均劳动

---

① 见邓力群:《商品经济的规律和计划》,人民出版社1979年版,第25页。
② 见于光远:《关于规律客观性质的几个问题》,人民出版社1979年版,第69—71页。

时间(价值)去衡量企业的工作成果,由此形成信息,通过纯收入、利润等价值杠杆自动反馈于企业,促使企业更好地按社会需要调整生产,改善经营管理,提高劳动生产率,降低成本,提高盈利。[①]

对价值规律问题的新的探索和所取得的新成果,为人们研究社会主义价格形成问题大开了眼界,开辟了许多新的领域。还在二十世纪五十年代,于光远就曾提出,价格决定的规律性同价值决定的规律性不是一回事。[②] 价格的基础是价值,但价格和价值是经常背离的,价格因受交换和分配条件的影响,以及人们主观政策的影响,而围绕价值上下波动。这也正是价值规律发挥作用的客观的具体的形式。因此,价值规律问题研究的深入,必然导致对价格问题研究的深入,并且必然表现为对价格问题研究的深入。

列宁说:"价值(社会的)转化为价格(个别的),不是经过简单的直接的道路,而是经过极其复杂的道路。"[③]研究社会主义价格形成的规律性,为我国价格改革提供科学的依据,就是要探索社会主义经济中,价值是怎样转化为价格的,是怎样经过极其复杂的道路完成这种转化的。

[①] 见周叔莲、吴敬琏、汪海波:《价值规律和社会主义企业的自动调节》,《经济研究》1979年增刊《社会主义经济中价值规律问题讨论专辑》。

[②] 见于光远:《价值规律和社会主义制度下价格决定的规律性》,《红旗》1959年第11期。

[③] 《列宁选集(第二版)》第2卷,人民出版社1972年版,第595页。

第二章　价格在社会主义经济中的作用

价格是价值的货币表现。价格及其运动是价值规律发挥作用的表现。在社会主义制度下,价格对社会经济生活能起顺调节的作用,也能起逆调节的作用。合理的价格,对国民经济的发展起促进作用;不合理的价格,则影响国民经济的顺利发展,甚至起破坏作用。要避免价格的破坏作用,发挥其积极作用,就必须使价格合理化,建立合理的价格体系。

所谓合理的价格,一般说来,是指各种商品的价格和劳务收费应当符合它的价值或其转化形态生产价格,即符合它的社会劳动消耗。商品比价,应能基本上符合有关商品社会劳动消耗量的比例;商品差价,应能反映同一商品在流通过程中不同环节、不同地区、不同时间等社会劳动消耗的差别;市场物价总水平应是受到严格控制的、基本稳定的,其上升幅度,不仅应低于职工工资(名义工资)水平的上升幅度,而且应低于平均利息率(名义利息率);整个价格体系,应能兼顾工业与农业,第一、第二产业与第三产业,生产与流通,城市与乡村,国家、集体、企业、个人等方面的经济利益。

为了更好地评价价格在国民经济中的作用,先要说明什么是价格体系和价格管理体制,然后分别分析新旧经济体制下价格的作用。

第一节　价格体系及其内部分类

所谓商品价格体系,是指由各种商品价格和劳务收费构成的统一整体。

市场上的商品价格,可以从不同角度,以不同方法加以分类。从不同角度,以不同方法划分的价格类别,可以自成体系,并构成价格体系的基本内容。

首先是按生产经营部门划分的商品价格体系。

在国民经济中,存在着许多生产、经营、劳务部门。不同的生产、经营、劳务部门,有不同的商品价格。因此,市场商品价格可以按生产经营部门来分类。

按生产、经营、劳务部门划分的价格体系,由农产品价格、轻工业品价格、重工业品价格、交通运输价格、建筑产品价格、商业价格、饮食业价格和劳务收费等构成。这些商品价格之间,通过比价发生联系,并进而形成商品的比价体系。

农产品价格,是指农业内部农、林、牧、副、渔各业商品的价格,包括粮食价格、经济作物价格、畜产品价格、土特产品价格、水产品价格等。

轻工业品价格,主要是指生产消费资料的各个工业部门的商品价格,包括纺织、食品、皮革、造纸等各工业部门的商品价格。

重工业品价格,主要是指生产生产资料的各个工业部门的商品价格,包括燃料、动力、冶金、化学、森工、建材、机械等各工业部门的商品价格。

交通运输价格,按运输方式不同,可分为铁路运输价格、汽车运输价格、内河运输价格、海上运输价格、航空运输价格以及管道运输价格等;按运输对象不同,可分为货物运输价格和旅客运输价格。

建筑产品价格,是指各种建筑产品包括生产用和民用建筑产品的价格。

商业价格,是指商业、物资部门在组织商品流通过程中形成的价格,按商品经营的不同部门划分,又可分为国内商业价格、物资价格、对外贸易价格,等等。

饮食业价格,是指饮食企业经营各种饮食品的价格。

劳务收费,是指各种劳务部门按照所提供的劳务收取的费用,包括旅店、理发、浴池、照相、洗澡、修理等收费,还包括医疗收费、学杂费、文化娱乐费、公共服务收费等。

随着技术的商品化,还有各种技术的价格。

上述各种商品(和劳务)价格的变化,都取决于商品(和劳务)价值量的变化,即取决于生产各种商品的活劳动消耗和物化劳动消耗的变化;同时,又都会影响到相关商品价值量发生相应的变化。在发达的商品经济中,任何一种商品的物化劳动消耗即生产资料消耗,基本上都是由其他生产部门提供的;工人生活用的消费资料,基本上也是由其他生产部门提供的。所以,一种商品价格的变化,并非完全取决于本单位的物化劳动消耗和活劳动消耗,而是要受到其他生产部门的劳动消耗量和商品价格变化的影响。反过来说,一种商品价值量的变化,又都会影响到相关商品价格或劳动力再生产费用发生相应的变化。当然,这种影响会因各种商品在社会再生产过程中的地位不同而有所区别。一般来讲,初级产品生产部门的商品价格变化,对其他商品价格的影响作用最大;中间产品生产部门的商品价格变化,对其他商品价格的影响作用次之;最终产品生产部门的商品价格变化,对其他商品价格的影响作用最小。

农业和能源工业、原材料工业部门,是整个国民经济的基础部门。农产品价格、能源价格和工业原材料价格就成为整个商品价格体系的基础。所以,研究商品价格体系,应以上述这些商品的价格为重点。对这些商品价格的调整和放开,应特别慎重。

其次是按流通过程形成的价格体系。

各种商品生产出来以后,必须经过流通过程,才能最终达到消费领域。商品在流通领域中,一般要经过收购、调拨、批发、零售等不同的阶段和环节。每经过一个环节,就是一次买卖,就有一个价格,如农产品收购价格、工业品出厂价格、调拨价格、批发供应价格、零售价格等,它们共同组成一个完整的价格序列。至于运输价格、建筑产品价格和各种服务收费,则属一次性价格。

农产品收购价格,指商业部门以及经过批准的农副产品加工企业向农村合作组织、国营农场、农民个人收购农副产品的价格,即农村合作组织、国营农场、农民个人向国家出售农副产品的销售价格。它反映国家和农民之间、工业与农业之间的经济联系,是制定农产品批发、调拨和零售价格的基础。农产品收购价格由农产品生产成本(社会成本)、农业税和农业生产纯收益构成。

工业品出厂价格,指工矿企业向商业、物资企业出售的工矿产品价格,也即商业、物资企业的工矿产品收购价格。出厂价格是工业品进入流通领域的第一道环节的价格,因而,其价格水平高低,必然会影响到以后各环节的价格。合理的工业品出厂价格,对于促进工业的发展,贯彻按劳分配原则,满足人民消费需要,正确处理工商关系都有重要意义。工业品的出厂价格由工业品的生产成本(社会成本)、工业企业应缴税利和企业留利构成。

调拨价格,指商业内部各批发企业之间,以及外贸系统内部、物资系统内部调拨商品的结算价格,体现对本部门、本系统内部经营单位在价格上的优待。批发商业内部之所以有权利享受这种优待,主要在于其进货数量一般远远大过零售企业购进量。但如零售企业的购进量达到一定的进货量,也应按调拨价格计价。调拨价格由销售单位的进货价格、流通费用和利润构成。

批发供应价格,指批发企业、物资供应企业向零售企业、工矿企业、外贸企业供应商品的价格。批发价格介于商业收购价格和零售价格之间,其价格水平受出厂价格或收购价格的制约,对零售价格水平有决定性的影响,对以批发价格为计算基础的调拨价格,也有直接影响。批发价格按地区划分,可分为产地批发价格和销地批发价格两种形式。产地批发价格,是产地批发企业向产地零售企业出售商品的价格,是制定销地批发价格和产地零售价格以及调拨价格的基础。产地批发价格一般由产地进货价格和进销差价构成。进销差价一般由直接费用、资金占用利息、经营管理费、商品合理损耗和合理利润构成。批发环节纳税的产品,其进销差价还包括上缴国家的税金。销地批发价,是销地批发企业向销地零售企业出售商品的价格,由产地批发价格和地区差价构成。

零售价格,指零售企业(包括工业自销门市部)向个人消费者和社会集团出售商品的价格。零售商业处于流通与消费的结合部。商品零售以后,即进入消费领域,因而零售价格属于最终价格。零售价格由批发价格和批零差价构成,批零差价由直接费用、资金占用利息、经营管理费、商品损耗、利润和税金等构成。

按流通领域过程所形成的价格体系,体现着商品价格的纵向联系及其互相制约关系。它们一环套着另一环,一环影响着另一环。其中,最重要的是出厂价格(或收购价格)和零售价格,因为前者是对生产者的结算价格,后者是与广大消费者见面的价格,直接影响到国家、集体、个人的利益,同生产发展和人民生活息息相关,并对各中间环节的价格具有重大的影响。[①]

在价格体系中,最重要的是比价与差价关系。价格体系是否合理,主要看比价关系和差价关系是否合理。我们要理顺价格,主要就是要理顺比价关系和差价关系。

---

① 见张卓元、张魁峰、石建社:《商品价格体系》,《财贸经济》1985 年第 9 期。

商品比价，是同一市场、同一时间内，一种商品与另一种商品的价格比例。商品比价关系是整个价格体系的重要内容。建立合理的价格体系，首先就是建立合理的比价关系。商品比价体现商品价格运动的横向联系，反映生产不同商品的国民经济各部门、各行业之间的经济关系。商品比价是分析价格总体结构合理与否的主要依据，是调节社会再生产发展比例的重要工具。

商品比价的基础，是生产不同商品所耗费的社会必要劳动的比例。但是，商品比价关系的形成，要受到客观经济规律及国家政策的制约，受到历史条件及现实供求状况的影响。现阶段，我国经济发展水平不高，工农业产值占社会总产值的绝大比重，因此，目前可以主要研究对国民经济发展有重大影响的主要商品比价，如农产品比价、工业品比价、工农业产品比价等。

商品差价是同种商品由于购销环节、购销地区、购销季节或质量不同而形成的价格差额。它体现价格体系中的纵向联系，体现商品流通过程中的各种经济关系。

商品差价反映不同购销环节、不同购销地区、不同购销季节经营同一种商品或生产同样商品所用劳动耗费的差别。商品差价以其价值差异为基础，使有关生产者和经营者能够补偿其合理的费用，并取得合理的利润。商品差价还受市场商品供求状况和国家政策的影响。

商品差价，主要有购销差价、地区差价、批零差价、季节差价和质量差价五种。

第二节　价格在社会主义经济中的作用取决于社会主义经济模式和体制

在社会主义制度下，价格在社会经济活动中的地位和作用，取决于当时的社会主义经济模式和与它相适应的经济体制。现行的价格体系往往是当时的经济模式运行的综合表现,也是价格在国民经济中的地位和作用的反映;现行的价格体制则是当时的经济体制的重要组成部分。

最近几年,人们在研究价格在国民经济中的地位和作用,选择价格改革方案时,由于大家对社会主义经济的模式和体制认识不同,对上述问题的看法和结论往往有很大差异。而大家对社会主义经济模式和体制的设想不同,最根本的,又在于对社会主义经济的性质和特征,即对商品货币关系在社会主义经济中的地位认识有重大分歧。因为重视还是排斥商品关系,正是新旧社会主义经济模式和体制的根本标志。上一章我们已经肯定:承认社会主义经济是有计划的商品经济,是研究社会主义价格问题的根本出发点,下面我们就从这个根本点出发,来分析价格在国民经济中的地位和作用,并指出传统体制下否认社会主义经济是商品经济,必然大大贬低价格在国民经济中的地位和作用。

与价格在国民经济中的地位和作用取决于经济模式相类似,价格体系在很大程度上取决于价格管理体制。我国不合理的价格体系,在很大程度上是由僵化半僵化的价格管理体制决定的。

所谓价格管理体制,指社会主义国家采取的价格形式和价格管理权限等的规定。价格管理体制的不同,反映着价格形成机制的不同。目前可分为计划价格和非计划价格两大类。前一类价格的形成包含着国家行政干预的因素,并由于干预程度不同而区分为国家统一定价和浮动价格(或国家指导价格)两种。后一类价格的形成基本上取决于市场力量而摆脱了国家的行政干预。

计划价格由统一价格和浮动价格组成。统一价格,指一部分关系国计民生的商品价格和非商品收费,它一般由国家统一制定、调整和管理,未经中央、地方或主管部门批准,不得变动,包括一部分重要农产品的购销价格,主要原材料、燃料、动力的出厂价格、供应价格,重要轻工业消费品的产销价格,重要的非商品收费标准,此外还包括奖励价格、优待价格、保护价格。浮动价格,指由国家规定基准价和浮动的幅度,允许企业在规定的幅度内浮动的价格。浮动价格的形式,有最高限价、最低限价、中准价格(及浮动幅度)三种。浮动价格是在国家计划指导下,自觉运用价值规律的产物,体现国家计划对于价格形成的指导,又反映了价值规律和市场供求的客观要求。它以统一价格为基础规定浮动的幅度,能够较好地把计划调节和市场调节结合起来,既有利于稳定市场物价,又便于企业灵活处理市场商品供求矛盾问题。

非计划价格,是由买卖双方协商议定的价格。它随市场供求关系的变化而变动,带有自发性和盲目性。但国家通过经济手段(如国营商业通过吞吐物资参与市场调节)和行政措施进行干预,使其受到计划经济的制约。非计划价格,有议购议销价格和集市贸易价格两种形式。议购议销价格,是商业企业之间、农商企业之间、工商企业之间、商业企业与农村居民之间按照自愿互利原则和市场供求情况,协商议定的价格。实行议购议销的商品,目前一般是些产值小、利润少、品种繁多、规格复杂、花色常变、生产分散、技术比较简单、原材料分散、供求变化快、占社会商品零售额较小、难以纳入国家计划的三类商品。对允许议购议销的商品品种及其与计划价格的差价幅度,要进行管理,以防止冲击国家计划,影响市场与物价的稳定。集市贸易价格是买卖双方在集市协商议定的价格,其特点是随行就市,自由涨落。国家通过控制上市的商品范围和交易对象,取缔投机倒把活动,发展农副产品生产,加强国营商业和供销社的吞吐商品活动,防止集市贸易价格大起大落。

在上述两类商品价格中,目前计划价格是主导,非计划价格是补充。随着经济体制改革的进行，计划价格特别是其中的统一价格将逐步减少，有一定幅度的浮动价格将不断增加，甚至有可能成为主要的价格形式。与此同时，非计划价格也将逐步增加。国家通过有计划地制定和调整重要的工农业产品的价格和服务收费，使各部门获得大体平均的利润，避免因价格不合理而造成的苦乐不均，有利于促进社会再生产的按比例发展和对资源的合理利用。通过计划价格有计划地背离其价值，可以促进或限制某些商品的生产、流通和消费，有利于实现国民经济的综合平衡。通过计划价格合理调整交换双方的经济利益，有利于正确处理国家、集体和个人之间的关系，正确处理生产者、经营者和消费者之间的关系，正确处理各地区、各部门之间的关系。通过计划价格控制整个市场和集市贸易的价格水平，有利于保持市场的繁荣和稳定。非计划价格是必要的，它有利于使价格灵活地表现价值，反映供求，调节供求，促进生产发展。国家控制宏观经济的能力越强，实行自由价格的余地就越大。

既然价格管理体制的不同反映着价格形成机制的不同，因此，在不同的价格管理体制下形成的价格体系也是不同的。计划价格的形成包含有行政干预的因素，如果这种行政干预能尊重客观经济规律的作用，特别是价值规律的作用，计划价格会有助于社会主义经济的有计划按比例发展，否则会带来相反的效果。比较普遍的现象是，普遍实行计划价格，常常使价格形成僵化或半僵化，不能灵活反映社会劳动消耗和供求关系的变化。

有的同志曾经指出，一些社会主义国家往往使价格和价值背离得更厉害。如说："五十年代初期我曾经认为社会主义国家的价格，可以比资本主义国家更加接近价值；因为国家通过计划来保持供求的平衡，价格可以不受供求不平衡的冲击。经验告诉我们，实际情况与此相反，社会主义国家价格背离价值，往往超过资本主义国家。""资本主义国家在价格背离价值的时候,价值规律就会自动出来调节,使价格朝着价值的方向摆动。社会主义国家的价格是由国家规定的,价格背离价值的时候,即便市场上出现供求不平衡的状态,价值规律也不能自发调节价格。"①显然,这里说的正是实行传统价格体制时必然带来的现象。这也告诉我们:随着我国社会主义经济逐步向有计划的商品经济转移,必须对原来的不合理的价格体系进行根本的改革,而这又要求价格管理体制的改革相配合,才能取得预期的效果。

第三节 传统经济体制下价格的作用

传统的经济体制必然人为地降低价格在国民经济中的地位和作用。

过去,我国基本上实行中央集权制计划经济模式,其经济体制是一种高度集中的、以行政管理为主的体制。这种模式和体制把社会主义计划经济看成是与商品经济完全对立的自然经济或半自然经济,认为商品货币关系是外在的(在纯粹的社会主义经济中不存在的)、暂时的(在集体所有制经济存在的一段时间内)东西,更谈不上承认社会主义经济也是一种商品经济;只承认有计划发展规律的作用和计划调节,不承认价值规律的调节作用和利用市场机制的必要性;实行按行政系统自上而下下达各项指令性指标,否认生产企业的自主权和相对独立商品生产者的地位,否认企业有相对独立的经济利益;等等。

这种传统的经济模式和经济体制,必然降低价格在社会经济活动中的地位和作用。

---

① 薛暮桥:《利用价值规律来为经济建设事业服务》,《当前我国经济若干问题》,人民出版社1980年版,第102页。

首先,传统体制麻痹了或者扭曲了价格作为评价经济活动效果标准的经济职能。在全民所有制经济内部,人们并不怎么关心价格体系是否合理。这是因为,对全民所有制经济来说,如果是生产资料,那么无论是生产者还是消费者,都不太关心交换的条件和价格的高低,反正大家吃"大锅饭",盈亏一个样,基本上不影响他们既得的经济利益(尽管在某种程度上对生产者的积极性也有影响);如果是消费资料,价格太高造成积压就增加库存,价格太低造成脱销则或者听之任之,或者凭票供应(叫计划供应),市场供求信息很难反作用于生产和定价上。为什么一些矿石和煤炭长期价格明显偏低,中厚板钢材价高利大而小型材和线材价低利小,都可以十几二十年不予改正而维持下来,就是这个原因。大家知道,国家定价缺乏充分的经济根据,造成我国各部门、各行业和各种产品的利润率(无论是资金利润率还是成本利润率)长期以来高低悬殊。在这种情况下,价格就难于成为评价劳动及其成果的标准。价格高的,不一定社会劳动消耗高;价格低的,不一定社会劳动消耗低。价格高低,从而盈利高低,不能反映人们经济活动效果的大小。

其次,传统体制大大抑制了价格对社会生产和流通的调节作用。在传统体制下,社会生产和流通的绝大部分,都是按国家的指令性计划进行的(即使在经济体制进行了初步改革的1983年,按国家指令性计划生产的工业品,仍占全部工业品的90%以上),市场因素、供求关系对生产和流通的作用微不足道,价格对社会生产和流通的作用范围很窄,程度很低。所以,过去人们常常强调价格只是经济核算的工具,而忽视或不承认价格也是社会经济生活的调节手段。另一方面,排斥市场机制下形成的价格体系,往往既不反映社会劳动消耗,又不反映供求关系,价格对社会生产和流通的有限的调节作用,在许多情况下反而成为逆调节。例如,长期以来,煤炭是工业的粮食,煤炭产量不足是制约我国经济发展的极其重要的因素。但是,这个最重要的、最急需发展的产品,价格却一直偏低,不但不能刺激反而限制了它的发展和节约代用。其他原材料等初级产品价格也有类似情况。与此相反,不少加工工业产品是长线产品,库存积压不少,但是价格却一直偏高,这是造成这些产品生产盲目发展、经济效益下降的一个原因。

再次,国家常常滥用价格作为再分配国民收入杠杆的作用。因为既然在经济管理中基本上排斥市场机制,也就不存在价格同社会劳动消耗相适应、同市场供求状况相适应的内在的要求。这样,价格就往往被国家广泛用于再分配国民收入。特别是中央集权制计划经济的重要特点之一,是经常要集中全国人力、物力和财力,用于解决国民经济发展中最紧迫的任务,从而滥用价格作为再分配的工具。比如苏联在头三个五年计划期间和我国二十多年来,为了集中力量发展需要很大投资的重工业,于是就从农业和农民身上打主意,把农产品价格定得远远低于其价值,保留、有时甚至扩大工农业产品价格的剪刀差,从而把农民创造的剩余产品大部分或全部集中到国家手里。高度集中的、以行政管理为主的经济管理体制,更便于国家做到这一点。由于农产品价格长期偏低,严重损害了农民的利益,打击了农民的生产积极性,从而造成我国农业生产长期发展缓慢,农业的发展远远不能满足国民经济发展的需要,出现严重的比例失调的局面。

在传统体制下,不合理的价格体系和价格体制,必然对国民经济的发展,带来种种不良的后果。

首先,妨碍经济的顺利发展。

世界银行《1983年世界发展报告》对价格偏差(或扭曲)同经济增长的关系有这样一个估计:关于经济增长率和偏差指数的数字表明,偏差较高(属于最高的三分之一)的国家的经济增长率比平均数(每年约增长5%)约低2个百分点,偏差低(属于最低的三分之一)的国家比平均数约高 2 个百分点。① 报告还指出:经济增长率差别的原因,需要考虑其他许多因素,不仅起码要考虑自然资源的禀赋,还要考虑其他经济、社会、政治和体制等因素,才能较全面地说明问题。但是,价格偏差能对经济增长情况的差别说明大约三分之一的问题。根据我国的经验,价格偏差,一方面必然使价格偏高的产品大量积压,另一方面又使价格偏低的产品短缺,造成社会劳动的不合理分配和影响各部门的协调发展。偏差的价格还给生产、技术改造、采用代用品、外贸、消费等带来错误的信息,从而导致社会劳动的严重浪费。可见,价格体系不合理,对社会经济的发展有着重大影响。

其次,不利于社会生产和流通的有计划按比例的发展。

社会主义经济是社会化程度很高的经济。产品种类繁多,有的国家达几百万种,甚至上千万种。而且随着科学技术的飞速发展,产品的品种将越来越多,质量将越来越好,更新换代越来越快。与此相适应,人们对各种产品的需求也将日益提高,需求结构千变万化。在这种情况下,光靠计划把一切都安排得尽善尽美是不可能的。如果只靠计划事前调节一种手段,不同时采用价格调节手段,要么需要大量的后备力量经常补充计划的不足,要么不顾一方面大量产品脱销另一方面大量产品积压,这些,都必然带来比例失调,加剧社会生产和消费之间的矛盾。因为不通过价格的某种自由浮动(这种浮动反映着劳动生产率和社会供求关系的弹性变化)对社会生产和流通的调节,就不可能使社

---

① 《1983 年世界发展报告》,中国财政经济出版社 1983 年版,第 63 页。这个统计数字来自对 31 个发展中国家——它们代表除中国以外的发展中国家的 75% 以上的人口——的外汇、资本、劳动力和基础设施(特别是电力)方面的价格偏差的集中分析。偏差低的类型有 10 国:马拉维、泰国、喀麦隆、韩国、马来西亚、菲律宾、突尼斯、肯尼亚、南斯拉夫、哥伦比亚;偏差中等类型的有 9 国:埃塞俄比亚、印尼、印度、斯里兰卡、巴西、墨西哥、科特迪瓦、埃及、土耳其;偏差高的类型有 12 国:塞内加尔、巴基斯坦、牙买加、乌拉圭、玻利维亚、秘鲁、阿根廷、智利、坦桑尼亚、孟加拉、尼日利亚、加纳。

会生产适应复杂多变的社会需要,并使两者紧密联系起来。① 而在价格管理方面过分集中的、僵化半僵化的体制,自然排斥价格的自由浮动,不允许地方和企业根据市场供求变化有一定的定价权和调价权。

经济发展实践证明,价格体系是否合理,对整个社会生产是否按比例地协调发展,影响甚大。一般说,价格结构由生产结构决定,反过来又决定着生产结构,因为价格在资源或生产要素的分配上起枢纽作用,生产结构常常是在一定的价格结构提供的信息下形成和变化的。价格体系不合理,必然给社会生产提供错误的信息,不利于社会生产按比例地协调发展。而过分集中的、僵化半僵化的价格管理体制,使不合理的价格体系不能及时得到调整和纠正。而且有时情况甚至相反,某种重要产品价格不合理(譬如偏低),但是为了特定需要,无法及时调整,于是硬性维持不变,时间长了积重难返,只好求助于行政手段,一方面冻结价格,另一方面下达指令性生产计划来维持生产,并采用计划供应或凭票供应的办法来限制供应,于是价格体系在这种僵化半僵化的管理体制下越来越不合理。总之,价格畸高畸低,必然使产业结构和经济结构向畸形方向发展,这也是造成整个国民经济比例失调的一个重要原因。

第三,不利于社会经济效益的提高。

从微观经济活动来说,如果排斥价格的某种自由浮动,各个企业就不会受到市场的压力,不懂得如果生产和出售坏的或质次的产品,就会

---

① "如果社会主义社会不能实现相对自由的价格变动,从而同时不能对变化的生产条件和需求条件作出反应,也就是说,如果社会主义社会按照行政方式确定价格,那么它就不可避免地会造成生产和消费之间的矛盾。这样一来,或者企业对于生产某些产品不那么感兴趣,然而这些产品在市场上遇到很高的需求;或者企业有兴趣相对提高某些产品的生产,可是这些产品的需求较小。不管这样还是那样,死板的行政性的价格形成总是意味着忽视影响价格发展的各种复杂联系,并导致利益对立的加剧,而这是同行政性价格形成常常引以为据的和响亮宣布的社会利益完全相矛盾的。"(〔捷克〕奥塔·锡克:《社会主义的计划和市场》,第 239—240 页)

陷入经济困难,甚至发不出工资和奖金,影响企业留利。这就是说,如果价格管理体制排斥价格竞争,就不能迫使企业的生产和经营符合社会的需要,努力了解和掌握市场信息,采用先进技术,改善经营管理,降低成本,提高劳动生产率,一句话,不利于企业努力提高经济活动的效果。

从宏观经济活动来说,价格体系不合理,生产比例失调,必然带来社会劳动的浪费,大大降低社会经济效益。同时,过分集中的、僵化半僵化的价格管理体制,使价格不能很好的发挥其调节经济生活的职能和作用,这样,就必然带来如下结果。首先,必须有大量的储备,才能防止某种商品(价格低于社会劳动消耗的商品)完全脱销。而这对社会来说,意味着要积压资金、增加仓库投资和支付大量储存费用等。其次,必然有另一部分质次价高和价格高于社会劳动消耗的商品过剩和积压,这也同样会降低社会经济效益。

第四节 新经济体制下价格的作用

新经济体制以确认社会主义经济是在公有制基础上的有计划的商品经济作为基础和根本出发点。这就必然大大提高价格在社会主义经济活动中的地位和作用。

这是因为,社会主义有计划商品经济的体制模式,要求重视流通,充分发挥市场机制的作用,从而要求充分发挥价格在社会经济生活的各个方面(生产、消费、分配)的导向作用。我们知道,商品经济是以流通为前提的。正如马克思说的:"商品生产以商品流通为前提,而商品流通又以商品表现为货币,以货币流通为前提。"[①]所以,在论述价格在社会主义商品经济中的作用以前,先要分析流通过程的重要性和职能。

---

① 《马克思恩格斯全集》第24卷,人民出版社1972年版,第393页。

既然社会主义经济也是一种商品经济,而商品是加入交换和流通的产品,这样,流通在社会经济生活中就具有重要的决定作用。社会对生产和整个经济生活的自觉的计划调节,就更加离不开对流通过程的合理组织,离不开对市场机制的利用,并且更加需要按照等价交换的原则来协调各方面的经济利益。随着国家对经济从以直接管理为主转向以间接管理为主,国家将更多地运用价值规律和价值杠杆,即通过市场和流通的导向作用,来实现社会生产的有计划按比例发展,实现社会劳动在国民经济各部门的合理分配和资源的有效配置。我们搞活经济,首先就是搞活流通,搞活市场。社会主义经济运行要实现良性循环,加速资金周转,提高资金使用效果,要从组织好社会主义流通入手。从微观经济的角度看,商品流通是否顺畅,制造商品的原材料、燃料等能否经常、及时买到,价钱是否合适,生产出的产品是否能够迅速推销出去,实现更多的盈利,对于任何一个商品生产者和经营者,都是至关重要的。前些时候,农村中某些地区出现"买难"和"卖难",影响生产的发展和造成社会劳动的浪费等问题,说明流通过程在发展商品经济中的重要地位和作用。

经济体制改革的进行,以及我国经济逐步转向有计划商品经济的轨道,要求我们更加重视流通,加强对流通问题的研究,改革流通体制,解决流通不畅等问题,以推动社会主义现代化建设的顺利进行。

赵紫阳总理在《关于第七个五年计划的报告》中指出:"我们必须在理论上深入研究社会主义商品经济运动的内在规律,在实践中积极探索发展社会主义商品经济的各种途径,坚决变革一切不符合这种要求的思想观念和规章制度。目前,我们的经济理论研究工作落后于改革和建设的实践,还不善于对丰富的实践作出新的概括。"我国经济体制改革的实践把流通问题提到突出的地位,但是我们对社会主义流通理论的研究却明显地落后于改革和建设的实践。比如,我国经济学界长期以来对资金范畴没有很好研究,没有对社会主义企业资金的循环与周转和社会总资金的流通进行严密的考察和分析,比较重视劳动消耗的效果而常常忽视资金占用的效果,有时甚至把讲求资金效益看成离经叛道;多年来,我们对市场机制作用的范围看得很窄,起初只承认存在消费品市场,以后进一步承认存在生产资料市场,而对包括资金市场、技术市场、信息市场、房地产市场、劳动力市场等在内的社会主义市场体系的研究,才刚刚起步;对于我国当前货币流通量的合理界限,至今还没有做出令人信服的、经得起实践检验的论证;关于如何巧妙地配套地运用货币政策、财政政策、外贸政策以及个人收入政策等,来协调和控制宏观经济比例,也是一项新的研究课题;等等。我国经济活动效果不高,跟我国第三产业特别是其中金融业、保险业、信息业、技术咨询业等的落后不无关系,而这又同人们对流通的轻视和我们对社会主义流通过程的研究太薄弱密切相关。

今后,随着经济体制改革的进行和新经济体制的建立,社会主义流通的重要性日益突出,市场机制的作用日益重要,必将使价格在国民经济中的地位和作用迅速提高。

第一,价格开始充分显示了它作为评价各项经济活动效果标准的作用,并受到人们普遍的重视。在社会主义商品经济中,各项经济活动效果,都要用价值这个社会共同的尺度来衡量。但是,价值要通过价格才能成为现实的衡量尺度。价格作为评价经济活动效果标准的作用,在吃"大锅饭"的体制下,特别是在全民所有制经济内部,由于普遍不重视经济效益而显得并不重要,也不为人们所关注,顶多只是作为核算的工具。但是,在承认社会主义经济是商品经济,各个企业是相对独立的商品生产者和经营者,企业和职工的物质利益要同企业的经营成果紧密挂钩的新体制下,价格作为评价经济活动效果标准的作用,自然就显得非常重要,并为人们深切关注了。各种产品价格的高低贵贱,已经越来越成为人们进行经营决策和从事各项经济活动盘算的中心。

第二,价格及其变动是实现价值规律对社会经济生活的调节作用的形式。确认社会主义经济是商品经济,意味着价值规律在社会主义经济中发生广泛的调节作用,而价值规律的这种调节作用是通过价格及其变动来实现。商品价格的高低,直接影响供应和需求的关系。一种商品,提高价格,或者价格高于社会劳动消耗,就会减少对它的需求,销量下降,容易出现供过于求。相反,商品降价,或者价格低于它的社会劳动消耗,就会增加对它的需求,销量上升,容易出现供不应求。价值规律对生产的调节也是通过价格及其变动来起作用的。这也就是我们通常所说的市场机制的作用。由于企业是相对独立的经济实体,是自主经营、自负盈亏的社会主义商品生产者和经营者,他们自然要围绕利润这个中心来确定生产经营活动,愿意生产和增产销路好、价高利大的产品,而不愿意生产和增产销路不好、价低利小的产品,因此,价格成为企业生产经营的重要指示器。

第三,价格是国家组织、引导和调节社会经济活动的最重要的杠杆。由于确认社会主义经济是有计划的商品经济,要按照商品经济的原则组织社会经济活动,国家在进行计划管理时,要逐步缩小指令性计划的范围,逐步扩大指导性计划和实行市场调节的范围。这样,价格就成为国家自觉依据和运用价值规律,组织和引导各企业、部门和地区经济活动纳入有计划发展轨道的最重要的杠杆。因为无论是在计划经济中运用市场机制,还是在计划范围外实行自发的市场调节,以及开展社会主义竞争,都要通过价格及其运动来实现。可见,价格是国家调节社会劳动在各部门之间分配,实现国民经济协调发展的最有力的杠杆。价格日益成为正确指导生产和消费、搞活流通、合理调节各方面经济利益的最重要手段。价格体系是否合理,制约着整个国民经济的发展。

有一个重要问题是理论界长期争论不休的,就是如何正确理解社会主义国家的价格政策问题。不少经济学家强调,在社会主义制度下,价格应作为再分配国民收入的工具，即让价格有意识地背离价值或生产价格，并认为只有这样，才能发挥价格作为经济杠杆调节生产和流通的作用，才会有价格政策。积极鼓吹这种观点的是苏联著名经济学家斯特鲁米林院士和斯大林时期的财政部长兹维列夫。我国著名经济学家孙冶方同志对此很不以为然。他认为，社会主义制度下，价格的最重要职能是核算和补偿社会劳动消耗。等价交换（指等价值或等生产价格交换）不仅适用于工农业产品之间，也完全适用于全民所有制经济不同生产部门之间和不同地区之间。为了贯彻等价交换这个搞好社会主义流通的最重要原则，价格必须尽可能接近和符合价值及其转化形态生产价格，使价格能正确地反映和评价劳动消耗及其成果。只有这样，国民经济各部门、各地区、各企业之间的经济活动的效果才能得到正确的评价，国民经济各种比例关系才能得到正确的反映。而不会像照哈哈镜那样，把事物本来面目歪曲了。价格对生产和流通的调节作用，在一般情况下，只是在价格符合价值或生产价格时，才能充分发挥出来，起正面的积极的作用，绝不是只有在价格同价值或生产价格背离时，才能发挥其调节作用。价格普遍不合理地背离价值或生产价格，往往起逆调节或消极的作用。与此同时，孙冶方并不一概排斥价格同价值或生产价格背离的做法。他认为，对例如烟酒等消费品的价格定得高于其价值或生产价格，而对大众药品、儿童用品的价格定得低于其价值或生产价格，是可以的，必要的，只不过这不应是我们确定价格的基本出发点。[①]

　　我认为孙冶方的上述观点是很有见地的。孙冶方的上述观点是对传统观点的挑战和否定。事实上，只要我们肯定价格是对劳动及其成果的社会评价，价格的首要职能和作用是服务于经济效益的提高，就不

[①] 参见孙冶方：《我与经济学界一些人的争论》，《社会主义经济论稿》，人民出版社1985年版，第305—306页。

能过分强调价格作为再分配国民收入的工具,就要打破"没有价格同价值的背离就没有价格政策"这个老教条。价格普遍的符合价值或其转化形态,真正实行等价交换原则,将有助于国民经济的按比例发展,有助于各部门、地区和企业沿着降低劳动消耗和资金占用的方向,提高经济活动的效果。

与此同时,我们也不能过分看轻价格作为再分配国民收入的作用。在一定时期,例如当前,保留一定程度的工农业产品价格的剪刀差,看来还有必要,当然要逐步缩小以至取消这种剪刀差。又如为了更好地利用我国资源,发展对我国有利的进出口贸易,国家也要通过直接或间接的手段,包括实施某种产业政策、财政政策、货币政策等,使有的产品的价格高于其价值或生产价格,而另一些产品的价格则低于其价值或生产价格。还有,随着有计划商品经济的发展,随着价格形成越来越受市场因素的影响,价格符合价值或生产价格只能是相对的,不可能是绝对的。当然,在一般情况下,国家政策的重要任务之一,正是在于"熨平"过大的供求波动对市场价格的影响,即在于避免价格扭曲或减轻其扭曲的程度。

从理论上说,既然我们承认价格决定的规律性和价值决定的规律性是不同的,那么,价格就难于做到同价值或其转化形态完全一致,而总会有某种偏离。问题在于,是让其偏离大一些或有意让其普遍偏离对社会经济发展有利呢,还是相反。前面说过,价格体系越不合理,价格扭曲越严重,对社会主义经济的发展越不利;相反,价格体系(主要是比价和差价关系)越合理,价格偏差程度越低,对社会经济的发展越有利。所以,从总的来说,社会主义国家价格政策的目的,不应是使价格偏离价值,而应是使其符合价值,在这个前提下,也要适当利用价格同价值的偏离来服务于特定的有利于社会经济发展的目的。这可能是比较全面的认识。

第三章　社会主义价格形成的一般规律

本章主要探讨社会主义价格形成的一般规律,主要包括:价格形成的因素有哪些,这些因素在价格形成中的地位和作用怎样? 这种分析,可以为以后的论述提供一般的理论基础。

需要说明,本章所述的价格,指一般物质产品的价格,而不包括某些特殊的商品的价格(其中有些还是战略性价格,如资金利息)等。一般物质产品价格的规律性弄清楚了,自然有利于分析其他商品价格决定的规律性。

第一节　社会主义价格形成的主要因素

我们知道,商品价值决定于商品生产过程中的劳动耗费,商品价值的转化形态生产价格决定于商品的社会成本加平均利润。与此不同,商品的价格除了要以价值或生产价格为基础以外,还要受其他因素的影响,主要是受交换过程中供求关系和国民收入分配与再分配条件的影响。如果说,价值是体现直接生产过程的最简单、最本质的范畴,那么,价格则是体现社会经济运动的总过程的比较复杂和具体的范畴。

商品的价值由生产这种商品的社会必要劳动量来决定,这是由商品经济中价值规律的作用决定的,在不同的商品经济中,这种价值决定的规律性是相同的。而商品的价格却是社会经济运动的综合反映,它既首先受价值规律的调节,又受其他经济规律特别是各该社会形态特殊的经济规律决定,因此在不同的社会中,这种价格决定的规律性是不相同的。

在社会主义制度下,价格形成的主要因素是哪些呢?

我认为,主要因素有三:

第一,商品的价值或其转化形态。

第二,商品的供求关系。

第三,国家政策因素,包括资源政策、产业政策、分配政策等,主要是从分配领域调节国家、部门、地方、企业、个体和消费者等各方面的经济利益。

在上述三个因素中,第一个因素即商品的价值或其转化形态是主要的决定性因素。这是由价格的本质决定的。我们知道,商品价格是商品价值的货币表现。价值是我们看不见也摸不着的东西。一种商品的价值,只有在同其他商品的交换中,才能表现出来。例如,一斤茶叶与五尺白布相交换,一斤茶叶的价值就相对地表现在五尺白布身上。这个一种商品与另一种商品相交换的简单的量的比例或交换价值,就成为商品价值的最初表现形式。随着商品生产和交换的发展,商品的价值形式也逐步由简单的价值形式发展为扩大的价值形式、一般的价值形式,最后到货币形式。货币成为专门表现各种商品价值的价值物,而同商品世界相对立。这时候,各种商品都以货币的使用价值量来表现其价值。商品价值的货币表现,就被称为价格。这就是商品价格的本质规定性。当然,价格不是简单的表现(等于)价值。价格是商品价值的相对独立的表现形式,它可以大于或小于商品的价值。正如马克思说的:"商品的价值量表现着一种必然的、商品形成过程内在的同社会劳动时间的关系。随着价值量转化为价格,这种必然的关系就表现为商品同在它之外存在的货币商品的交换比例。这种交换比例既可以表现商品的价值量,也可以表现比它大或小的量,在一定条件下,商品就是按这种较大或较小的量来让渡的。可见,价格和价值量之间的量的不一致的可能性,或者价格偏离价值量的可能性,已经包含在价格形式本身中。"①尽管价格可以偏离价值,但是,从较长时期来看,例如资本主义社会从一个经济周期来看,商品的总价格是和它的总价值相等的。而在社会主义社会,如果把币值的变动计算在内,可从一年(一个农业生产周期)来看,总价格是等于总价值的。商品的价格总是围绕价值这个中心上下摆动的。恩格斯说:"政治经济学碰到了这样一个事实,即一切商品的价格……忽而上涨,忽而下降,因而使人觉得价格通常是由纯粹的偶然情况来决定的。当政治经济学作为科学出现的时候,它的首要任务之一就是要找出隐藏在这种表面支配着商品价格的偶然情况后面,而实际上却自己支配着这种偶然情况的规律。在商品价格不断变动及其时涨时落的摇摆中,它要找出这种变动和摇摆所围绕的稳定的轴心。一句话,它要从商品**价格**出发,找出作为调节价格的规律的商品**价值**,价格的一切变动都可以根据价值来加以说明,而且归根到底都以价值为依归。"②

　　从二十世纪五十年代以来,一直有同志不那么同意客观上存在社会主义价格形成的规律性,认为社会主义制度下价格是由国家计划制定的,国家在定价时虽然也要考虑价值规律的作用,但主要不是以价值规律为依据,而是以计划或分配政策要求为依据。特别是,持这种意见的同志认为,社会主义社会不存在一个普遍适用的定价原则,反对用统一的利润率来确定价格构成中的利润额,实际上反对社会主义价格形成的基础是价值或其转化形态,价格可以根据国家某些政策、再分配原则来具体制定。例如,有的同志认为,社会主义价格构成中的利润额,

---

① 《马克思恩格斯全集》第23卷,第120页。
② 恩格斯为马克思的《雇佣劳动与资本》写的1891年单行本导言,《马克思恩格斯选集》第1卷,人民出版社1972年版,第342页。

"按照统一的工资利润率、资金利润率、成本利润率和综合平均利润率进行分配,都不能认为是社会主义价格形成的合理方案。那么怎样分配才是合理的呢?我们认为合理的分配应当符合以下几个要求:第一,对国家要有利于资金积累,有利于国家资源的合理利用,有利于调节供求,有利于指导生产和消费;第二,对生产者要有利于加强经济核算,有利于在平等的基础上进行社会主义竞赛,体现多劳多得的原则,有利于按照国家计划和社会需要组织简单再生产和扩大再生产;第三,对消费者和使用单位要有利于稳定其购买力,有利于他们利用新技术和使用新产品"。而主张用统一的利润率作标准形成价格的"共同点是要为价格寻找一个一刀切的利润标准,这就把价值、价值决定同交换价值等同起来了,把商品交换中的种种因素舍弃了"[1]。实际上,这是把本末倒置起来了。价值或其转化形态生产价格(或其他价值转形),是价格形成的基础,"商品交换中的种种因素",包括国家的各种政策,如分配政策,只能在上述基础上作为实际价格形成的因素,而不能脱离上述基础,更不能同上述基础对立,否则就同价格作为价值的货币表现的本质相矛盾了。价格可以因种种原因而同价值背离,但这只能是某种背离,最终要受基础的制约。这就是价格形成的规律性。不承认这一点,等于否定了价格形成最一般的规律性。正是价格的上述本质,使它成为评价各项经济活动效果的标准。我们的任务,就是根据价格的经济本质,使价格形成符合客观经济规律的要求。实际上,正如我们在第二章讲过的,随着社会主义有计划商品经济的发展,价格日益成为评价各项经济活动效果的标准,从而日益成为评价企业经济效益的标准,而逐渐抛弃主观主义的价格政策,抛弃充满主观随意性的一系列计划指标

---

[1] 许毅、陈宝森、梁无瑕:《社会主义价格问题》,中国财政经济出版社1982年版,第60、53页。

（它们还常常互相矛盾）对企业、部门经营管理状况的考核。

第二节　社会价值是产品价格的客观基础

马克思主义政治经济学告诉我们，价格是价值的货币表现；作为价格的客观基础的价值，并不是个别价值，而是社会价值。产品的社会价值是由产品生产过程中的社会必要劳动耗费决定的。所谓社会必要劳动耗费，是指这个产品在生产过程中所耗费的社会必要劳动时间，"是在现有的社会正常的生产条件下，在社会平均的劳动熟练程度和劳动强度下制造某种使用价值所需要的劳动时间"①。据此，我们也可以说，所谓社会必要劳动时间，就是生产一种产品的部门平均劳动时间，它往往是由生产这种产品"占显著大量"的企业所耗费的劳动时间决定的。

马克思在《资本论》第3卷中，提出了存在另一种意义的社会必要劳动时间，说："社会劳动时间可分别用在各个特殊生产领域的份额的这个数量界限，不过是整个价值规律进一步发展的表现，虽然必要劳动时间在这里包含着另一种意义。"②对于这里说的社会必要劳动时间，究竟是决定价值形成还是价值实现，理论界长期以来一直有争论。根据我的理解，我认为应当肯定另一种意义的社会必要劳动时间是决定价值形成的，从而是决定价格的基础——社会价值的。为什么这样说呢？

我们知道，马克思在《资本论》中，对于庞大而复杂的资本主义经济是采用逻辑法进行叙述的：从分析最简单、最本质和最始基的关系开始，逐步上升到对复杂的、具有多种规定性的现象形态的说明。《资本

---

① 《马克思恩格斯全集》第23卷，第52页。
② 《马克思恩格斯全集》第25卷，第717页。

论》第 1 卷所研究和叙述的,是资本主义生产过程本身当作直接的生产过程所呈现的各种经济现象。在那里,舍象了流通过程的因素,而假定这方面的条件是既定的。而到第 2 卷,则逐步纳入流通过程的因素进行分析,并且在第 3 卷中分析了资本的运动过程当作一个全体来看所产生的各种具体形态。这样,就把资本主义复杂的社会经济现象非常清楚地、有条不紊地呈现出来了。

马克思在《资本论》中分析作为形成价值量的社会必要劳动时间时,也是先在第 1 卷把流通过程的因素,即社会供给与社会需求的关系的因素抛开来叙述的,因此把它定义为上述前一方面的含义。"在这里,单个商品是当作该种商品的平均样品。"①接着,当叙述到第 3 卷时,他分析的就不仅是单个商品,而是一种商品的总量、各种商品的总量。分析的进行需要把流通过程的因素纳入,这样,就考察了社会供给与社会需求的关系对社会必要劳动时间的形成的制约作用,以整个部门(或某一种类)的产品的社会必要劳动时间的确定作为分析的对象,通过对整个部门(或某一种类)产品的社会必要劳动量的确定来考察流通因素对社会必要劳动时间形成的影响。他说:"事实上价值规律所影响的不是个别商品或物品,而总是各个特殊的因分工而互相独立的社会生产领域的总产品;因此,不仅在每个商品上只使用必要的劳动时间,而且在社会总劳动时间中,也只把必要的比例量使用在不同类的商品上。"②

关于要把社会需要量纳入《资本论》第 3 卷的考察范围,马克思还说过这样一段话:"说商品有使用价值,无非就是说它能满足某种社会需要。当我们只是说到单个商品时,我们可以假定,存在着对这种特定

---

① 《马克思恩格斯全集》第 23 卷,第 52 页。
② 《马克思恩格斯全集》第 25 卷,第 716 页。

商品的需要,——它的量已经包含在它的价格中,——而用不着进一步考察这个有待满足的需要的量。但是,只要一方面有了整个生产部门的产品,另一方面又有了社会需要,这个量就是一个重要的因素了。"①当某种商品的社会需要量过大时(与社会供给量相比较而言),"市场价值或社会价值就由在较坏条件下生产的大量商品来调节";相反,当某种商品的社会需要量过小时,"市场价值就由在最好条件下生产的那部分商品来调节"②。

有的同志认为,上引马克思在《资本论》第3卷第712页所说的并不是社会必要劳动量的形成问题,而是社会必要劳动量的实现问题,或者说,第一种意义的社会必要劳动时间指的是价值决定问题,而第二种意义的社会必要劳动时间则指价值实现问题。③ 这样,逻辑的必然结论是:不能将所谓第二种意义的社会必要劳动纳入社会必要劳动时间的定义中。既然它不是形成商品社会必要劳动时间的因素,不决定社会价值,其作为社会必要劳动时间也就被否定了。这是与马克思明确说它是社会必要劳动时间不符的。如果所谓第二种含义的社会必要劳动不决定价值(或形成社会必要劳动时间),那么就等于否定了价值决定与社会必要劳动时间的形成对于社会劳动按社会需要在各生产部门中进行分配的支配作用。但是马克思说得很清楚:"在资本主义生产方式消灭以后,但社会生产依然存在的情况下,价值决定仍会在下述意义上起支配作用:劳动时间的调节和社会劳动在各类不同生产之间的分配,最后,与此有关的簿记,将比以前任何时候都更重要。"④

既然价格的客观基础是社会价值而不是个别价值,与此相适应,作

---

① 《马克思恩格斯全集》第25卷,第206页。
② 同上书,第204页。
③ 参阅卫兴华:《商品价值量的决定问题》,《经济研究》1962年第12期;孙书汉:《试论马克思关于"社会必要劳动时间"的两个定义》,《学术论坛》1981年第5期。
④ 《马克思恩格斯全集》第25卷,第963页。

为产品价值的最重要组成部分和作为产品价格的最低经济界限的成本[1],就应当是社会成本,而不是个别成本。社会成本即部门成本。在工业部门内,这种社会成本相当于该部门全部产品的加权平均成本。

过去,有的同志认为,按照社会成本即部门成本定价只适用于过去对私人资本主义改造时期,那时按照这个原则来定价可以鞭策资本家努力改善经营管理,督促他们设法使企业的个别劳动耗费低于社会必要劳动耗费,个别成本低于社会成本。现在情况不同了,工业企业主要是全民所有制企业,它们都是在国家的计划指导下进行生产和经营,它们生产的产品都是为了满足社会的需要。因此,在产品生产(和销售)过程中的各项费用支出,都是必要的,都是应当在产品价格中得到补偿的。不仅如此,产品价格还要保证这些企业有一定的盈利。这样,就不应当按照部门平均成本来定价,而应当按照企业个别成本来定价。同一产品,不应当按照统一的社会价值或社会成本来规定统一的价格,而应当根据各个企业的个别价值或个别成本来规定不同的出厂价格。

我认为,这种主张和观点在理论上是错误的,对社会主义建设实践是不利的。

在商品经济中,价值规律起着支配的作用。这就是说,商品的价值是由生产这种商品的社会必要劳动时间决定的,商品的生产和交换都要以商品的价值为基础。价值规律促使每一个商品生产者努力革新技术,改善经营管理,降低成本,提高劳动生产率,争取个别劳动消耗低于社会必要劳动消耗,个别成本低于社会成本,使自己处于有利或优势地位。价值规律就是这样起着推动技术进步、刺激社会生产力发展的作

---

[1] 马克思说:"商品出售价格的最低界限,是由商品的成本价格规定的。如果商品低于它的成本价格出售,生产资本中已经消耗的组成部分,就不能全部由出售价格得到补偿。如果这个过程继续下去,预付资本价值就会消失。"(《马克思恩格斯全集》第25卷,第45—46页)

用。但是,如果产品的价格按照个别劳动消耗或个别成本来制定,产品的交换按照不同的价格水平来进行,那么,价值规律的上述作用就受到限制,商品生产和交换也难于正常进行下去。这时价格就不可能成为衡量社会劳动消耗的工具,社会也就失去了评价各个部门、企业经济活动效果的客观的、统一的标准,从而带来如下不利后果:(一)维护落后,妨碍企业革新技术、改善生产和劳动组织、改进经营管理、降低产品的个别劳动消耗和个别成本。(二)妨碍企业的正常经济核算的进行。(三)影响社会劳动的统计,影响国民经济的综合平衡工作。(四)不利于贯彻按劳分配原则。

与此不同,价格形成以社会价值为基础,对于社会主义经济的发展起着几方面的促进作用。

第一,以社会价值作为制定价格的基础,就使同一生产部门内不同企业生产同种产品的劳动消耗能按统一的尺度来计量和补偿,从而能够鼓励先进,鞭策落后。

第二,以社会价值作为价格形成的基础,能够协调各生产部门之间的关系,包括经济利益关系,促进各生产部门之间合理的比例关系的建立。

第三,以社会价值作为价格形成的基础,有利于协调生产部门和流通部门等的经济关系,从而使社会再生产得以顺畅进行。

第四,以社会价值作为价格形成的客观基础,有利于各个地区生产力的合理布局和社会资源的合理利用。

第三节 价值是生产费用对效用的关系

为了进一步分析作为社会主义价格形成的基础的价值范畴,需要对恩格斯关于"价值是生产费用对效用的关系"的论断进行探讨。

恩格斯在1844年写的《政治经济学批判大纲》中说:"价值是生产费用对效用的关系。"①

这个论断,我认为是正确的,它能启发人们把握价值的本质,对于在社会主义经济中利用价值范畴来促进经济活动效果的提高有重要意义。但是,长期以来,也有一些同志认为这个说法不符合马克思主义劳动价值论。例如,早在1961年,就有人断言,恩格斯的上述关于价值概念的见解只是他早期的观点,"后来,恩格斯抛弃了这一观点"②。也有人说:"恩格斯所讲的'价值是生产费用对效用的关系',并不是仅仅从使用价值是价值的前提这个意义上说的,而是把它作为价值的一般定义,把效用和生产费用都当作决定价值量的要素提出来的。显然,这与马克思和恩格斯在后来的一些著作中所阐明的价值理论是不同的。"③近几年,也有同志发表与上述类似的意见,如说:"我们认为完全肯定这个定义,说它符合于马克思的劳动价值论,是很难令人信服的。"④

我认为这些说法都值得商榷。

首先,我们必须从实质上而不是从字面上来理解恩格斯在《政治经济学批判大纲》中的上述观点。从实质上看,恩格斯说"价值是生产费用对效用的关系",并不是认为生产费用和效用孤立地、分别地决定价值,或者把效用看作是价值的实体。我认为,恩格斯在这里说的是在商品经济条件下,生产产品的个别劳动耗费(生产费用)如何、通过什么社会过程转化为社会劳动耗费,转化为价值的问题。恩格斯对这个问题的回答是:生产各种产品的劳动耗费,要得到社会的承认,成为社会总劳动支出的一个有机组成部分,转化为价值,必须通过产品本身的

---

① 《马克思恩格斯全集》第1卷,人民出版社1956年版,第605页。
② 石再:《恩格斯的〈政治经济学批判大纲〉》,《光明日报》1961年6月19日。
③ 卫兴华:《关于效用和价值的关系问题》,《学术月刊》1962年第9期。
④ 王惟中、洪大璘:《怎样理解"价值是生产费用对效用的关系"?》,《经济研究》1981年第3期。

社会的检验,看它是否具有社会的使用价值,它在多大程度上能够满足社会的需要。如果产品没有社会使用价值,并不为社会或市场所需要,那么生产这种产品的劳动耗费就不能形成、转化为价值;如果产品具有社会使用价值,为社会或市场所需要,那么这种产品就具有与其他同种(同质)产品一样的价值,尽管生产这种产品的个别劳动耗费是各不相同的,它们却转化为相等的价值量即社会必要劳动量。如果某种产品总的供给量超过了社会的需要量,那么生产这种产品的总劳动消耗量就不能全部转化为社会劳动消耗量,社会只承认其所需要的部分,其余部分劳动时间就被浪费了;反之,如果某种产品总的供给量少于社会的需要量,那么生产这种产品的总劳动消耗量就将更多地转化为社会劳动消耗量,形成一部分虚假的社会价值。

大家知道,价值并不就是劳动,价值量并不简单地等于劳动消耗量。价值的实体是劳动,有使用价值的非劳动生产品是没有价值的,价值是劳动的社会形式。在以私有制为基础的商品经济条件下,劳动间接地表现为价值。从劳动到价值,加了一层社会经济关系,中间要经过社会对劳动的质和量的检查。这种检查是自发地在生产者的背后进行的。正如列宁说的,"商品生产,也就是通过市场而彼此联系起来的单独生产者的生产。个体生产者供他人消费的产品只有采取货币形式,就是说,只有预先经过质量和数量两方面的社会计算,才能到达消费者手里,才能使生产者有权获得其他社会产品。而这种计算是在生产者的背后通过市场波动进行的"[①]。所谓社会对劳动(指生产商品的私人劳动)的质和量的检查,除了首先要确定产品的平均劳动消耗量以外,一方面是指某一个产品是否具有同其他同类产品相同的品质,相同的社会使用价值,进行有用效果的比较;另一方面是指某一种产品的生产

---

① 《列宁全集》第1卷,人民出版社1955年版,第385页。

量和供应量,是否同社会的需要量相适应,进行有用效果同社会需要的比较。这样,产品是否具有社会的使用价值,满足社会需要的程度如何,对于私人劳动的消耗能否转化为社会必要劳动消耗,即对商品价值能否形成就具有重要的作用。

我认为,恩格斯在《政治经济学批判大纲》中说的正是这个意思。他认为,离开了生产费用和效用的比较,孤立地认为生产费用决定价值,是不正确的。他说:"假定某人花了大量的劳动和费用制造了一种谁也不要的毫无用处的东西,难道这个东西的价值也要按照生产费用来计算吗?"[1]恩格斯在这里说的效用,就是产品的社会使用价值。而"在私有制统治下,竞争是唯一能比较客观地、似乎一般能决定物品效用大小的办法"[2]。恩格斯还一再指出,不能离开竞争关系来考察和说明价值,物品效用的大小必须通过竞争关系来检查。这就说明,生产产品的劳动消耗,必须通过竞争,通过社会对产品的质和量的检查,才能转化为价值。

恩格斯在《政治经济学批判大纲》中提出的上述观点,他在以后的著作,特别是1878年写的《反杜林论》和1884年为马克思《哲学的贫困》写的序言中,都一再重申并有进一步的发挥。他在《反杜林论》中说:"我们的某个人要是制造对于别人没有使用价值的物品,那末他的全部力量就不能造成丝毫价值;如果他坚持用手工的方法去制造一种物品,而机器生产这种物品却比他制造的便宜二十倍,那末他所投入的力量的二十分之十九既没有造成任何价值,也没有造成一种特殊的价值量。"[3]恩格斯在批评洛贝尔图斯的价值观念时也指明这一点,说:"洛贝尔图斯虽然也用两句话提到了劳动强度的差别,但是劳动还是

---

[1] 《马克思恩格斯全集》第1卷,第604页。
[2] 同上书,第604—605页。
[3] 《马克思恩格斯选集》第3卷,第227页。

非常笼统地当做'成为代价的东西',从而也就是衡量价值的东西提出来,而不问这个劳动究竟是不是在正常的社会平均条件下付出的。……他们的劳动时间是耗费在生产社会必需的物品和生产社会需要的数量上,还是耗费在根本不需要的东西上,或者虽然需要但却在数量上是多于需要还是少于需要,——对于所有这些却一字不提,只是说:劳动就是劳动,等量劳动的产品必须同等量劳动的产品交换。"①

如果肯定恩格斯所说的效用指的是社会的使用价值或满足社会需要的程度,产品的效用制约着价值的形成,即制约着生产产品的劳动耗费能否和能够在多大程度上转化为社会劳动耗费,那么,在这个意义上,我们可以说,效用是价值形成的一个因素。这同资产阶级庸俗经济学的效用论是有根本区别的。首先,这里的落脚点仍然在于劳动,不过这不是任何一种劳动,而是有用的,形成一定使用价值并能满足社会某种需要的劳动,效用只在私人劳动耗费如何转化为社会劳动耗费时起制约作用,只能决定生产商品的私人劳动耗费能否和能够在多大程度上为社会所承认。所以决定价值的,归根到底还是劳动,劳动而且也只有劳动才是价值的实体。其次,这种影响价值形成的效用,并不是纯主观决定的效用(像舍象了竞争关系来考察和说明价值的萨伊那样),而是被客观地、社会地决定的社会使用价值,它在私有制度下是通过竞争,由社会的自发过程来确定的。而资产阶级庸俗经济学的效用论则以主观效用的大小作为决定价值的唯一因素,它的落脚点归之于纯主观的因素,否认劳动是价值的实体。

在消灭了私有制,建立了公有制以后,价值的命运怎样呢?恩格斯在《反杜林论》中也指出,在实现了生产资料公有化之后,"社会也必须知道,每一种消费品的生产需要多少劳动。它必须按照生产资料,其中

---

① 《马克思恩格斯全集》第 21 卷,人民出版社 1965 年版,第 212 页。

特别是劳动力,来安排生产计划。各种消费品的效用(它们被相互衡量并和制造它们所必需的劳动量相比较)最后决定这一计划"。恩格斯写到这里,还特别加了一个脚注,声明上面所说的不过是重申他在《政治经济学批判大纲》中的观点:"在决定生产问题时,上述的对效用和劳动花费的衡量,正是政治经济学的价值概念在共产主义社会中所能余留的全部东西,这一点我在1844年已经说过了(《德法年鉴》第95页)。但是,可以看到,这一见解的科学论证,只是由于马克思的《资本论》才成为可能。"①

由此可以看出,第一,恩格斯在《政治经济学批判大纲》中提出的"价值是生产费用对效用的关系"的论点,并没有在后来被抛弃,而是在为马克思所"认可"的《反杜林论》等书中重申。第二,恩格斯指出,在共产主义社会中,由于实现了生产资料公有化,价值概念并没有被完整地保留下来。虽然在制订计划时,要进行有用效果和劳动花费的比较,但是这并不就是原来意义的价值,而是"政治经济学的价值概念在共产主义社会中所能余留的全部东西",亦即价值决定,或作为价值实体的社会必要劳动。总之,恩格斯在《反杜林论》中,是肯定他在《政治经济学批判大纲》中提出的上述观点的。

其次,马克思的《资本论》科学地证明了恩格斯关于"价值是生产费用对效用的关系"的正确性。

马克思在《资本论》中,非常系统和详尽地论证了社会使用价值或社会的需要,对于各商品(单个的和总量的)的价值形成或社会必要劳动量的确定的重要意义和作用。这个问题比较清楚,这里不拟赘述。

关于在消灭了私有制、建立起公有制之后,"生产费用对效用的关系"和"有用效果和劳动花费的比较"这个"价值概念在共产主义社会

---

① 《马克思恩格斯选集》第3卷,第348—349页。

中所能余留的全部东西"的意义和作用,马克思的预计也和恩格斯的一致。马克思在《资本论》第1卷中说,在一个自由人的联合体里,"劳动时间就会起双重作用。劳动时间的社会的有计划的分配,调节着各种劳动职能同各种需要的适当的比例。另一方面,劳动时间又是计量生产者个人在共同劳动中所占份额的尺度,因而也是计量生产者个人在共同产品的个人消费部分中所占份额的尺度"①。马克思在《资本论》第3卷又指出了在资本主义生产方式消灭以后,价值决定仍然会在劳动时间的调节和社会劳动在各类不同生产之间的分配上起支配作用等。②

恩格斯关于"价值是生产费用对效用的关系"的观点,表达了一个非常重要的天才的思想,对我们今天更好地组织与管理社会主义经济有重要的指导意义。我们不但不应当在理论上加以否定,而且必须认真地学习和体会,很好地运用于实际经济生活中,运用于经济理论研究包括价格理论研究中。

社会主义生产目的,是要用更多更好的物质和文化财富来满足社会及其成员的需要。社会的物质财富和文化财富是由劳动创造的。在一定时期内,社会拥有的劳动量是既定的。因此,就必须在充分利用劳动资源的同时,提高劳动生产率,以便全面地讲求经济活动的效果,在既定的劳动耗费下生产出最多最好的满足社会需要的使用价值。正因为这样,节约劳动时间以及有计划地、合理地分配劳动时间,在社会主义经济中就具有首要意义。

在社会主义制度下,讲求有用效果和劳动耗费的比较,首先要求我们根据客观规律和本国国情,按照社会需要,有计划和按比例地在国民经济各部门之间分配社会劳动总量,使投入各部门和各种产品的劳动

---

① 《马克思恩格斯全集》第23卷,第96页。
② 《马克思恩格斯全集》第25卷,第963页。

量都成为社会总劳动支出的一个有机组成部分,都具有社会必要的性质,并能做到合理利用自然资源。我国社会主义建设的经验证明:计划的节约是最大的节约,计划的浪费是最大的浪费。计划安排是否恰当,对整个国民经济的宏观的活动效果起着最为深刻的影响。

其次,在社会主义商品经济中,要比较有用效果和劳动耗费,说明生产产品的劳动耗费,仍然需要经过交换,才能转化为社会劳动耗费。这样就鞭策着社会各经济单位经常改善经营管理,提高劳动生产率,力求使本单位个别劳动消耗不高于而要低于社会必要劳动消耗,争取更大的经济效果。社会主义经济中需要利用市场机制,使各个生产者和经营者经常受到市场的压力,以便把经济搞活,造成你追我赶的生气勃勃的局面,根本原因在此。

再次,在社会主义商品经济中要比较有用效果和劳动耗费,也说明我们在生产产品的时候,在努力节约劳动消耗的同时,要讲究产品质量,讲究产品的社会使用价值。产品的质量和社会使用价值是产品凝结着多少社会必要劳动量的物质前提。在其他条件不变下,产品的质量和社会使用价值提高了,社会就会承认其包含较多的社会劳动量;反之,就意味着只包含较少的社会劳动量。这就是产品的销售要实行按质论价的根本原因。因此,我们不能靠降低产品质量的方法来降低产品的劳动耗费,这是达不到使个别劳动耗费低于社会必要劳动耗费的目的的。为了很好地实现上述要求,我们要让产品在市场上接受社会对它的质量检查,要改变统购包销、国营商业部门独家经营、排斥竞争的做法。过去,由于没有做到这一点,许多次品、废品都被国营物资、商业部门统购下来,既助长了生产企业不关心产品质量的风气,损害了消费者的利益,也造成了国家的虚假的财政收入,掩盖了财政赤字的存在。很明显,在次品和废品被国营物资、商业部门收购后,生产企业就可以照常上缴税金(和利润),形成财政收入的一部分。实际上,这笔财政收入是虚假的,到后来终归要通过报销废次品损失暴露出来。这种状况持续时间越长,其损失就会越大。我们改革经济体制,重要任务之一,就是要努力克服造成这种不合理状况的制度。

通过研究我国三十多年来社会主义建设的经验和教训,我们体会到,恩格斯关于"价值是生产费用对效用的关系"的论点,不但是正确的,而且对于我们改革传统的经济体制,特别是改变那种片面追求数量指标,实行质量至上、力求产品适销对路的方针,贯彻按质论价的原则等,都有很现实的意义。

第四节 农产品价值由劣等地的劳动耗费决定

上面说的以社会平均劳动消耗决定商品的社会价值,不适用于农产品(和矿产品),而只适用于一般工业品和不受自然资源及其差别限制的产品。

我们知道,农业生产的根本特点是经济再生产过程和自然再生产过程结合在一起。因此,农产品的生产,受自然条件特别是耕地的优劣影响很大。

在社会主义条件下,由于优等、中等地有限,需要同时耕种劣等地,才能生产出足够的满足社会需要的农产品。而在存在商品货币关系的条件下,农产品的价值就不是由平均劳动耗费决定,而是由劣等地的劳动耗费决定的。这样,经营优等、中等土地的商品生产者,就能获得超额利润,并转化为级差地租。

所谓土地的优劣,首先指土地的肥沃程度。较好(较肥沃)的土地单位面积产量高,其单位商品的个别价值量就低;而较差(肥力不足)土地单位面积产量低,其单位商品的个别价值量就高。土地的优劣,还表现在交通条件上面。较好的土地指离市场近,运输条件好,耕种者购买农业生产资料和出售农产品的运输费用低;较差的土地指离市场远,运输条件差,耕种者购买农业生产资料和出售农产品的运输费用高。由于土地有优劣之分,经营较好土地的商品生产者的单位商品个别价值低于社会价值,成为超额利润的来源。

既然农产品的价值是由劣等地的劳动耗费决定的,国家在制定农产品计划价格,特别是农产品的收购价格时,就要以劣等地生产农产品的劳动耗费为基础。只有这样,劣等地才能得到合理的利用,农产品的生产和供应量才能满足社会和市场的需要。

农产品价格是由农产品生产成本、税金和生产者纯收益三项内容构成的。其中农产品成本是最重要的组成部分,农产品成本的变化,能够基本上反映农产品价值的变化。所以,研究农产品价格,首先要研究农产品成本。

作为农产品价格主要组成部分的农产品成本,不是个别成本,而是社会成本。只有社会成本,才是生产农产品的必要耗费,才能成为农产品价格形成的主要依据。

农产品的社会成本不是农产品个别成本的简单平均。农产品社会成本的确定,要注意如下几个问题。

第一,要按照正常的生产、经营状况来计算和确定农产品的社会成本。①

计算农产品的社会成本,在于为农产品的价格形成提供经济依据。这就需要以正常的生产、经营状况计算出来的成本水平为准。只有根据正常的生产经营状况计算出来的成本,才有助于正确地确定农产品的价格水平和安排各种比价(工农产品比价和各种农产品的比价)。

---

① 这里说的农产品成本,指包括物化劳动耗费的支出和活劳动耗费的支出的农产品成本。在我国现阶段,农产品成本有时还可以只按生产基金的消耗部分来计算和确定,而不包括活劳动支出在内。

如果根据个别时期不同的生产经营状况(包括不正常的生产经营状况)的成本水平来确定农产品的价格,必然会使农产品的价格处于经常波动或者大的波动的状态,出现谷贱伤农,不符合农业生产稳定发展的要求。

计算农产品的社会成本,有两种不正常的经营状况一般应当剔除。一种属于代表性不大的经营不正常情况,由于它的代表性不大,计算时应当剔除是容易理解的(这里指通过计算和分析个别成本来形成社会成本时的情况)。另一种是在个别时期内出现的有一定代表性的不正常的经营状况,但这并不是由本部门生产带来的,或者虽然属于本部门带来的,可是它往往同产品的生产(和销售)过程没有直接的关系,因而一般也应当在计算成本时加以剔除。

不仅按照正常的经营状况计算的农产品成本,符合农产品成本的本质,而且按照正常的生产状况计算的农产品成本,也符合农产品成本的本质。这里说的正常的生产状况,是指在正常的自然条件(主要是气候条件,下同)下的生产状况。农业生产和工业生产不同,它受自然条件的影响较大,自然条件的好坏,往往成为农业收成丰歉的重要原因。由于自然条件的特别好或特别坏而带来的产品生产中费用支出的大或小,不能反映农业生产单位一般的耗费水平,不能很好地反映它们经营管理的好坏。把自然条件的重大变化的影响因素剔除,或者将自然条件影响因素平均化,可以使计算出来的农产品成本更普遍、完整地反映农产品生产(和销售)过程中的费用支出情况。农业生产中年景的好坏同土地的好坏不同,前者是暂时的常变的因素,后者一般是比较长久的稳定的因素。暂时的因素对农产品生产费用的影响不能成为国家制定各项方针政策和规定农产品价格的主要根据。

按照正常的生产状况来计算农产品成本,可以选择自然条件比较正常的年份来计算,也可以采用几年平均的办法来计算,而不一定要像按照正常的经营状况来计算时那样采用剔除某些费用开支的办法。

第二,农产品社会成本要按照劣等地的费用支出来确定。

这首先是由农产品的社会成本同农产品的价值存在密切关系决定的。大家知道,成本范畴的经济本质,主要是产品价值中一个最重要的部分,是产品价值构成中 C 同 V 部分之和。产品成本加上产品价值构成中 m 的部分就是产品的价值,或者说,产品的价值和成本的差额,是剩余劳动所创造的价值的部分,它是纯收入或盈利的源泉。正是产品成本同产品价值有这样密切的联系,所以成本是价值的一个具体的形态,成本范畴属于价值范畴。以上这些,完全适用于农产品成本同农产品价值之间的关系。这样,就不能想象农产品成本按照什么样的生产条件的费用支出来确定同农产品价值按照什么样的生产条件的劳动耗费来形成是两个不同的问题,有着两个不同的原则,例如,农产品的价值是按照劣等生产条件的劳动耗费来决定,而农产品的成本则按照中等(或平均)生产条件的费用支出来决定。这样就必然会歪曲农产品成本的经济本质,使它不成其为农产品价值构成中 C 和 V 部分之和,而必然小于 C 和 V 部分之和,人为地夸大农产品价值和农产品成本之间的差额,从而可能导致人们的盲目行动。

再从农产品社会成本同农产品价格形成之间的关系来看。农产品价格的形成要以价值为基础,但是农产品的价值不能直接计算出来,需要通过各种间接的途径来衡量。其中最重要的一条途径,就是计算和确定农产品的社会成本。这是因为,在其他条件不变时,农产品社会成本的动态,能够相当准确地反映农产品价值的动态。同时,农产品的社会成本还是农产品价格的最低经济界限。尽管在社会主义制度下,在一段长时期内,国家一般需要通过工农产品差价来吸取农民所创造的一部分纯收入用于社会主义建设事业,也就是说,要有意识地把农产品价格定得略低于它的价值。低到何种程度,取决于各个不同时期的具体条件。但是,无论如何,不能低于成本,即农产品价格最低限度要能够补偿各个农业生产单位(包括处于劣等生产条件的生产单位)生产各种农产品的费用支出。不仅如此,农产品价格还要规定得高于它的成本,以保证各个农业生产单位有一定的积累,具有扩大再生产的能力,保证农民收入水平的逐步提高。所以,国家在制定农产品价格的时候,要了解农产品的社会成本水平,并考虑在成本的基础上加上适当的、有利于商品生产者发展生产的盈利。不能想象,农产品价格主要是根据劣等生产条件下的劳动耗费来确定,而农产品的社会成本却可以不按照劣等而按照中等或其他等的生产条件的费用支出来确定。因为这将使国家在制定农产品价格时无法了解补偿农业生产单位费用开支的部分究竟是多少,也无法了解作为扩大再生产之用的部分究竟多少才比较合理,并且可能使农产品的价格定得低于按劣等生产条件的费用支出计算的社会成本,使处于劣等生产条件的农业生产单位连简单再生产都不能维持下去,从而影响价格对促进社会生产的作用。

第三,以"农业劳动的社会平均报酬"作为估价活劳动耗费的标准。

为了确定农产品的社会成本,必须对活劳动耗费进行统一估价。这种估价应当采用什么具体的标准呢?我认为采用"农业劳动的社会平均报酬"为标准比较恰当。这种劳动报酬首先是农业劳动的报酬,其次是社会平均的报酬。它是在现实中客观地存在着的,在一个比较大的地区范围内,当地农民一般都了解农业劳动的平均报酬大致是多少,在不同地区平均报酬水平的基础上,可以确定全国范围的农业劳动的社会平均报酬水平。这个平均报酬同各个农业生产单位的实际劳动报酬并不相同,而是社会上各种农业劳动实际报酬的平均化。[①] 它在

[①] 在实际运用这种农业劳动的社会平均报酬来计算具体的活劳动支出时,需要使被计算的劳动日体现大致相同的劳动量。

一定时期内是比较稳定的,但又不是不变的,它将随着农业生产的发展、农业生产单位收入水平的提高而提高。

第五节 供求关系在价格形成中的作用

社会主义制度下,价格除了要以社会价值为客观基础以外,还要反映供求关系。这就是说,不要把价格固定化,而要允许随着供求关系的变化而上下波动。当产品供过于求时,产品价格可以下降,以便限制生产的盲目发展和刺激社会需求;相反,当产品供不应求时,产品价格可以上升,以便刺激生产的发展和限制社会需求的盲目增长。这样做,有利于社会生产的按比例发展,也有利于满足社会及其成员的需要,从而有利于社会主义生产目的的完满实现。

为了正确认识供求关系在价格形成中的作用,需要正确认识价值、价格和供求之间的关系。

社会主义价格形成要考虑供求关系及其变动,不等于价格由供求关系决定。供求关系决定价格的理论,或者说,西方资产阶级供求决定价格的理论,是错误的、不可取的。

马克思主义历来认为,在商品经济条件下,商品的价格是围绕价值或其转化形态生产价格上下波动的。价值或生产价格是价格运动的轴心或中心。供求关系能够影响价格是高于价值(如在供不应求的条件下)还是低于价值(如在供过于求的条件下),但是不能最终决定价格是高还是低。决定价格高低的,最根本的,还是价值或其转化形态生产价格。不管供求关系发生什么变化,一吨合金钢的价格,总是比一吨生铁的价格高;一斤棉花的价格,总是比一斤小麦的价格高;等等。供求价格或均衡价格更不能解释在商品供求平衡条件下,为什么有的商品价格高,有的商品价格低,各种商品价格参差不齐。

从商品交换的表面现象看,似乎价格和供求存在着互相作用、互相决定的关系。一方面价格决定着供求关系,价格高了,需求减少,供应增加;价格低了,需求增加,供应减少。另一方面供求关系又决定价格,供不应求时价格上涨,供过于求时价格下跌。但是,如果由此就得出价格由供求关系决定而同时供求关系又由价格决定的循环结论,那就错了。因为这只是表面现象。如果我们从现象进入本质,就能进一步发现,无论是供求关系还是价格,归根结底都是由商品价值及其变动决定的,即商品价值及其变动既调节着商品的价格,又调节着供求关系。

关于商品的价值及其变动决定着商品价格及其变动,上面已经说过许多。这里需要进一步说明的是,引起市场价格变动的供求关系的变化,最终也是由商品价值及其变动决定的。正如马克思说的:"如果市场价值降低了,社会需要(在这里总是指有支付能力的需要)平均说来就会扩大,并且在一定限度内能够吸收较大量的商品。如果市场价值提高了,商品的社会需要就会缩减,就只能吸收较小的商品量。"①现实经济生活充分说明了这一点。

总之,商品价格及其运动,最终是由价值规律的作用决定的,而不是像有的经济学家所说的那样,是由供求关系决定的。

为了深入研究供求关系同价格形成的关系,需要区分两种不同类型的供求关系:一种供求关系同价值形成有关系,它制约着价值的形成,而同价格及其变动没有直接的关系;一种供求关系只同价格及其变动有关系,而同价值形成没有关系。

这个问题是在研究马克思在《资本论》第3卷提出另一种意义的社会必要劳动时间问题时提出来的。马克思说:"不仅在每个商品上只使用必要的劳动时间,而且在社会总劳动时间中,也只把必要的比例

---

① 《马克思恩格斯全集》第25卷,第202页。

量使用在不同类的商品上。"①又说:商品"价值不是由某个生产者个人生产一定量商品或某个商品所必要的劳动时间决定,而是由社会必要的劳动时间,由当时社会平均生产条件下生产市场上这种商品的社会必需总量所必要的劳动时间决定。"②"如果某个部门花费的社会劳动时间量过大,那末,就只能按照应该花费的社会劳动时间量来支付等价。因此,在这种情况下,总产品——即总产品的价值——就不等于它本身所包含的劳动时间,而等于这个领域的总产品同其他领域的产品保持应有的比例时按比例应当花费的劳动时间。"③马克思以上几段话,说明社会供给与社会需要的关系,在有的情况下,并不是只影响价格,而是影响价值决定和社会必要劳动时间的形成。这就要求我们正确地区分两种不同的供求关系。

看来,在一般情况下,影响价值决定和社会必要劳动时间形成的,是在比较长时期内稳定存在的社会供给与社会需求的关系,即在生产领域内起作用的供求关系;而影响价格在价值上下摆动的,是经常发生变化的转瞬即逝的社会供给与社会需求的关系,即在流通领域影响市场价格变动的供求关系。大家知道,马克思比较充分而详细地阐述社会供求关系影响价值决定和社会必要劳动时间形成的观点,是在分析资本主义地租问题的时候。这是容易理解的。因为在资本主义条件下,存在资本主义的土地经营垄断,比较长期稳定的特定的社会供求关系决定着农产品的价值由劣等地的劳动耗费决定。而马克思在论述有关市场价格等问题时,则主要说明社会供求关系只影响价格。在正常情况下,只要不存在对生产条件的经营垄断和其他特殊情况,社会供求是大体均衡的,这时,产品的社会必要劳动量就是由产品的平均劳动消

---

① 《马克思恩格斯全集》第25卷,第716页。
② 同上书,第722页。
③ 《马克思恩格斯全集》第26卷Ⅰ,人民出版社1972年版,第235页。

耗量决定的；但是，如遇到社会供给和社会需求在比较长的一段时期内脱节时，或者遇到某种生产条件受到经营垄断，并且这种经营垄断会带来人与人之间的物质利害关系时，这种供求关系就制约着价值的形成，而且一般是通过产品的社会必要劳动量是按优等、中等或劣等生产条件的耗费来确定而贯彻的。

这样，我们研究社会主义价格形成问题，对于供求关系，也要区分两种不同的情况。一种是影响产品价值形成的，我们要在制定价格时作为较长期起作用的因素加以考虑，要求价格较稳定地反映它；另一种是影响产品价值实现即价格的，我们在制定价格时可作为暂时起作用的因素加以考虑，供求关系发生变化后，价格也可随之变化，反应需尽可能灵敏些。

我国现行价格体系，除了不反映价值及其转化形态生产价格（这是主要的）外，也不反映供求关系。长期以来实行的僵硬的单一的计划价格，常常使价格固定化，实际上被冻结起来，不能及时根据供求关系的变化而及时加以调整。产品供过于求时，价格也不降低，价格不能起到限制生产和刺激需求的作用，结果产品积压，这也是造成我国工商业部门流动资金占用过多（一般发达的资本主义国家，社会产品总库存额只占年国民收入的三分之一、四分之一到二分之一，而我国则同年国民收入差不多）的一个重要原因；相反，产品供不应求时，价格也不上调，价格起不到刺激生产限制需求的作用，结果只好运用行政措施，实行计划供应或定量供应，任由产品短缺下去。显然，这不但不利于生产的按比例发展，也不利于满足社会及其成员的需要，违背了社会主义生产目的。

今后，为了使社会主义有计划的商品经济能够健康地正常运转，价格形成必须很好适应市场供求关系的变化，成为有效调节生产和需求的杠杆。绝不要再走过去那条物资一短缺就统，越统越短缺的老路，因为这已被实践证明是不成功的、不利于社会主义经济顺利发展的笨办法。

第六节 经济政策在价格形成中的作用

社会主义价格形成还受国家经济政策的影响。国家经济政策在价格形成中的作用,并不像过去流行的说法那样,只表现在使价格偏离价值上面,而是包含着更为广泛的内容,特别是包含着不让价格偏离价值或过分偏离价值的内容。社会主义国家制定和实施各种经济政策,影响价格形成,要从更好地发展有计划的商品经济的需要出发。根据这个要求,至少要包括如下几个方面。

第一,打破垄断,消除垄断因素造成的价格偏差。垄断和发展商品经济是格格不入的。在一般情况下,垄断因素消除得越彻底,市场的透明度越大,越有利于开展竞争,越能使价格围绕社会价值上下摆动,而不至于总是高于或低于价值。打破垄断,还有利于将作为相对独立的商品生产者和经营者的企业,置于同一个起跑点上,使它们具有同等机会和同等条件开展竞争的环境,从而使它们的经济活动效果的大小真正能反映本身的主观努力程度,反映经营管理水平。有的经济学家认为,自由竞争是商品经济社会实现基本经济目标的最好手段,是市场经济的主要支柱。只有通过自由竞争和自由定价,才能保证社会经济体系协调地顺利地运行。凡是没有竞争的地方,也就没有进步,久而久之,社会就会停滞不前。国家也要对社会经济生活实行有限的干预,其中最重要的一点,就是反对垄断,保护竞争。① 我认为,上述基本原则,也适用于发展社会主义商品经济。目前我国社会主义统一市场尚未很好建立和发展,不同地区、部门之间画地为牢,互相封锁的现象还比较

---

① 参阅〔德〕路德维希·艾哈德:《来自竞争的繁荣》,祝世康译,商务印书馆1983年版。

严重,一些技术设备先进的工厂因原材料供应不足而生产能力不能充分发挥,同时不少质量好的原材料又被技术设备落后产品质量低劣的工厂吃掉了,严重损害了社会经济效益。一些地区以保护本地区工业为名,不让外地优质低价产品进入本地市场,常常保护了落后。一些地方用减免税收等办法,用劣质品向大城市低价倾销,占领市场。如此等等。所以,在我国,为了更好地发展社会主义商品经济,必须坚持反对垄断,保护竞争,努力消除垄断因素对价格形成的影响。①

当然,在某些特殊的领域,为了社会的利益,国家可以垄断某种产品的生产和经营。比如,对香烟实行国家专卖制度,不让别人插手,所得利润作为国家财政收入,这是允许的,也是应当的。这样做,并不会妨碍社会主义商品经济的健康发展。

第二,限制市场的自发性,避免和减少价格信息失真。

社会主义经济是有计划的商品经济,不是完全受盲目的市场力量支配的商品经济。因此,价格形成不能完全交给自发的市场力量。国家要采取各种措施,包括运用手中掌握的物质力量参与市场活动,对市场和价格形成进行适当的调节。比如,反对投机活动,反对囤积居奇、待价而沽,使商品供求关系不致于因投机等因素而波动太大和太频繁,从而不至于使市场物价波动太大和太频繁。由于投机形成的社会需求是虚假的社会需求,由此带来的市场价格的波动并不能给生产者和经营者提供准确的信息,如果以这种不准确的信息作为生产和消费的导

---

① "为了避免生产者得到单方面的好处,在社会主义条件下应该限制不合理的垄断化,发展企业的各种市场竞争形式,通过中央经济机关的干预,限制生产者的投机活动,但是不应该制止经济的、相对自由的价格形成。只有企业受到市场的压力,并懂得它们不能出售坏的、无用的产品,否则就会陷入经济困难,发不出奖金和企业收入分成,只有这时企业才会被迫真正使它们的生产符合需求,去了解消费者的真正的需要,在生产计划中列入新的产品,并降低它们的生产费用和生产价格。"〔捷克〕奥塔·锡克:《社会主义的计划和市场》,第 236 页)

向,必然导致社会劳动的损失和浪费,就像在资本主义制度下那样。投机引起的市场供求关系的剧烈变动,还会给人们带来心理上的不正常的压力,出现抢购或倾销等活动,不利于流通的正常进行。在某种意义上,国家的经济政策在于压低供求关系不正常变动的幅度,从而压低价格起伏波动的幅度,使供求关系和价格的变动真正反映社会生产和需求的变化,从而为社会生产和消费提供比较真实的信息。

第三,为了更合理地利用资源,合理调节各方面的经济利益而实行价格补贴、奖励等。这里包括:为了生产者的利益(如为了保护农民的利益)实行最低保护价办法,为了消费者的利益(如为了保持社会经济生活的安定)实行价格补贴办法;根据产业政策对某些需要限制其盲目发展的产品实行价格歧视,而对某些需要鼓励其发展的产品实行价格奖励;对某些出口产品实行价格补贴,对某些进口产品则通过高税率实行限制;对某些大众药品和服务(公共交通、邮电)收费实行低价,而对某些奢侈品实行高价;等等。这方面问题,后面还要比较详细的论述。此外,国家在一定时期,还要通过工农产品价格剪刀差,从农民手中集中一部分建设资金。这就使价格成为国民收入再分配的工具。但是,看来这种通过工农产品交换差价来集中建设资金做法,从长远来看,不利于农业生产的发展,后遗症很大。因此,不是长久之计。目前采取的"以工补农""以副养农"等办法,从长远看,亦非良策。国家经济政策影响价格形成,实质上是要协调各方面的经济利益关系,以利于社会主义有计划商品经济的发展。我们要从这个总要求出发,对各项影响价格形成的政策因素,做出正确的选择,并且随着条件的变化,采取不同的对策。

第四章 社会主义理论价格或基础价格

本章主要回答社会主义价格形成的基础问题。这是多少年来在经济学界和经济界最有争议、分歧很大的问题。在我看来,社会主义经济发展的实践,特别是经济体制改革的实践,正在有力地帮助大家对这个问题的争议做出正确的判断。

第一节 社会主义理论价格概念

社会主义理论价格问题,是在二十世纪八十年代初提出来的。当时我国物价问题很多、很复杂,各种产品价格畸高畸低,严重违背等价交换原则。在进行经济体制改革、扩大企业自主权之后,由于企业和职工的经济利益同企业的经营成果紧密挂钩,这个问题更加突出了,需要对不合理的价格体系进行根本的改革。但价格问题又非常敏感,往往稍做一点调整就议论纷纷,常常受到多方面的责难。因此有必要确定和测算一套理论价格,作为价格改革的重要依据。

那么什么是社会主义理论价格呢?在讨论中有不完全相同的意见。

一般认为,社会主义理论价格是指按照马克思主义价格形成的理论计算出来的价格。但在具体说法上又有不同的看法。

一种看法是:理论价格可以从以下三个方面进行测算。一是测算"基础价格",商品价值或其转化形态(如生产价格)是价格形成的基础,按照这一要求测算的理论价格是基础价格。基础价格能够比较准确地计算和反映国民经济的比例,准确地计算和比较企业与社会的经济效果。二是测算"供求价格",它是在上述基础价格基础上,参照供求状况测算的。供求价格可以平衡供求,也可称作平衡价格。三是测算"决策价格"或"目标价格",它是根据国家的资源政策、分配政策,在基础价格基础上并参照供求价格测算的。决策价格应成为促进生产和流通,指导消费,合理利用资源,调节国家、企业、集体、消费者各方面利益,使国民经济取得最大经济效益的价格。

另一种看法是,理论价格就是基础价格,供求价格特别是决策价格不是理论价格,而是实际价格或计划价格。各种产品的社会成本,加上按平均资金利润率或平均工资(成本)利润率计算的利润,都是理论价格,都不是马上可以付诸实践的,但是却能为改革现行不合理的价格体系指示可供选择的方案。

我是持后一种看法的。社会主义理论价格回答的是社会主义价格形成的客观基础是什么问题。如果把理论价格多元化,它既可以是基础价格,又可以是供求价格或决策价格(目标价格),这样做,必然把理论价格同计划价格或实际价格相混淆,理论价格就不成其为理论价格了。

社会主义理论价格是什么?这个问题在国内外,在理论界和实际部门中,长时期都有争论,而且分歧较大。

我们认为,社会主义理论价格,就是生产价格,即相当于产品成本加上按平均资金盈利率确定的利润额。在社会主义有计划的商品经济中,生产价格决不是人们的主观杜撰,或者某种理想化的愿望,而是不以人们的主观意志为转移的客观经济过程的内在要求和产物。在价值规律的作用下,生产价格正在日益为自己开辟越来越广阔的活动场所。

第二节　社会主义理论价格是生产价格

生产价格是社会主义价格形成的客观基础,可以从以下几个方面论证。

一、承认物质技术装备程度对社会生产发展的作用,要求以生产价格为基础定价或形成实际价格。

人类劳动生产效率的高低及其提高速度,既由生产的主观条件即人的因素所决定,也由生产的客观条件特别是其中的物质技术装备程度所决定。在现代化大生产中,生产的物质条件,特别是物质技术装备程度和科学技术,在生产中发挥日益重要的作用。

我们知道,在不同生产部门之间,劳动生产力提高的快慢,是同劳动力推动的生产资料的多少好坏直接相联系的,而这个多少好坏又主要由物质技术装备程度决定。马克思说:"社会劳动生产力在每个特殊生产部门的特殊发展,在程度上是不同的,有的高,有的低,这和一定量劳动所推动的生产资料量成正比,或者说,和一定数目的工人在工作日已定的情况下所推动的生产资料量成正比,也就是说,和推动一定量生产资料所必需的劳动量成反比。"[①]在资本主义社会,一个部门不变资本对可变资本的高位比例,或者叫资本有机构成高,一般地说,就是这个部门劳动生产力具有高位发展或相对高位发展的表示。反之,情况也就相反。例如,资本主义国家在产业革命以后,一直到第二次世界大战前,农业的资本有机构成一般低于工业,因此农业劳动生产力的发展速度一般低于工业。第二次世界大战后,情况发生了变化。一些发达的资本主义国家,几乎都是农业劳动者占用的资本逐步超过工业劳

[①] 《马克思恩格斯全集》第 25 卷,第 183 页。

动者,结果就使农业劳动生产力的发展速度超过工业。有人估计,战后美国农业劳动的生产率平均每年提高速度比制造业高一倍。这方面的基本原理,也适用于社会主义社会。

各种产品以生产价格为基础定价,就是在经济上承认物质技术装备程度,从而资金占用量对不同部门劳动生产力发展快慢的决定作用,因此,能够比较合理地评价不同部门的劳动及其生产成果,使各个部门在提高整个社会劳动生产力方面的贡献能够在经济上得到反映。

二、以利润作为评价经济活动效果的标准,利润同企业和职工利益挂钩,要求以生产价格为基础定价或形成实际价格。

在社会主义商品经济中,利润(一般指利润和税金)是评价不同企业、部门的经济活动效果的综合指标,各个企业和部门,都要以利润为中心来做出自己的生产经营决策。

利润是在存在商品货币关系的条件下,剩余产品的货币表现或转化形态。要加速社会主义建设,生产更多更好的产品充分满足社会及其成员的需要,增长劳动人民的福利,就要求物质生产部门的劳动者,创造更多的剩余产品,提供更多的利润,以便增加作为扩大再生产源泉的积累,并保证社会公共消费。

一个部门或企业,创造更多的利润,意味着它为社会创造或提供了更多的物质财富。按照马克思主义的观点,使用价值是价值的物质担当者。没有使用价值的东西就没有价值。不保证一定的产品质量,就不具有同种产品的价值。没有社会的使用价值,就实现不了价值。在社会主义有计划的商品经济中,产品价值的实现,其质量要在市场上受到使用单位或消费者的检验。可见,价值及其表现形态利润本身就包含了要对产品效用的社会评价和衡量。在这个意义上,创造更多的价值和利润,就意味着生产更多更好的使用价值来满足社会需要。

可见,社会主义各生产部门和企业生产的剩余产品价值及其货币表现——利润的多少,具有综合反映这个部门和企业工作的质量的职能,即利润是各生产部门和企业经济活动效果的综合表现。在正常情况下(主要是价格体系合理),一个部门或企业,创造和实现的社会主义利润越多,对国家对社会的贡献就越大,就说明它的生产经营搞得好,工作成绩显著。反之,情况也就相反。

利润作为评价经济活动效果综合指标的重要性,由于社会主义经济中实行物质利益原则而显得更加突出。为了更好地调动劳动人民建设社会主义的积极性,国家要求各部门、企业和劳动者的经济利益,同各该部门、企业的经营成果紧密挂钩,也就是同利润紧密挂钩,利润多的,部门、企业和劳动者的经济利益就多;反之就少。这样,利润的大小或多少,就往往成为部门和企业生产经营的指示器。

肯定利润是经济活动效果的综合表现,并没有解决对不同部门和企业经济效果的考核问题。因为利润的绝对量不能作为比较的主要尺度,只有利润的相对量,即利润水平或利润率,才能成为判断的标准。而用资金利润率作为评价不同部门和企业生产经营状况的标准,可以基本上排除不同部门和企业由于占用资金量不同,从而物质技术装备程度不同,对生产经营成果的影响,犹如采用对富矿征收资源税来排除富矿和贫矿对人们的生产经营效果的影响一样。这样,在正常的生产条件下,资金利润率能把不同企业和部门置于在经济上同等的地位(因为影响劳动生产率的往往主要是劳动者的物质技术装备程度),能够比较准确地反映不同部门和企业的主观努力即生产经营状况,以便于互相比较优劣。资金利润率高的,说明它的生产经营状况较好;资金利润率低的,说明它的生产经营状况较差。

以资金利润率作为评价经济效果的标准,要求产品价格(指出厂价)以生产价格为基础来制定。如果不以生产价格为基础定价,实行资金利润率将是一句空话。同时,所谓以利润作为经济效果的综合表现,也是行不通的。例如,如果不以生产价格为基础定价,而直接以价值为基础定价,那么,资金利润率最高的,将是技术上最落后,以手工劳动为主的部门和企业,因为那里资金有机构成低,同量资金装备的活劳动多,从而创造的剩余产品价值多。相反,资金利润率最低的将是技术上最先进、使用劳动力最少的部门和企业,因为那里资金有机构成高,同量资金装备的活劳动少,从而创造的剩余产品价值少。这显然是说不通的。只有以生产价格作为定价的基础,才能使各部门和各企业的生产经营状况的优劣,通过其实际资金利润率的高低综合表现出来。

这里提出了一个考核标准和定价原则要相一致的问题,即要以资金利润率作为考核标准,产品定价时就必须按平均资金利润率来确定价格构成中的利润额。国家计划价格的定价原则同考核标准本质上应当是一致的。只有在定价原则同考核标准相一致的条件下,即产品价格构成中的利润额是按其平均资金占用量乘全社会平均资金利润率确定的条件下,我们才能通过不同部门、行业的实际资金利润率同社会平均资金利润率相比较,通过不同企业的实际资金利润率同部门、行业平均资金利润率相比较,来判别其经营管理水平的高低和经济效果的大小,而排除客观因素特别是技术装备条件对利润水平的影响。如果不按生产价格定价,用资金利润率作为考核标准就没有基础,因为定价时不考虑产品的资金占用量,而考核利润水平(利润是产品价格构成中的一个重要组成部分,是反映部门、行业以及企业经营成果的)时则要纳入资金占用量因素,显然是不合理的,因而是无法用部门、行业以及企业的实际资金利润率同社会平均资金利润率的比较,来判别其经营状况的好坏和经济效果的大小的。

三、实行资金有偿使用原则,要求以生产价格为基础定价。

改革经济管理体制包括资金管理体制,实行资金有偿使用原则,如实行资金税,基本建设投资逐步实行贷款制度,流动资金逐步实行全额信贷制度等,要求产品价格要以生产价格为基础,而不能直接按价值定价,也不能按成本利润率来确定价格构成中的利润额。

道理很简单,实行资金付费原则,如果产品价格不按生产价格制定,而直接按价值制定,即比例于活劳动支出来确定产品价格构成中的利润额(用比例于成本支出的办法来确定产品价格构成中的利润额情况也差不多),那么,那些生产资金占用量高的产品的部门和企业,由于那里资金有机构成高,活劳动支出少,利润就少,就会吃亏,甚至可能因为它们的固定资产税额和流动资金利息额比人家大得多而交不起税息,造成亏损的局面。例如,一个行业,假定固定资金占用量为10,000万元,每年转移到新产品中去的价值为1,000万元;流动资金占用量为3,000万元,一年周转一次;每年工资支出为500万元,平均工资利润率为100%,这样年产品价值为 $C_1(1,000万)+C_2(3,000万)+V(500万)+m(500万)=5,000$ 万元。再假定年资金税率和利息率均为5%,则该行业每年需付资金税息共为 $(10,000万+3,000万)\times 5\%=650$ 万元。如果产品按价值定价,那么,该行业所创造的500万元剩余产品价值还不够交资金税息而出现亏损局面。与此相反,那些生产资金占用量低的产品的部门和企业,由于那里资金有机构成低,活劳动支出多,就占便宜,就能因固定资产税额和流动资金利息额比人家少而在缴纳税息后留下较多的利润。可见,在物质技术装备起着日益重要作用的社会主义现代化生产中,按价值定价必然使不同部门和企业处于不平等的地位,使利润不能反映各部门和企业职工主观努力的程度。同时,也使不同部门和企业不能具有同等的扩大再生产的条件,包括即使主观努力基本相同,也不能建立同等的与其规模相当的生产发展基金。

我们在研究价格形成问题时,要从有利于实现四个现代化出发。不按生产价格定价,按成本利润率或工资利润率来确定价格构成中的利润额,会阻碍人们努力采用先进的技术装备。因为这种价格制度不能保证采用新技术设备,从而提高产品的资金占用量,会相应地得到较多的利润,反而因为要多缴资金税而吃亏。按生产价格定价则不同。这种价格制度是同资金付费原则相适应的。既然为了提高资金使用效果,规定使用资金要付费,那么定价时就要依据产品资金占用量的大小来确定价格构成中的利润额。这样,那些为社会所需要,能带来生产技术进步或能更好满足人民生活需要的高精尖产品和其他产品,尽管其活劳动支出较少,包含的剩余劳动较少,但它们资金占用量较大,因而应该把价格定得高于它的价值。

过去常有人说,按生产价格定价,按产品价格构成中比例于其所占用资金的大小来确定利润额,不但不能鼓励节约资金,反而会助长资金的浪费;不但不能合理地使用资金,反而会助长各部门、行业及其企业不合理地多占用资金。这个指责是不能成立的。

在社会主义制度下,各种产品价格的形成,从来是以社会平均定额为依据的,商品价格构成中的成本,是该商品的社会平均成本;理论上说,当某一商品全社会只有一个企业生产时,这一商品的个别成本才会同社会平均成本等同,除此以外,生产这一商品的绝大多数企业的个别成本是不等同于社会平均成本的,高于社会平均成本的部分是不为社会所承认,不为计划价格制定时所承认的。同样,计划价格构成中的利润,是以该商品的社会平均资金占用量乘社会平均资金利润率得出来的利润,而生产同一种商品的各个企业的资金占用量是不同的。高于社会平均资金占用量的企业,尽管缴纳较多的资金占用费,但其高出的部分是不为社会所承认的,同时也不以个别的资金占用量来确定商品价格中的利润,即不会因为个别企业商品的资金占用量多就给这个企业的商品价格定得高些。在这种情况下,如果某个企业的资金占用量,低于社会平均资金占用量,那么,就这一点说,它就能少交资金税和利息,就能获得较多的利润,取得较大的经济效果,在竞争中处于有利的地位。反之，如果某个企业的实际资金占用量，高于社会平均资金占用量，那么，它就得多交资金税和利息，导致利润减少，经济效果就低，于是它在竞争中处于不利地位。这种个别与社会的比较，不正是能推动生产同一商品的企业努力降低成本，不正是能推动企业充分和合理地使用资金，努力使本企业的成本低于社会平均成本，使本企业的资金占用量低于社会平均资金占用量，以便提高资金利用的效果吗？

从一个行业或部门来说也是这样。如果一个行业、部门经过各方面的努力，它生产同质同量产品的资金占用量减少了，那么在价格和其他条件不变的条件下，就能得到更多的利润，表明取得了较大的经济效果。如果价格随着商品的社会平均资金占用量下降而相应的下降（假定社会平均资金利润率不变），那么，这也反映着该部门的劳动生产率提高了，该部门为全社会劳动生产率的提高做出了新的贡献，这不同样也能说明它的经济效果提高了吗？

由于经常存在个别企业资金占用量同社会平均资金占用量的比较，在其他条件不变下，在一个短期内企业资金占用量存在着低于部门平均资金占用量的趋势，从而存在着低于社会平均资金占用量的趋势。待部门、行业平均资金占用量也随之下降，或社会平均资金占用量随之下降后，企业资金占用量低于部门、行业的平均资金占用量的新的运动又重复开始，部门或行业及其企业的资金占用量同社会平均资金占用量比较的机制和运动趋向也是这样。所以，计划价格的制定不但不具有整个部门单纯为增加资金占用量而提高产品价格的客观必要性，而且肯定能促使整个部门平均资金占用量的降低。正如在商品经济中部门内部的竞争，即经常存在各个企业的个别价值与社会价值的比较，不但不会使产品的社会价值即社会平均必要劳动量提高，而且能促使各种产品社会价值的降低。

按照上述指责的逻辑，就会得出如下奇怪的结论：既然成本是产品价格构成中的因素,采用社会平均成本利润率岂不是只会促使人们提高产品成本而不是降低成本了吗?实际情况不会是这样的。恰恰相反,因为价格构成中的成本是社会或部门的平均成本,所以每个企业总是力求降低它的实际成本,以便获得更多的利润。这是众所周知的在正常情况下推动企业改善经营管理的一个重要因素。

总之,按生产价格形成实际价格,是推动全社会和各地区、部门和企业提高资金利用效果的必要条件,也是改革我国资金管理制度的重要前提。

四、利用市场机制,开展竞争,价值转化为生产价格就成为客观的社会过程。

确认社会主义经济是商品经济,充分利用市场机制,开展社会主义竞争,比较经济效果和投资效果,使价值转化为生产价格成为现实的客观经济过程。

我们知道,竞争是商品经济运动的内在规律。只要存在商品经济,就存在竞争。社会主义经济仍然是商品经济,自然也就存在竞争。这种竞争,不仅存在于部门内部各个企业之间,存在于跨部门生产同种商品的企业之间,而且存在于部门之间,主要表现在不同部门之间也要比较经济效果和投资效果,从而影响不同企业、部门生产发展基金的使用方向。把竞争排除在社会主义经济之外,实际上是不承认社会主义经济仍然是商品经济。实践证明这在理论上是不通的,在实践上是有害的。

竞争必然在客观上形成一个评价经济活动效果的社会平均标准。有竞争就有优胜劣败(或淘汰)。所谓优就是成本低于社会平均标准,利润高于社会平均标准,经济效果大于社会平均标准。反之,所谓劣,情况也就相反。在社会主义条件下,发展商品经济,利用市场机制,无论是部门内的竞争还是部门间的竞争,虽然都在不同程度上通过市场,但是，它不完全是在生产者背后自发地进行的，而是在一定程度上受人们自觉的计划调节的。因此，价格不是像在资本主义社会那样完全自发地形成的，在一定程度上，人们可以通过统计报表测算出理论价格，作为确定和调整价格的依据；平均利润也是可以采取类似的方法加以测算的。

在社会主义制度下，确定各部门之间的平均利润率，对于选择投资方案，选择最优的生产模型，具有重要的意义。

社会主义经济是按比例发展的。各个部门的投资是由国家制定的中长期的投资方向和主要投资项目确定的，企业改变生产方向一般需经主管机关批准。这同资本主义社会资本能完全自由转移是不同的。但是，国家在各个部门有计划地分配资金，不是任意决定的，需要考虑各种因素，在经济上一个主要因素就是各个部门的资金利润率即投资效果，以便使同量资金带来最多的符合社会需要的剩余产品。这点对我们这样一个资金短缺的国家特别重要。我们一定要细心计算有限的资金究竟投放在哪些部门、行业效果最大。你这个部门合乎国民经济按比例发展的需要，投资效果较高，如果其他条件相同，国家应多给投资；也鼓励企业用生产发展资金向这方面多投资。反之，就少给投资。特别是，随着扩大企业的自主权，中央和地方财政"分灶吃饭"，企业、部门和地方直接支配的生产发展资金愈来愈多。① 对这部分资金，国家通过计划指导和自愿联合，引导它投放在国民经济急需发展的部门。在这种情况下，企业之间联合投资，以致跨部门、地区之间的合营、联营等形式，都将越来越发展。各个企业、部门和地区，自然只愿意将自己支配的资金投放在能带来较高利润的部门和企业，从而在资金投放上

---

① 目前（如1985年），全国预算外资金已达1,400亿元以上，("六五"初期只有300亿元左右)，相当于预算内资金的80%以上。

形成竞争。

同时,只要你这个部门的产品是社会生产按比例发展所必需的,尽管需要较多的投资,资金有机构成较高,社会仍要使这种产品的价格定得高于它的价值,并按其资金占用量乘社会平均资金利润率来确定产品价格构成中的利润额,以保证其在正常生产经营中获得平均利润,具有同等的能够进行扩大再生产的经济条件。对于资金有机构成低的部门的产品,其价格则会低于其价值,否则就会吸引所有的资金都投放在这些部门,影响整个社会生产技术的提高和社会生产的按比例发展。

总之,在一般情况下,无论是企业还是公司,从本身利益出发,都是愿意多生产利高的产品,少生产利低的产品,特别是愿意将生产发展基金用于扩大利高产品的生产。这在实际上就是社会主义社会在国家计划指导下存在资金转移的一种形式。过去有一种观点,认为社会主义投资是国家计划决定;资金不能也没有必要转移,是社会主义制度的一种优越性。国家或社会集中巨大财力有计划建设大型的能带来长远经济效果的建设项目,特别是大型的能源、交通运输等基础设施项目,以便创造良好的投资环境,今后仍是优越性的表现,但不论巨细,一律由国家计划投资,不让企业有一定生产发展基金,在国家中长期计划方针和国家政府指导下,不让企业有权选择进行扩大再生产或向合乎市场需要的商品进行投资这种资金转移形式,是不好的。全盘否定社会主义制度下除国家计划调节以外有资金转移的必要性,对发展社会生产力不利。通过资金的转移,反映在价格上,就会使产品价格与价值分离,而向着使各种产品都获得平均资金利润率的方向靠拢。在社会主义制度下,国家的中长期计划和各项政策,应反映现代化的要求,资金有机构成低的逐步提高,它们所创造的剩余产品有一部分要转移到有机构成高的行业。而部门、行业、企业有了自己的生产发展基金和竞争,则加速了这一社会过程。

以上这些社会过程,正是不同部门、行业之间竞争的过程,也是社会主义平均资金利润率的形成过程。所谓经济效果和投资效果较高或较低,本身就是通过实际利润水平同社会平均利润水平的比较得出的结论。由于部门之间存在竞争而加速平均利润率的形成,就为产品价值向生产价格的转化提供了客观经济条件。

与此相联系,随着经济体制改革包括价格管理体制改革的进行,市场因素在价格形成中将发挥越来越大的作用。这样,无论是国家调整计划价格,还是国家把一部分产品的价格放开让市场调节(包括缩小国家用统一价格收购部分,扩大同种产品进行议价的部分),都同样使产品价格向生产价格靠拢,经过一段时期以后,实现统一的生产价格为基础的价格,这是社会主义有计划商品经济发展的内在要求和必然趋势。

总之,生产价格是对发展社会主义有计划商品经济最有利的价格类型。它最有利于宏观经济比例的优化和按比例发展,也最有利于保证宏观经济效益,并能最有效地利用社会上一切资源和指示投资的正确方向。正因为这样,生产价格是社会主义经济发展的内在要求,而不是人们的主观杜撰。

尽管如此,社会主义生产价格同资本主义生产价格的经济本质是不同的,因为它们体现的经济关系不同。前者体现的是共同生产者的互助互利关系,没有根本的利害冲突,而后者则体现资本和劳动的对立以及不同资本家集团之间的利益冲突。

奥塔·锡克曾这样描绘它们之间的区别:

"社会主义的生产价格与从前的资本主义生产价格根本不同,而这种不同表现在:

(1)社会主义生产价格的发展不是在竞争(资本的对立利益)范围内自发进行的,而是由社会有计划地进行的。

(2)社会主义生产价格不仅是生产费用的以往发展和已创造出来的价值的阶级分配的以往发展的结果,而且在社会必要的价值分配中同生产的未来计划发展是协调一致的。

(3)社会主义生产价格不是资本私有财产增殖的必要性的表现,不是按照所使用的资本取得一般利润率的必要性的结果,而是根据社会必要的再生产费用的各个组成部分计算整个社会对毛利润的需要时取得的表现。

(4)生产价格所包含的利润不再为生产资料的私有者所占有,而是借助于某些长期的经济手段有计划地在国家和企业之间进行分配,一方面满足劳动者的某些社会需要,另一方面直接用作劳动者的追加的报酬。"[1]

根据我国经济体制改革包括价格体制改革的经验,看来社会主义生产价格的形成也离不开竞争,不仅是部门内的竞争,而且包括部门之间的竞争,虽然这种竞争同资本主义你死我活、弱肉强食的竞争有所不同。同时,社会主义生产价格是在市场机制作用下为自己开辟道路的,但是,与资本主义社会不同,社会主义下市场机制是在比较健康的状态下发挥作用的,而不是像在资本主义社会那样完全是一种盲目的、在生产者的背后自发地发生作用的。在这个意义上,社会主义生产价格不完全是自发形成的,但恐怕也很难说它是"有计划地"形成的。在后面我们还要论述到,在社会主义有计划商品经济中,国家还要对极少数产品和劳务实行统一定价,并对一部分重要产品和劳务实行浮动价格(为此国家要规定中准价和限价),国家在规定这些产品和劳务的价格时,要充分考虑生产价格的要求,尽可能以它为依据。但是,既然社会主义条件下价值转化为生产价格是在竞争和市场机制下成为现实的经

---

[1] 〔捷克〕奥塔·锡克:《社会主义的计划和市场》,第223页。

济过程的,就不是在人们自觉计算和规划下"有计划地"形成的。否则就可能无视竞争和市场机制的作用在生产价格形成中的作用。

第三节　与不同意见商榷

关于社会主义价格形成问题,主要是价格形成的基础是什么,在学术界一直有尖锐的争论。对于 1980 年以前,包括"文化大革命"以前否定和反对生产价格论的一些论点和论据,我们曾在《试论社会主义经济中的生产价格》《社会主义经济中资金利润率和生产价格问题》《经济体制改革要求以生产价格作为工业品订价的基础》这几篇文章①中,进行过系统的商榷,在此不再赘述。这里主要是对这几年盛行的"双渠价格论",进行评论和商榷。

在过去的讨论中,对于产品价格形成中的成本要以社会成本或部门成本来确定,一般没有重大分歧意见。争论主要发生在如何确定价格构成中利润额上面,即究竟是应当按平均工资利润率、平均成本利润率还是按平均资金利润率或其他利润率来确定利润额上面。

我们知道,利润和成本一样,都是社会主义经济固有的范畴。成本反映产品生产和销售过程中各项费用支出,利润反映劳动者在生产过程中所提供的为社会劳动的部分,它们都有确定的经济内容。但是成本首先是在企业中形成的。在一个部门内部,对于同一种产品,各个企业成本的平均形成部门成本,即社会成本。利润的确定却不完全相同。各种产品、各个企业和部门的利润水平,虽然首先取决于企业和部门的经营管理状况,同时,也取决于从整个国民经济的角度,对全社会的纯

---

① 这些文章,均收集在拙著《社会主义经济中的价值、价格、成本和利润》(中国社会科学出版社 1983 年版)一书中。

收入的合理安排：分配和再分配。在这个意义上，可以说，作为价格形成中的利润额不仅在各个企业中不能确定，甚至不能完全在部门内确定，而要在整个国民经济范围内确定。因为不同产品在国民经济中的地位和作用是不同的；许多产品是由不同的经济成分的单位生产出来和经营的；不同产品的单位资金占用量和资金周转速度是不同的；不同产品之间的可代用性的范围和程度也不相同；等等。这就要求从国民经济的角度来确定不同产品的利润水平。

1979年以前，即我国实行经济体制改革以前，价格形成中利润额的确定主要有两派意见，"生产价格论"主张按平均资金利润率确定，流行的观点即"价值价格论"主张按平均工资（或成本）利润率确定。1979年以后，随着经济体制改革的开展，重视技术进步，讲求资金效益，各个企业和职工的物质利益同他们的经营成果发生密切的联系，在各项经济活动的决策时利润动机起着主导作用，凡此种种，都在实际上冲破"价值价格论"的框框，要求价格形成中利润额的确定充分考虑资金利润率。在这种情况下，反对"生产价格论"的同志一方面放弃原来"价值价格论"，另一方面又提出"双渠价格论"，认为价格形成中的利润额不应由平均资金利润率确定，而应由所谓综合利润率来确定，即一部分按资金利润率确定，一部分按工资利润率确定，有的更明确地规定70%按资金利润率确定，30%按工资利润率确定，以便使各行业每个职工的留利水平大致相同。他们的意见，还获得一部分经济学家的支持。这个问题，看来需要在理论上进一步讨论清楚。

有的"双渠价格论"者认为，"正因为生产资料和劳动者在生产中都有不可缺少的重要作用，而生产技术装备是提高劳动生产率的最重要的物质条件，物化劳动耗费占产品成本的大部分，而且在我国实现四个现代化的主要任务之一是以先进的技术装备改造和武装国民经济各部门，所以在制定计划价格时，应以资金利润率为主，工资利润率为辅，采取综合利润率"。"在综合利润率中资金利润率和工资利润率各占多大比重,如何具体订价,……可以参考我国当前工业生产成本中活劳动与物化劳动的比例,70%按平均资金利润率,30%按平均工资利润率来计算。""如果按资金利润率定价,等量资金得等量利润,那么在正常使用资金的情况下,资金占用数量多的部门相应得到的利润绝对量也多,而固定资产税率总会比资金利润率低,从而资金占用量多的部门是占便宜的。我们还要看到投资争得多,生产设备越先进,劳动生产率提高得也越快,与该部门基期比,以不变价格计算,利润量就比前期多,而利润留成比例或自负盈亏的所得税率并不是马上调整的,在调整以前该部门就可多得利润。"①

另一位主张按资金与按工资双重盈利标准的"双渠价格论"者说得更具体。他说,如果以生产价格为基础定价,"首先,它依然不能正确反映各部门的实际贡献。因为这意味着价格中实现的盈利仅仅同资金占有成比例,那么,在价格中表现出来的是:资金有机构成低的煤炭部门,单位活劳动向社会提供的盈利仅为有机构成高的电力部门的约七分之一。显然,活劳动的作用被缩小了,物化劳动的作用被夸大了。各部门劳动者及其活劳动耗费在价格中没有得到应有的社会估价。其次,它依然不能恰当地满足各部门自身的各种需要:有机构成高的部门固然可以因占用资金多而相应得到较多的盈利,从而有能力缴纳较多的资金占用费和留作生产发展基金,然而也可以因劳动者人数相对较少,而实现的盈利则相对较多,从而使单位工资占有的福利和奖励基金相对较多;而有机构成低的部门则相反。附表表明,单位工资占有的集体福利基金和奖励基金,社会平均为 0.248,电力部门高达 4.629(是社

---

① 纪正治:《应按综合利润率确定计划价格中的利润额》,《经济研究》1981 年第 12 期。

会平均占有额的18.5倍),机械部门为0.245,而煤炭部门根本得不到。问题的症结在于价格中的盈利是单一地与资金占用量成比例实现的,但盈利的再次分配和使用,却不是单一地与资金成比例分割的,其中必有一部分要求与工资成比例(用于集体福利基金和奖励基金),结果同样很难使单位工资占有的集体福利基金和奖励基金大体平均。上述两个问题势必影响有机构成低的部门劳动者的生产积极性,其结果同样破坏整个利益的平衡。反过来,又会影响有机构成高的部门以及整个社会利益的实现。因此,单纯以资金占用量作为计划价格的直接基础,也不利于协调各部门之间的利益关系,不符合社会主义商品交换关系的内在要求"①。

我认为,"双渠价格论"在理论上是很难站住脚的。

首先,"双渠价格论"表面上有一定的实用价值,但在理论上却无法说通。这很有点像过去主张按成本利润率确定价格形成中的利润额的观点一样,在实际上似乎很有用,而且简单明了,但在理论上却无法论证。"价值价格论"和"生产价格论"不管人们同意不同意,它们都有一套能自圆其说的理论,且有比较严密的逻辑,而"双渠价格论"则像是一个大杂烩,既按平均资金利润率又按平均工资利润率确定价格形成中的利润额,而这两者的比重又是不确定的,要根据人们计算出人均留利水平(这本身就受许多政策性因素的制约)后,反推上去,才能知道它们各应占多大的比重。这种逻辑也使论证者陷入极大的困境:许多论述与其说是逻辑推理,不如说是现象描绘。同时,即使像"双渠价格论"者主张的,价格构成中的利润额70%按平均资金利润率、30%按平均工资利润率计算,不同部门的人均留利水平仍然是不同的,甚至仍然会有很大的差别。原因很简单,70%和30%的比例,是许多部门产品

---

① 马凯:《计划价格形成因素分析》,《中国社会科学》1983年第5期。

成本中物化劳动消耗和活劳动消耗的平均比重,而不同部门产品成本中物化劳动消耗和活劳动消耗的具体比重是极不相同的。物化劳动消耗占的比重大的部门人均留利水平高,而活劳动消耗占的比重大的部门人均留利水平则低。

"双渠价格论"的重要支柱是保证国民经济不同部门具有大体相同的人均留利水平,更具体说,是保证单位工资占有的集体福利基金和奖励基金大体平均。我认为这根支柱并不牢固。因为迄今为止,人们在论述价格的职能(或功能)与作用时,还没有人赋予价格上述特有的职能。即使是"双渠价格论"者在专门论述价格的职能和作用时,也没有赋予价格上述的职能。实际上,价格作为价值的货币表现,并不是也不可能是万能的,它不可能既作为评价社会经济活动效果的标准,社会劳动消耗的尺度,又成为需要经过多次分配和再分配后才能使各部门人均留利水平大体均等的调节器,而后者是要国家运用税收、奖金等经济杠杆才能实现的。如果硬要使价格具有保证各部门人均留利水平大体相同的职能,那么,人们普遍肯定的价格作为核算社会劳动消耗、评价经济效果标准的职能就无法发挥出来,而这正是在有计划商品经济中价格最重要的职能或基本的职能。因此,在社会主义制度下,价格形成应当首先和主要保证能正确核算社会劳动消耗,对各项经济活动给予比较准确的社会估价,从而为社会资源的充分利用和生产结构与消费结构的合理化提供最重要的信号。这是整个社会经济效益能够逐步提高的根本保证。在这种情况下,不同部门人均留利水平可能不同,造成某些经济利益的矛盾,这并不要求价格这一经济杠杆来调节,而可以通过其他经济杠杆特别是税收杠杆和某些政策规定来调节。我们没有理由不去运用别的经济杠杆,而把一切问题都只靠价格一个经济杠杆来解决,"吊死在一根树上"。这正如我们发展商品经济,必然会扩大经济差别,但我们不能通过限制商品经济的发展来限制经济差别的扩大,例如采取价格歧视、限制或取消平等竞争条件的办法,而是要坚持建立统一的市场,等价交换,实行平等竞争的原则,发挥价值规律优胜劣汰的作用。与此同时,采取影响收入分配的政策,特别是工资和奖金政策,税收政策,以及实行社会保障制度等,来对不同企业、部门、地区劳动者的收入水平,进行适当的调节,既承认差别,又要使收入差别控制在大致反映劳动贡献不同的范围内。

"双渠价格论"也不完全符合社会主义经济运行的内在要求。社会主义经济是商品经济,商品经济运行在实质上是资金运行,即资金的循环与周转,包括社会资金的循环与周转,企业资金的循环与周转。这是因为,在社会主义商品经济中,资金是经济运行的主体,经济的运行主要表现为资金的运动,在经济活动中人的因素也可以通过工资来表现和分析。经济活动的效果集中表现为资金运用的效益。资金利润率是评价经济活动效果的最综合的指标。随着经济体制改革的进行,随着社会主义经济逐渐过渡为主要通过市场协调而运行,社会主义资金要求在运动中不断增值自己,而且在竞争中逐渐形成大体相同的资金利润水平,保证不同的经济运行主体具有同等扩展的能力。但是"双渠价格论"不能满足这方面要求。按照"双渠价格论"形成的价格,资金有机构成高的行业和部门,得不到平均资金利润率;而资金有机构成低的行业和部门,则能得到高于平均资金利润率的利润水平。这样,资金有机构成高低不同的行业和部门,就不能具有同等扩大再生产、发展自己的条件,使资金有机构成高的行业和部门处于不利的地位。而大家知道,资金有机构成高的行业和部门,一般是高技术和基础设施行业和部门,是发展社会主义商品经济、加速社会主义现代化建设需要重点发展的。过去我国能源、原材料、交通(特别是铁路运输)严重落后于国民经济的发展,原因之一,正是这些部门的产品和劳务价格大大低于生产价格,得不到平均利润,没有足够的资金来发展自己、改造自己。

如果按照"双渠价格论"的主张形成价格,这些资金有机构成高的部门将继续在资金来源方面处于不利地位,不能靠本部门的生产经营取得必要的发展自己改造自己的条件。当然,在社会主义条件下,各个行业和部门的发展,并不完全是靠本行业或本部门的资金积累,而是可以和应当以国民经济发展战略和国家计划为依据,由国家集中一部分资金,用于支持和加速发展某些薄弱环节和带头行业与部门。但是,这也要以各个行业和部门都能获得同等扩大再生产条件为基础和出发点,即在一般条件下,各个行业和部门应主要靠本行业和本部门的资金积累来发展自己、改造自己。

从微观经济活动来看,也是如此。《中共中央关于经济体制改革的决定》指出:增强企业活力是经济体制改革的中心环节;要使企业具有自我改造和自我发展的能力,成为自主经营、自负盈亏的社会主义商品生产者和经营者。要使企业具有自我改造和自我发展的能力,最重要的,就是要保证企业在正常生产经营中,能获得平均利润。事情很明显,在正常条件下,资金有机构成高的企业,自我改造和自我发展所需的资金,总是比资金有机构成低的企业多得多。这样,如果按"双渠价格论"形成价格,资金有机构成高的企业就会在改造和发展自己的资金来源上处于不利地位,因为它们得不到平均利润,没有足够的资金积累,自我积累能力差,因而不能同资金有机构成低的企业一样,来改造自己和发展自己。这实际上使资金有构成高低不同的企业,处于不平等的地位。看来,这对增强企业的活力,特别是资金有机构成高的企业的活力,是不利的。

随着社会主义经济逐步向有计划的商品经济发展,随着社会经济的运行更多地依靠市场协调,各个部门、地区特别是企业的自有资金的逐步增加(最近几年预算外资金每年以300亿元左右的速度增加),竞争的开展和资金的选择投向(实际是自由转移)的加强,资金作为经济运行的主体将越来越明显,利润率的平均化将越来越成为不以人们意志为转移的客观社会过程,也就是说,价值向生产价格的转化是不可避免的。因此,社会主义经济发展的实践将冲破双渠价格模式,如同社会主义经济的发展实际上已经冲破价值价格模式那样。这个过程同社会主义价格形成摆脱以计划价格作为唯一价格形式是同一过程。因为随着社会主义商品经济的发展,价格形成的机制将发生重大变化,即从计划定价向较多地通过市场定价转变。该过程客观上将使价格形成更加不理会按人均留利水平大体相同的主观设想,而朝着同量资金获得同量利润的方向靠拢。经济体制改革进行得越顺利、越彻底,上述过程也将越快和越完满地实现。

"双渠价格论"在方法论上也不是无懈可击的。"双渠价格论"承认社会主义经济中存在利润率平均化的趋势,承认存在平均资金利润率,也就是承认价值的转形。但是,等量资金获得等量利润原则本身,就是同"双渠价格"相矛盾的。因为"双渠价格"正是以否定等量资金获取等量利润为前提,认为等量资金恰恰不应当获得等量利润。这样,就使"双渠价格论"在方法论上陷入自相矛盾之中。之所以会出现这种状况,最深刻的根源,我认为还在于在理论上长期不重视对资金概念的研究和忽视资金使用效果的影响还在人们头脑中存在,在实践上则是资金"大锅饭"制度没有被彻底打破。如果彻底打破了资金"大锅饭"制度,实行严格的资金有偿使用制度,坚持资金付费原则,人们就会真正重视资金使用效果,就会非常关心等量资金是否能获得等量利润,追求更高的资金利润率就会成为每一个商品生产者和经营者头号关心的事情和进行生产经营决策时盘算的中心。这时,等量资金获取等量利润就会成为商品生产者和经营者从事生产经营活动的根本准则,价格形成也会处于平均资金利润率的支配下,而抛弃其他人为的限制因素。

"双渠价格论"在方法论上的另一毛病,是把按劳分配作为决定社会主义商品经济中价格形成基础的因素。这是把按劳分配的职能硬塞到基础价格的形成中。基础价格是在商品交换或流通领域形成的,受商品经济运动的内在规律支配,而同按劳分配无关。实际价格有一定程度的再分配职能,有时可以作为贯彻按劳分配的手段,但那是指的实际价格围绕基础价格上下波动的结果。正因为这样,价格的这种再分配职能,只能是从属的次要的职能。因为第一,这种上下波动最后是被互相抵消的;第二,不管怎样波动,都不能脱离基础价格太远,归根结底要受基础价格的制约,基础价格总是价格运动的中心。

第五章　价格改革是经济体制改革成败的关键

党的十一届三中全会在做出把全党工作的着重点和全国人民的注意力转移到社会主义现代化建设上来的英明决策的同时,决定采取一系列新的重大的经济措施,对经济管理体制和经营管理方法着手认真的改革。七年多来的实践证明,中央的决策是完全正确的。

在我国经济体制改革中,价格改革处于什么地位呢?还在1979年,经济学界在讨论社会主义经济中价值规律的作用问题时,就有文章指出:"看来,价格问题是改进经济管理体制的关键性环节,许多矛盾的焦点可能集中在价格上。"[1]随着经济体制改革的逐步进行,价格改革的重要性和迫切性越来越被人们看清楚。1984年《中共中央关于经济体制改革的决定》明确指出:"价格是最有效的调节手段,合理的价格是保证国民经济活而不乱的重要条件,价格体系的改革是整个经济体制改革成败的关键。"

本章将要论证:改革经济体制最重要的是建立合理的价格体系,价格改革是整个经济体制改革成败的关键。

---

[1] 孙尚清、陈吉元、张耳:《社会主义经济的计划性与市场性相结合的几个理论问题》,《经济研究》1979年第5期。

第一节　改革经济体制最重要的是建立合理的价格体系

国内外都有经济学家指出：社会主义经济体制改革的根本点在于确定合理的有经济根据的价格体系，以便建立合理的或最优的生产和消费的模式与结构。在商品经济条件下，价格是最有效、最灵敏的经济杠杆，是生产和消费的指示器。价格体系合理，就能使社会的一切资源和生产要素得到最有效的利用，建立合理的产业结构；同时也能使社会的消费是最节约的，即能做到花费最少的自然资源和劳动而充分满足人们的物质和文化生活的需要。一句话，能够使社会经济活动效益优化。反之，情况也就相反。马克思说："商品按照它们的价值来交换或出售是理所当然的，是商品平衡的自然规律。"[①]只有商品的价格不断趋于它的价值或生产价格，才能实现社会生产的按比例发展，获得宏观经济效益。在这个意义上，可以说，在整个经济体制改革中，最大的关口就在于价格体系的改革。这一个关口过去了，经济体制改革就走上了阳光大道，中国模式的社会主义就可以说站住了。

我们知道，承认还是排斥商品关系是新旧社会主义经济模式和体制的根本标志。传统的社会主义经济模式和体制，从本质上说，是排斥商品货币关系的。与此不同，新的社会主义经济模式和体制以确认社会主义经济也是一种商品经济，是有计划的商品经济为基础。具体来说，包含如下一些内容。

第一，承认全民所有制经济内部交换的生产资料也是商品，应当允许它们进入市场流通；承认技术、信息（在特定意义上还包括劳动）也是商品，土地、资金等也将逐步商品化，具有价格。

---

① 《马克思恩格斯全集》第25卷，第209页。

第二，肯定商品经济的充分发展，是社会经济发展的不可逾越的阶段，是实现我国经济现代化的必要条件。所以，发展商品经济，同社会主义建设的发展不但不矛盾，而且相一致。

第三，发展社会主义商品经济，同坚持计划经济并不矛盾。正确的计划，应建立在商品经济的基本规律价值规律的基础上。

第四，在组织和管理社会主义经济活动时，要按商品经济原则办事，打破条块分割和地区封锁，建立和发展在专业化、协作化基础上的横向经济联系，用等价交换原则调节不同部门、地区、企业之间的经济利益矛盾，广泛运用市场机制实现社会生产和社会需要的联系，建立和完善包括商品、技术、信息、劳动力、资金、房地产等市场的社会主义市场体系。

第五，承认社会主义企业是相对独立的商品生产者和经营者，使它成为充满生机和活力的经济有机体。

既然我们要建立的新经济体制是要为发展有计划的商品经济创造良好的条件，而商品经济是由其内在的价值规律支配和调节的，价格正是价值规律发挥作用的具体形式，那么，价格体系合理，就能为发展有计划的商品经济起积极的推动作用；相反，价格体系不合理，就将对发展有计划的商品经济起消极的影响。

这是因为，价格是对各项经济活动及其成果的社会评价。在现阶段，我们不可能直接用劳动时间来评价经济活动及其成果，而必须借助价值这个间接的、相对的、动摇不定的、不充分的尺度，通过价格来表现各种产品的劳动量，来对各种经济活动及其成果进行社会评价。一件产品多少价钱，表现着社会对生产这种产品的劳动消耗做出的评价。因此，各种产品的价格高低是否恰当，比价和差价是否合理，是否能正确反映社会劳动消耗及其差别，一句话，价格体系是否合理，对于判断生产这些产品的企业和部门经济活动效果的大小，对于引导企业和部门的各项活动真正以提高经济效益为中心，从而保证和提高宏观经济效益，至关重要。

另一方面，价格又是人们从事经济活动的最重要的信息。改革为的是建立起具有中国特色的、充满生机和活力的社会主义经济体制，促进社会生产力的发展。要使社会生产力顺利发展，价格信息的导向作用非常重要。价格变动传递的信息是准确的，即能正确反映社会劳动消耗的变化和短缺程度，就能促进社会生产的协调发展，取得宏观经济效益，并指导微观经济决策符合社会的利益。反之，情况也就相反。价格改革特别是价格体系改革的目的，就在于把价格关系理顺，使价格传递的经济信息是准确的，使价格对生产的导向作用是积极的、鼓励经济增长的。

价格信息传递准确，也有利于流通的顺畅，有利于流通作为生产和消费的纽带作用的发挥。价格信息不准确，畸高畸低，必然带来"买难"和"卖难"，并助长流通中的投机和囤积居奇等现象，甚至使消费者对市场产生变态心理。价格改革的目的，也在于理顺价格信息，以保证搞活流通，在流通中正确处理各方面经济利益关系，优化经济结构包括生产和消费结构。

根据这几年经济体制改革的经验，建立新型的社会主义经济体制，主要是抓好互相联系的三个方面：第一，进一步增强企业特别是全民所有制大中型企业的活力，使它们真正成为相对独立的，自主经营、自负盈亏的社会主义商品生产者和经营者；第二，进一步发展社会主义的有计划的商品市场，逐步完善市场体系；第三，国家对企业的管理逐步由直接控制为主转向间接控制为主，主要运用经济手段和法律手段，并采取必要的行政手段，来控制和调节经济运行。要围绕这三个方面，配套地搞好计划体制、价格体系、财政体制、金融体制和劳动工资制度等方面的改革，以形成一整套把计划和市场、微观搞活和宏观控制有机地结合起来的机制和手段。

实践证明,要搞好第一方面的改革,增强企业的活力,使它成为名副其实的商品生产者和经营者,并在竞争的压力下不断革新技术、改善经营管理,没有发达的商品市场和完善的市场体系,即没有第二方面即流通领域的改革,是不可能实现的。当然,要发展和完善社会主义市场,必须以增强企业的活力作为基础。如果企业不是相对独立的商品生产者和经营者,对盈亏不完全负责,或者企业仍未摆脱对上级行政领导的依赖,一只眼睛仍盯住上级领导,另一只眼睛盯住市场,企业就不会真正感受到市场的压力,也难以形成使各个企业具有同等机会、同等条件进行竞争的经济环境或市场环境。同时,如果只进行第一、第二方面的改革,不进行第三方面的改革,则或者使前两方面改革无法进行下去,因为国家仍然主要采取行政协调方式控制和调节经济运行,企业活力就无从增强,社会主义市场也无法发展和完善;或者使商品经济的发展完全受盲目的市场力量支配,而不能有效克服其自发性或消极作用,引上有计划发展的轨道,也不能保证商品生产者和经营者的微观决策符合社会的宏观目标,同样使前两方面改革无法健康进行下去。第三方面改革实际上是使宏观控制同微观放活有机地结合起来的问题。

价格改革在上述三方面改革中居于举足轻重的地位。

我们知道,增强企业活力是经济体制改革的中心环节。要增强企业活力,首先要使企业善于做出正确的生产经营决策,使这种决策不但对企业本身有利,对社会也有利。这就有赖于价格改革,理顺价格体系,使价格及其变动能反映社会劳动消耗和供求关系及其变动。因为在商品经济中,比价和差价关系的变化是企业选择效益最佳的生产和经营活动的指示器。如果价格体系合理,价格变动就能向企业传递投入和产出两个方面的正确的信息。即第一,告诉企业采用什么原材料和设备可以降低成本。企业选用供应充分并且比较低廉的生产资料,就能迅速提高收益。从国民经济角度看，广泛利用丰富而又价钱低廉的资源，就能提高宏观经济效益。第二，告诉企业生产什么产品和多少产品最有利。企业抓住紧俏商品的生产，收益就能提高。从国民经济角度看，把有限资源用于最紧缺的产品的生产，也能提高宏观经济效益。以上原理，也完全适用于商业企业。正常的价格变动传递的供求信息，可以帮助商业企业确定哪些商品应该多进货，哪些商品应该少进货，如何开展价格竞争扩大销售，争取较好的效益等。

要真正增强企业的活力，使企业不但有自主经营的权力，而且负起相应的盈亏责任，就必须使企业在同等的客观条件下开展竞争，即站在同一起跑点上赛跑。这个客观条件，最重要的，就是价格体系合理，企业付出同样的主观努力能够取得同等的经济效益。如果不是这样，价格体系不合理，价格在反映社会劳动消耗时成了"哈哈镜"，不同产品的社会劳动消耗差不多，经营管理水平不相上下，而价格有的很高，有的很低，致使有的企业收入高、利润大、利润率高，而有的企业则收入低、利润少、利润率低，造成苦乐不均。这样，利润的多少和利润水平的高低，就不能很好地反映它们的经营管理水平及其职工的主观努力程度，这就为评价企业的先进或落后带来困难，不能正确地有效地鼓励先进，鞭策落后，使大家不能真正把劲用到不断提高经济活动的效果上面。在这种情况下，增强企业活力的要求就会落空。

要形成和完善竞争性的社会主义市场体系，关键也是价格体系的合理化。市场的形成和完善，是为每个作为相对独立的商品生产者和经营者的企业创造良好的竞争条件，以便更好地发挥市场机制的优胜劣汰作用，从根本上提高企业和全社会的经济效益。但这也要求价格体系摆脱严重扭曲状态，价格本身逐步更多地按市场机制而形成和运动。这就是说，当产品供过于求时，或者原来的价格高于其社会劳动消耗时，就会出现价格下降的趋势，以便刺激需求，并迫使个别劳动耗费较高的企业减产或转产；相反，当产品供不应求时，或者原来的价格低于其社会劳动消耗时，就会出现价格上涨的趋势，以便刺激供给并减少对它的需求。通过价格的运动，企业得到了必要的信息，在进行投入和产出的决策时，符合市场的要求和社会的利益。价格的这种运动，必然使价格逐步以价值或其转化形态生产价格为轴心，根据供求关系的变化而上下波动，使价格既首先反映价值或生产价格，又反映供求关系，比价和差价比较合理。价格体系越合理，既是市场透明度越高的重要标志，又是搞活流通，充分发挥市场机制作用的重要条件。

　　国家对企业的管理逐步由直接控制为主转向间接控制为主，主要运用经济手段来调节宏观经济，也要求价格体系的合理化。如果价格体系不合理，如像过去那样，社会急需和短缺的重要产品如粮食、原材料等产品价格严重偏低，只能运用直接控制的行政手段——指令性计划来动员和组织这些产品的生产，同时采取定量供应、计划供应的办法直接控制这些产品的消费；另一方面，有些价高利大的加工工业产品（如前几年的涤棉布），尽管销路不好，库存积压严重，不少地方仍在兴建新厂增加生产，以致于国家只好采用行政办法来限产。或者本来市场容量有限但因价高利大一拥而上大建新厂，过不久通过整顿而收缩造成社会劳动的浪费，前几年自行车、缝纫机、卷烟等行业就曾出现这种情况。社会主义国家要实行间接控制，主要运用经济手段来调节经济的运行，就意味着通过企业对本身经济利益的关心，来引导企业的生产经营决策符合社会的利益和有计划发展经济的要求。而价格是否合理，是否偏高或偏低，直接关联企业的经济利益。价格体系合理了，比价和差价不受大的扭曲，可以从根本上由国家通过间接控制手段，保证社会生产的按比例发展和宏观经济比例的协调，即国家能更好地运用各种经济杠杆来调节社会经济活动，沿着提高效益的方向发展，实现整个国民经济的良性循环。

总之，改革价格体系，是促进我国现代化建设和改革整个经济体制的关键。有种种理由认为，价格问题如果久拖不决，不仅难以理顺经济关系，而且可能严重影响国民经济的协调发展，带来社会经济生活的困难和混乱。因此，改革价格体系是改革整个经济体制的最重要的任务。

根据中央关于"七五"期间经济体制改革的部署，根据我国多年来扩大企业自主权的实践经验，为了进一步推进经济体制改革，把新体制的框架建立起来，逐步做到新的体制在各个领域起主导作用，今后似乎主要应围绕为企业实行真正的独立核算、自主经营、自负盈亏和能够在一个大体上平等的条件下开展竞争创造条件来进行改革，其中最重要的就是要充分发挥市场机制的作用，建立和完善社会主义市场体系。我国原来是商品经济很不发达的国家，市场发育不健全，加上多年来的条块分割和地区封锁，社会主义统一市场还没有真正很好地建立起来。而没有比较充分发展和完善的统一市场，企业不能在同一市场条件下开展竞争，企业之间由于条件不同而苦乐不均的现象就比较普遍，企业也就谈不上真正搞活和实行自负盈亏，宏观经济从直接控制为主转向间接控制为主也难以实现。

为了进一步发展社会主义商品市场，逐步完善市场体系，就要抓紧价格改革，同时改革税收和财政等体制与之配套。当前我国价格体系仍然不合理，许多产业、产品的价格严重扭曲，比价和差价关系既不反映价值，也不反映供求关系，使不同企业不能在同一个起跑点上赛跑，使市场机制不能很好发挥作用。在前几年放开农副产品价格和小商品价格之后，今后重点要解决原材料、能源等生产资料计划价格偏低问题，即理顺工业生产资料价格问题。并且在理顺工业生产资料价格的同时，继续理顺农产品的价格和第三产业的收费标准包括大大提高房租。为了在对价格进行结构性调整时不致于对物价总水平失去控制，"七五"期间不能解决价格体系不合理的全部问题，看来只能着重解决工业生产资料价格不合理等问题。这些问题解决了，可以为企业创造比较良好的竞争环境，可以较快地获得经济效益，增加国家的财政收入，使国家可以积聚更多的财力支持下一步的价格改革。至于在理顺生产资料价格时是采取"一次到位"，即一次理顺，还是分几次到位的办法，要根据改革的客观经济环境而定。现在看来，"一次到位"可能步子过大，连锁反应过大，副作用过大，分两三次到位也许是比较现实可行的办法。

第二节 传统的价格体系必须根本改革

经济体制改革一开始，人们就发现，我国原有的价格体系很不合理，价格问题已经成为老大难的顽症和发展国民经济的绊脚石。价格体系不合理，最集中的表现在不同行业的资金利润率高低悬殊上面。1979年，县及县以上国营工业企业的平均资金利润率为12.3%，但各行业的资金利润率悬殊：手表61.1%，工业橡胶49.4%，针织品41.1%，自行车（老厂）39.8%，染料油漆38.4%，石油37.7%，油田34.1%，缝纫机33.1%，化学药品33.1%；而煤炭只有2.1%，化肥1.4%，铁矿1.6%，化学矿3.2%，船舶2.8%，水泥4.4%，半机械化农具3.1%，木材采选4.8%，农机5.1%。在这种情况下，就难以用利润及其水平来反映不同企业的经营管理水平，扩大企业自主权就必然带来苦乐不均，产生经济利益的矛盾。

在经济体制改革刚起步时，对于我国价格体系是不是需要进行根本改革，有过不同意见的争论。有的同志认为，三十年来我国形成的价格体系不应否定，而应基本肯定，个别调整。这些同志反对对现行价格体系进行全面的改革。但实际情况不能论证上述观点。因为价格体系合理与否，是有客观的衡量标准的。价格除了主要包含产品的部门平均成本和税金(指工商税)之外,就是利润额。价格构成中的利润额(利润额也可按包括税金来计算)应当如何确定呢?前面说过,在经济学家中主要有三种不同意见,一种按社会平均工资利润率计算,一种按社会平均成本利润率计算,还有一种按社会平均资金利润率计算。实际材料表明,不管是按哪一种利润率计算,我国的价格体系都是极不合理,需要全面改革的。以1978年一部分重点工业品的行业为例,把实际数字换算为生产企业平均数100,不同行业的利润差距情况如表5-1[①]:

表5-1 1978年部分工业行业的利润率情况

	工资利润率/%	成本利润率/%	资金利润率/%
生产企业平均	100.0	100.0	100.0
焦煤、肥煤(重点矿)	5.9	18.5	11.5
油田(石油)	588.4	577.0	310.8
炼油	1,242.4	166.3	416.3
电(重点企业)	455.7	280.5	98.4
钢铁(重点企业)	148.1	123.8	84.5
轧钢	504.2	130.7	573.0
铁矿	69.2	144.7	43.6
铝(矿到铝)	242.8	203.4	118.8
锡(矿到锡)	13.1	39.2	16.7
化工	227.9	149.9	158.8
轮胎	823.4	198.0	576.8
油漆	641.1	133.1	513.2
硫化铁	8.7	24.9	11.5
磷肥	44.1	38.2	43.4
抗菌素药	872.6	578.0	639.6
水泥	83.7	82.9	47.5
油毡	448.5	152.7	542.3
铸石	1.0	4.1	2.1

[①] 本资料见何建章、邝日安、张卓元:《经济体制改革要求以生产价格作为工业品订价的基础》,《中国社会科学》1981年第1期。

（续表）

	工资利润率/%	成本利润率/%	资金利润率/%
纺织	128.7	74.2	215.5
合成化学纤维	664.5	177.2	169.6
棉纺织单织	137.6	58.0	493.2
自行车(大厂)	373.3	139.7	606.4
手表	803.1	813.4	654.1
钟表元件	637.2	1,021.2	876.7
缝纫机	126.9	99.0	231.4
其中:大厂	249.3	135.4	513.6
中厂	63.4	45.0	87.0
缝纫机(工业用)	376.6	250.3	518.5
缝纫机零件	28.7	75.8	52.7
卷烟	61.3	17.1	57.1
甜菜糖	51.9	46.6	43.6
甘蔗糖	182.9	133.3	149.0
火柴	24.0	48.6	80.8
电筒	232.3	192.4	646.0
金笔	359.9	324.9	623.6
重型机械	34.2	51.0	15.9
铸造机械	19.1	28.6	14.8
汽轮机	50.6	91.3	28.6
电器	160.2	166.3	131.9

从表5-1可以看出：按社会平均工资利润率为100%，采掘工业内部，如石油油田为588.4%，是焦炭、肥煤5.9%的100倍；为硫化铁矿8.7%的68倍。原料初次加工工业中，石油炼油为1,242.4%，比重点钢铁企业148.1%高7倍多，比水泥83.7%高14倍，比锡(矿到锡)13.1%高94倍；化工部门中行业的差距有的也很大，抗菌素药比硫铁矿高99倍，轮胎在800%以上，比磷肥44.1%高17倍。机械行业中电器加工比重型机械高4倍，比铸造机械高7倍；建材素称资金有机构成低、产品成本中活劳动支出大的部门，但行业间的工资利润率有的仍很悬殊，如

油毡448.5%，比铸石1%高出447倍。轻工业中也有高的，如金笔比火柴高14倍；整机和零件也不合理，如缝纫机（大厂）比零件厂高7倍多；又如电厂比肥煤煤品中价格较高的煤种高76倍。

按社会平均成本利润率为100%，钟表元件为1,021.2%，比缝纫机零件高12倍，比手表还高出20%多，不利于专业化协作的发展。钟表元件为烟厂的60倍，手表比缝纫机高7倍，比自行车高5倍，比卷烟高46倍。电力比煤炭高14倍；有色金属中从矿石到炼铝比从矿石到炼锡高4倍。同以平均工资利润率比较，有些差距缩小，有些扩大，如手表和自行车比，按平均工资利润率高1倍，按平均成本利润率算，反而扩大到5倍。

当然，按社会平均资金利润率即以生产价格为基础计算，同前面两种利润率计算相比，差距有些扩大，缩小的也不少，如表5-2：

表5-2　1978年几个工业行业利润率差距表

单位：倍

	工资利润率	成本利润率	资金利润率
石油油田为焦煤、肥煤	100	31	27
石油炼油为轧钢	3	1	1
手表为自行车	2	6	1

用平均资金利润率计算，也可以证明那种认为目前我国各部门、各行业之间利润水平差距不大，价格不需要全面调整和改革的观点是对客观情况做了错误的估计。现以1979年全国县以上（含县），独立经营核算的六万多个企业的财务决算统计资料来看，资金利润率平均为12.3%。我们计算的81个部门、行业高低分组列表如表5-3：

表5-3　1979年81个部门资金利润率差距表

行业总数	81个	100.0%
资金利润率高出平均数一倍以上即24.6%以上	18个	22.2%
资金利润率在6.16%至24.59%之间	47个	58.0%
资金利润率低于平均数一半即6.15%以下	16个	19.8%

81个行业的利润水平高于平均资金利润率一倍以上的行业和低于平均资金利润率一半以下的行业共34个，占总数的42.0%。资金利润率在24.59%和6.16%之间的幅度实际是相当大的，最大的差距达三倍，都没有算进去。这怎能说是少数呢？主张或坚持调整少数利润水平突出悬殊行业的观点，实际上是不赞成把各行业之间的利润水平调整到大致平均的水平，不赞成把各行业商品的价格进行全面的改革。

各个行业资金利润率畸高畸低，使企业的乃至社会的经济核算都失去共同衡量经济活动效果的合理的尺度。这样，不同部门、行业的盈亏和利润水平的高低，往往不完全决定于经营管理的好坏，而在相当大程度上是决定于商品价格的高低，使部门、行业的利润水平产生过分悬殊的苦乐不均的现象。例如，同是采掘工业，1979年的资金利润率，油田是34.1%，煤炭是2.1%，铁矿是1.6%。油田的管理水平可能比煤矿、铁矿好些，但谁也不会相信目前的油田的经营管理水平比煤矿、铁矿好上一二十倍。这个差别很大程度上是受不合理的比价的影响。又如机械作业性质的手表工业，资金利润率高达61.15%，为冶金设备的13倍，为农机的12倍，为一般机械的6.5倍，为轻工设备的近10倍，为纺织设备的6倍，为汽车制造的近5倍，为铁道设备的近8倍，为船舶制造的22倍，难道这些差别都是经营管理差别的反映吗？不，这在很大程度上是由价格不合理和长期地严重地背离生产价格所造成的。

许多商品的计划价格的不合理，长期严重的非政策性背离生产价格，不仅会助长供过于求的某些长线产品继续超过生产计划，而另一方面周转库存越来越多，甚至超过年产值（量）50%以上；而某些社会需要长期供不应求的商品，却因价低利少，生产长期上不去。这些商品的价格结构，不仅不能适应社会需要，以及按市场需要起着调整生产的作用，反而起着助长国民经济比例更加失调的作用。计划价格严重背离生产价格，造成部门、行业之间利润水平的差距，带来不同部门、行业之间严重的苦乐不均，从而影响某些资金利润率低的部门如煤炭、矿山、一般工业机械、某些化肥、火柴、暖水瓶、某些建材部门和行业以及这些部门、行业中大多数企业和职工的生产积极性。在实行利润留成的情况下，矛盾更加尖锐。

因此，不论从哪个利润率来观察，不论是以价值为基础或以生产价格为基础来观察，现存的计划价格体系有许多不合理的地方，已妨碍经济改革，特别是扩大企业自主权的进展。

尽管三十年间有些时间的计划价格体系比较合理，也取得某些有益的经验。但是从五十年代生产资料所有制社会主义改造基本完成以后，特别是当前的计划价格体系，不合理的地方已占主导地位，已到了非进行大的改革不可的时候。当然，社会主义价格，涉及面极广，与人民生活有着密切的关系。改革物价必须有利于生产的发展，有利于安定人民的生活。因此，价格改革应有正确的理论指导，需要进行大量深入的调查研究。就目前条件已具备进行改革的领域，着手做充分准备，在科学的改革的总体设想和规划下，稳步地进行改革。

以上分析的只限于工业部门价格畸高畸低的情况。下面我们再来分析农产品价格长期偏低、工农业产品价格剪刀差偏大，以及第三产业收费偏低特别是房租畸低的不合理状况，以进一步说明我国价格体系的严重不合理。

有人曾做过粗略计算，如果以一个工业劳动力创造的价值平均相当于两个农业劳动力创造的价值计算，那么，1977年，农产品价格低于价值的幅度，达到41.1%，高于1957年的38.8%和1952年的22.6%的水平，而工业品价格高于价值的幅度，1977年则为28.5%。据此计算，1977年农民交售农产品少得288.2亿元，购进农业生产资料多付57.4亿元，购买生活消费品多付107.8亿元，加上当年农业税29亿元，共向国家提供资金达482.4亿元，相当于当年国家财政收入的一半。即使按一个工业劳动力创造的价值平均相当于三个农业劳动力创造的价值计算,那么,1977年,农产品价格低于价值的幅度,仍达34.03%,而工业品价格高于价值的幅度为19.6%。据此计算,1977年农民交售农产品少得213亿元,购进农业生产资料多付出42亿元,购买生活消费品多付出80亿元,加上当年农业税29亿元,农民总计向国家提供资金364亿元,相当于当年国家财政收入的三分之一以上。①

1957年到1978年,农副产品收购价格有所提高,而工业品价格基本上没有提高,为什么工农业产品价格剪刀差反而有所扩大呢?这是因为,在这期间,工农业劳动生产率提高的速度有较大的差别。据统计,1978年,我国农副产品收购价格比1957年提高了41.8%,而农村工业品零售价格则降低了2%,但是,由于这一时期工业劳动生产率提高了75%左右,而农业劳动生产率只提高15%,将上述价格和价值(劳动生产率提高意味着单位产品价值量下降)两方面的变化进行综合计算,就使这一时期工农业产品价格剪刀差实际上没有缩小而是有所扩大。

我国整个第三产业收费标准偏低,这是造成这一产业长期以来发展缓慢的重要原因。

我国房租畸低问题很突出。我国职工住房一般实行由国家统一建造后分配给职工居住向职工收取低租金的办法。但是,中华人民共和国成立以来,在住宅造价有所提高的情况下,公有住宅房租反而下降了三分之二。中华人民共和国成立初期,每一平方米使用面积月租金为0.4元,房租支出一般占职工家庭收入的10%左右。1955年,国家机关干部由供给制改为薪金制,降低了房租标准。之后各地先后降低房租水平。目前,城镇房租水平,相当于中华人民共和国成立初期的30%,

---

① 参见李炳坤:《工农业产品价格剪刀差问题》,农业出版社1981年版,第45—51页。

相当于成本租金(包括折旧、维修和管理三项费用)的20%。根据1980年对33个城市的调查,职工用于房租的支出,平均占家庭收入的2.95%,低的只占1.4%。由于房租太低,国家对房租补贴越来越多,目前房租补贴每年大约60亿元,加重了财政的负担。房租太低,无法补偿建房和维修管理的费用支出,国家还得每年另拨专款进行住宅建设,随着职工队伍的迅速扩大,这方面的投资越来越增加,已经达到难以为继、非改不可的地步。

此外,由于第三产业收费标准太低,不少城市出现了"洗澡难""理发难""乘车难""吃饭难""做衣难""看病难"等一系列问题,使人民感到生活很不方便。

第三节 传统的价格管理体制必须根本改革

中华人民共和国成立初期,我国对各种商品价格的管理比较灵活。随着生产资料社会主义改造的基本完成,随着经济体制的高度集权化和以行政管理为主,国家对价格的管理越来越紧,越来越死。在"文化大革命"期间,还把过去行之有效的三类农产品、小商品的议价形式取消了,把集市贸易当作资本主义尾巴来割除,集市价格也几乎完全消失。在价格形式上,几乎是单一的计划价格形式,而且国家有全国统一的计划价格,省有省的计划价格,地区有地区的计划价格,县有县的计划价格,把定价权和调价权几乎完全统一于各级行政机关手里,把大大小小的数以万计、十万计的商品的价格纳入各级的计划价格里。商品的价值由于劳动生产率的变化而发生变动了,商品的供求关系变化了(它们都是经常发生变动的,可以说是日新月异的),而计划价格往往不动。虽然也提出国家对价格要进行合理调整的方针,但上述管理制度根本不可能对不合理的价格进行合理调整,而顶多只能对个别或极少数产品的价格进行调整。而且调整一种产品的价格,从提出要调整,到搜集资料论证和反复研究讨论,最后拍板定案付诸实施,一般也要三至五年的时间,调整后的价格往往在出台时就已经不合理了。因为经过几年的从调查到决策的时间,劳动生产率和供求关系早又发生变化了。

在价格审批权限的划分中,权力又过分集中在中央机关,更使得定价和调价脱离客观实际。在原来产品的价格分工目录中,连南方的活鱼的价格也属中央业务部门管理的权限,可见其不合理的程度多么严重。

价格管得过死的突出表现,是不承认社会主义企业作为相对独立的商品生产者和经营者的地位,从而不让企业有定价权和调价权,使企业不能根据劳动生产率的变化和市场需要,调整自己的生产和经营。许多商品的价格,一经确定,就成为"终身价格",直到被淘汰为止。这样就使得一些商品,长期价格偏高,即使库存积压严重,也不降价、不减产;而另一些商品则价格偏低,即使脱销,也不提价,企业也无积极性增产,形成长线压不短、短线拉不长的不正常局面。这样,价格自然无法发挥其按照社会需要合理调节生产和流通的功能。

价格管理体制实质上是价格形成机制。我国原来不合理的价格体系,就是在上述僵化或半僵化的价格管理体制下形成的。不改变僵化半僵化的价格管理体制,不合理的价格体系就难以根本改变。过去,不少人都认识到,我国许多产品价格存在畸高畸低的不合理现象,对生产和流通都很不利,但是,由于没有一个能使价格逐步合理化的管理体制,价格运动不存在逐步合理化的内在机制,只好采取个别修补的办法,主要是采取一些行政措施应付临时事变,对极少数特别不合理的价格进行个别调整,而对大量的不合理价格置之脑后,致使问题久拖不决,越积越严重。即使像苏联那样,1967年用行政办法强行对工业品批发价格进行大的调整,使各部门、行业的资金利润率向平均利润率

15%靠拢,但是由于价格管理体制还是僵化和半僵化的,价格形成不可能随着劳动生产率和供求关系的变化而自动调整比价和差价关系,结果过了几年,又出现价格体系不合理的状况,不同部门、行业之间的资金利润率差别越来越大,不得不又在1982年进行一次大的价格调整。这说明,价格管理体制即价格形成机制不改革,价格体系就难以做到合理化,即使某一时期用行政办法强行摆平比价和差价关系,也难以比较持久地保持下去。

可见,在我国,进行价格改革,包括两方面内容,一是价格体系改革,主要是建立合理的比价和差价关系;一是价格管理体制改革,主要是建立能灵活反映劳动生产率和供求关系变化的价格形成机制。这两方面的改革都很重要,而且要互相配合进行,否则就难以达到预期的效果。

第六章　价格改革的目标模式

经过这几年经济体制改革的实践和理论讨论,无论是经济学界还是经济界,都已逐渐一致认为,要进行价格改革,不但要进行价格体系的改革,而且要进行价格管理体制的改革。那么,究竟怎样进行改革呢?这里首先要解决目标模式问题。只有目标模式确定了,才能明确改革的方向和步骤,也才能寻求比较合适的过渡模式。

事实上,这几年各方面对价格改革模式问题,已经开展了广泛的讨论,发表了颇有争议的不同意见。本章拟对这个问题进行初步的探索,并与不同意见展开讨论。

第一节　价格改革目标模式取决于经济体制模式

价格改革是经济体制改革的有机组成部分。价格改革的目标模式,首先取决于经济体制改革的目标模式。

我国经济体制改革的目标模式是什么?从大的原则来说,该目标模式已经明确,就是建立有计划的商品经济的模式和体制。但是,由于有计划的商品经济是一个总的命题,还有待具体化,充实各方面的内容。而人们对有计划的商品经济的理解和阐述不尽相同,因而提出的经济体制改革的设想和蓝图也有差别。同时,即使设想和方案基本相同,在实施步骤上也可能有不同的意见。

在前两年的讨论中,主张我国经济体制改革的目标模式是含有市场机制的计划经济的观点颇为盛行。尽管这种主张曾被斥责为否定或损害社会主义计划经济,但多数学者都认为这种设想比传统的模式和体制好得多,体现了承认商品货币关系的广泛存在和利用市场机制来改善国民经济的管理的精神。持这种主张的同志有的向往匈牙利的经济体制改革,认为匈牙利取消了指令性计划指标,国家不再直接控制企业的生产经营活动,竞争等市场机制的作用给社会经济活动注入了新的活力,同时国家并没有放弃对宏观经济的控制,做到了大的方面管住小的方面放开的初步结合,经济效益比较好,市场繁荣,消费品供应充分,人民生活水平提高较快等。

但是,有的经济学家却认为,匈牙利从1968年起的经济体制改革,迄今为止,还是很不彻底的,匈牙利今天的体制模式远不是理想的体制改革的目标模式。比如,匈牙利经济学家科尔奈·亚诺什指出,尽管匈牙利取消了指令性计划指标,但是,由于间接的行政干预大量存在,现在国有企业的典型行为是一只眼睛盯着上级,一只眼睛盯着市场,形成了对上级权力机构和市场力量的双重依赖,而且往往前一种依赖是主要的。因此,即使取消了对日常经营活动的指令性计划,仍然不足以完全改变企业在传统体制下的习惯行为。这是因为:企业领导人仍由上级选择或指派;企业的兴建和关闭主要不是由市场竞争而是由上级决定;企业的盈利主要不取决于市场而是依赖于同上级讨价还价的能力;价格体系并未理顺,价格形成体制中存在大量的行政干预;职工工资与企业盈利关系不大;企业的短期生产经营决策还要受到非正式的上级繁琐干预的影响,因而企业的纵向行政依赖还很大,财务预算约束仍然软弱;等等。

科尔奈的上述分析,是从社会经济运行协调机制的角度对社会主义经济模式进行分类的结果。在科尔奈看来,经济运行的协调机制可以分为行政协调(Ⅰ)和市场协调(Ⅱ)两类。每一类协调机制又各有两种具体形态:直接行政协调(ⅠA)、间接的行政协调(ⅠB)、完全的市场协调(ⅡA)和有宏观控制的市场协调(ⅡB)。前一类(ⅠA和ⅠB)都是靠上下级隶属关系、通过纵向的信息流和行政手段来控制经济运行。两者的区别在于纵向调节手段不同。ⅠA体制是行政机构对企业下达具体的指令性投入产出指标。在ⅠB体制下,行政机构不是通过下达投入产出指令,而是借助手中的权力,通过各种形式的干预迫使企业做出大致符合上级要求的投入产出决策,这里企业决策有着双重依赖,即对上级权力机构的纵向依赖和对市场力量的横向依赖,其中纵向依赖占主导地位。匈牙利目前的经济体制基本上属于ⅠB模式。

无控制的市场协调(ⅡA)和有宏观控制的市场协调(ⅡB),都是通过企业间的横向信息流和市场力量来协调经济的运行。两者的区别在于:在ⅡA体制中,没有宏观调控系统,经济运行几乎完全受市场机制自发的盲目的调节和引导。在ⅡB体制中,社会中心既不是通过直接行政手段也不是通过对微观经济活动进行大量的频繁的间接行政干预来控制经济运行,而是借助统一的和规范的宏观约束手段或经济参数手段来进行调节和管理;当然对于铁路、通信、电力等公共部门还要实行直接管理。企业的财务预算约束是硬性的,企业的经营活动要尽量符合市场要求。

间接的行政协调(ⅠB)与有宏观控制的市场协调(ⅡB)都是间接控制,但两者有明显的区别。比如,两者都利用税收调节经济运行,但在ⅡB体制中,国家有统一的税率,国家立法机构批准通过了税法后,每个企业必须依法纳税。而在ⅠB体制中,企业虽然也需要纳税,但实际税率是由主管部门同各个企业讨价还价后决定的。又比如,国家分享企业的利润,在ⅡB体制中,利润的分割比例是以法律形式确定的;而在ⅠB体制中,年初以合同形式确定了利润的分割比例,年终企业又可以与国家主管部门讨价还价来改变这一比例。再比如,两者都存在国家挽救破产企业的问题，但是，在ⅡB体制中，国家不能任其破产的只限于很少数的大企业，企业被救活后也会立即设法赚钱还债；而在ⅠB体制中，国家救活的几乎是所有破产企业，企业被救活后，不仅不存在还债问题，而且还会继续伸手要钱；国家挽救破产企业的现象在ⅡB体制中是例外，而在ⅠB体制中却是常态。①

科尔奈本人1985年9月在我国举行的宏观经济管理国际讨论会上，倾向于社会主义国家经济体制改革的目标模式是ⅡB体制，我国也有一些经济学家对ⅡB体制作为目标模式颇感兴趣。但是，只要人们深入思索，就会发现，有些发达的资本主义国家，例如法国等，也是实行有宏观控制的市场协调的体制的。有人曾就此问题问过科尔奈教授。科尔奈列举了社会主义国家有宏观控制的市场协调，同资本主义国家有宏观控制的市场协调的四点区别。大意主要是：社会主义国家有宏观控制的市场协调是有国家计划指导，有国有（公有）财产参与的，基本上是按劳动贡献分配收入和消除贫富悬殊、社会分配比较公正。科尔奈的解释和说明是有相当说服力的，但是可能还不那么充分。因为在科尔奈设想的社会主义ⅡB体制中，并没有明确提出生产资料公有制占优势，因而也很难保证实现共同富裕。在有宏观控制的市场协调体制中，市场是比较透明的，企业在竞争中优胜劣汰，这种经济机制必然导致有的企业收入很高，而有的企业则收入较低甚至赔本破产。在这种情况下，如何做到占优势的公有制不受损害，如何实现劳动者的收入差别反映其劳动贡献的差别，如何保证收入分配的公正合理？的确是很大的难题。在这个意义上，我们不能轻率地把ⅡB体制作为我们经济改革的目标模式。

---

① 参见刘国光、张卓元等：《经济体制改革的目标模式——"宏观经济管理国际讨论会"评述》，《世界经济导报》1985年12月2日第8版。

我们的总目标是建设有中国特色的社会主义。我们国家大,人口多,各地情况复杂,经济又比较落后。我们不能照抄照搬外国现成的东西。在考虑和设计我国经济体制改革目标模式时要从我国特点出发。同时,我们是搞社会主义。社会主义的共同的本质必须坚持。其中特别重要的是要坚持社会主义公有制占优势和保证劳动人民共同富裕。既然生产资料公有制占优势,就要实行计划经济,发展国民经济要以计划为依据。当然,实行计划经济不能把经济管死了,我们要把实行计划经济同发展商品经济有机地结合起来,使整个社会主义经济的运行充满生机和活力,并且能够很好地做到国家、集体、个人三者利益的统一,做到经济发展速度、比例和效益的统一,进一步促进社会生产力的蓬勃发展。

根据上述要求,我们设想:

在所有制结构方面,在坚持社会主义公有经济占主导地位前提下,大力发展集体经济,适当发展个体经济以及其他经济形式,实行以公有制为主体,多种所有制经济共同发展。寻找改善国有制的具体形式如实行股份制等。特别是要改变国营大中型企业无权的状况,使企业成为相对独立的、自主经营和自负盈亏的社会主义商品生产者和经营者。

在经济运行方面,应缩小指令性计划范围,相应扩大指导性计划和市场调节的范围。并以计划为指导,控制和调节宏观经济比例,保证国民经济大体按比例发展;同时对企业经济活动尽可能放开,充分利用市场机制,利用价格、税收、信贷等经济杠杆,来调节各个商品生产者和经营者的活动,协调经济运行。

在决策结构方面,改变高度集中的决策结构和父爱式家长式的国家与企业的关系,向形成国家,企业与家庭个人各按自己职责范围多层次决策和负责的体系方向转变,国家主要管理宏观经济决策,而微观经济活动应尽可能下放给企业和家庭个人决策。

在组织结构方面，按照经济的内在联系和社会化大生产的要求组织各项经济活动，打破行政性分权和条块分割，发展横向经济联系和联合，建立和完善包括消费品市场、生产资料市场、资金市场、技术市场、劳动力市场等在内的社会主义市场体系，以城市为中心逐步建立不同范围、不同层次的跨地区、跨行业的经济区和经济网络。

在动力结构方面，正确处理国家、部门、地方、企业、集体和个人的利益关系，在国家的集中统一领导下，充分发挥地方、部门、企业改善生产经营和提高经济效益的积极性，打破企业吃国家"大锅饭"和职工吃企业"大锅饭"的制度，克服平均主义，使收入分配同经济效益、劳动贡献联系起来，真正贯彻按劳分配、多劳多得原则，开展优胜劣汰的竞争，鼓励一部分地区和人民通过勤奋劳动先富裕起来，并逐步实现共同富裕。

在经济管理方面，国家对企业的管理逐步由直接控制为主转向间接控制为主，运用各种经济手段和法律手段，辅之以必要的行政手段，来控制和调节经济活动。实行宏观经济控制的分级管理，提高地方特别是中等以上城市对搞好宏观控制的积极性和责任心。

总之，通过以上几个方面的改革，要逐步形成一个把计划与市场、微观搞活与宏观管理、集中与分散有机地、恰当地结合起来的机制，实现经济发展速度、比例和效益的统一，并保证不断地再生产出公有制为主体和共同富裕的社会主义生产关系。这样的经济体制将从企业、市场和国家对经济的管理这三个环节促进社会主义商品经济和社会生产力的蓬勃发展。随着社会主义企业日益成为相对独立的商品生产者和经营者，随着统一市场体系的逐步形成和市场机制的日臻完善，随着国家对经济的管理从直接控制逐步转向以间接控制为主，并着重控制宏观总量，社会主义商品经济将健康发展，社会主义现代化建设将迅速前进。

第二节 价格改革的目标模式

价格改革包括两个大的方面,一是改革原来不合理的价格体系,一是改革原来僵化、半僵化的价格体制。价格改革的目标,也包括两个方面,一是建立合理的价格体系,一是建立能够及时反映社会劳动消耗和供求关系变化的价格形成机制,即价格管理体制。

关于建立合理的价格体系,有的同志认为,价格和价格体系始终处于运动变化之中,不可能有一个固定的总是合理的价格体系,价格体系即使一时合理了,由于劳动生产率和供求关系等总是在变化的,原来合理的价格体系又不合理了,所以不一定能笼统建立合理的价格体系。我认为这个意见有一定的道理。但是这并不妨碍我们今天提出要改革原来不合理的价格体系,建立合理的价格体系的目标。这是因为,我们现有的价格体系,不是存在一般的或经常性的不够合理的状态,而是存在长期积累起来的不同产品价格畸高畸低,利润率高低悬殊的问题,价格的严重扭曲已经成为发展国民经济的绊脚石和体制改革的拦路虎。因此,需要做比较大的调整和改革,才能把不同产品的比价和差价关系基本上理顺,才能使价格体系转移到能基本上首先反映价值关系,同时反映供求关系的轨道上。在这个意义上,我们面临一个从根本上改革价格体系的任务。

价格体系的改革,要实现哪些目标呢?有的同志认为,改革价格体系,既要促进经济效益的提高,又要服务于实现计划经济为主的原则和调节社会需求,还要满足国家政策的要求,等等。我认为,价格体系改革目标多元化并不一定可取。至少应当确定其中哪个目标是主要的。看来,以促进经济效益的提高作为主要目标是比较恰当的。因为价格的最重要职能是评价各项经济活动的效益,以此来推动各个企业、部门和地区,竞相提高经济活动的效果。价格的其他职能如调节社会的需求,再分配国民收入等,都要服务于取得最大的经济效益这一根本目的。根据这个要求,我们应当强调价格同价值或其转化形态生产价格相一致,即同理论价格相一致,而不应当强调价格同价值或其转化形态生产价格的背离,即同理论价格的背离。世界各国发展的历史证明,价格偏离(理论价格)的程度越小,越有利于经济的增长和讲求宏观经济效益,因而最有利于国民经济的发展。

价格改革的另一方面是改革价格管理体制。人们往往把价格改革的目标模式,归结为价格体制改革的目标模式。而在价格体制改革中,该目标模式主要又被归结为几种价格形式(国家统一定价,浮动价和自由价)在国民经济中所占的比重。这是有道理的。因为现在人们越来越看得清楚,价格体系能否合理,主要取决于价格形成机制如何? 如果不改变原来僵化半僵化的价格形成机制,价格体系是不可能合理化的。即使一时用行政手段使各部门取得大体相同的利润水平(如苏联1967年修订工业品批发价格时让各部门大体得到15%的平均资金利润水平),也是不能持久的,随着劳动生产率和供求关系的变化,很快又变为不合理了。相反,如果我们建立了一个能比较灵活反映劳动生产率和供求关系变化的价格形成机制,价格体系就能够逐步合理化。在这个意义上,把价格改革的目标模式主要归结为价格形式改革(它们之间如何合理组合)的目标模式,是可以的,抓住了问题的实质所在。

关于价格改革中价格形式目标模式的选择,目前在讨论中主要有三种意见。

一种意见认为,为了保证国民经济的有计划按比例的发展,今后仍应以国家统一定价为主,有幅度的浮动价格和自由(市场)价格为辅。

第二种意见认为,我们实行的是有计划的商品经济,既要实行商品经济原则,又要实行计划原则,价格形成也不例外。因此,以计划浮动价或浮动价为主,部分产品仍实行国家统一定价和自由价,是比较恰当的。浮动价是计划调节和市场调节的结合点,既能体现计划原则,又能体现商品原则。

第三种意见认为,有计划的商品经济意味着商品经济是社会经济活动的基本形式,从而意味着要在计划指导下较多地采取市场协调的方式来调节经济的运行,与此相适应,就要较多地实行市场自由价格。在国家对社会总需求的增长进行有效管理,实现社会总供给和总需求的基本平衡,即对宏观经济进行有效调节,并且做到严格控制货币供应量的条件下,采取以自由价格为主,部分产品仍实行国家统一定价和浮动价,不会使市场和物价失去控制,也不会带来生产无政府状态和经济危机。

我认为上述三种意见都是言之成理的。但作为长远的目标模式,我倾向于第三种意见。

既然社会主义经济是有计划的商品经济,商品经济活动是整个社会经济活动的基础,不仅消费品是商品,生产资料是商品,而且土地、技术、资金等也将逐渐商品化。与此相适应,社会主义市场不仅包括消费品市场、生产资料市场,而且还包括技术市场、劳动力市场、房地产市场、资金市场等,它们组成一个社会主义的市场体系。建立和完善社会主义市场体系,目的是使各项经济活动,特别是作为商品生产者和经营者的企业活力的发挥能有一个良好的外部经济环境。为此,关键在于改革价格制度,特别是使价格形成机制有利于发展竞争性的社会主义市场,有利于充分发挥市场机制的作用。而大家知道,自由价格或者市场价格正是发挥市场机制作用的较好形式。在商品经济条件下,自由价格或市场价格是它的自然的或不可或缺的价格形式,也是商品经济的内在规律——价值规律发生作用的前提条件。商品的社会劳动消耗高,价格就高;相反,商品的社会劳动消耗低,价格就低。商品供不应求，价格就上升，从而刺激商品生产者增加供应并促使消费者抑制需求；相反，商品供过于求，价格就下降，从而迫使个别劳动消耗高的商品生产者减产或转产并刺激消费者的需求。这样，价格就成为社会经济生活中最重要的经济信号，指示着人们的生产和消费行为，并据此而不断改变着社会资源或各种生产要素在国民经济各部门、各行业之间的分配，维持着生产和消费的平衡。这是价值规律通过价格的自由运动调节社会生产和消费的过程和形式，也是市场机制发挥作用的具体过程和形式。所以，有计划的商品经济模式要求价格形成机制在一般情况下实行自由价格或市场价格，或者以它为主要形式。

当然，社会主义经济不是一般的商品经济，更不同于资本主义商品经济，而是有计划的商品经济。社会主义实行以自由价格或市场价格为主，不应当也不允许价格暴涨暴跌并带来生产与流通的无政府状态和导致经济危机。那么，怎样才能防止或避免上述令人厌恶的现象呢？从价格形成机制来说，有几点是不可或缺的。

第一，对极少数关系国计民生的重要商品和收费仍然保留由国家统一定价。这是稳定社会经济和保证宏观经济协调发展的重要条件。极少部分基础产品价格和最重要的服务收费由国家管起来，例如对于那些国家垄断性强、产品（服务）形式单一、生产与消费可塑性低、具有一定公用性质的部门的产品和劳务，如石油、电力、铁路、通信、公共汽车、地铁等，由国家统一定价和收费标准，可以有力地防止价格的暴涨暴跌，防止投机倒把等活动扰乱市场，对于经济的稳定发展和人民生活的安定，显然是有利的。这样做，自然也有助于避免生产和流通的无政府状态，克服市场力量的盲目性和自发性，防止由价格的暴涨暴跌或投机、垄断等因素形成的价格信号失真必然带来的经济比例失调——经济危机的一种表现。当然，国家在制定这些产品和劳务的价格时，要尽可能既首先符合它们的社会劳动消耗，又反映供求关系，并根据情况的变化及时做合理的调整,使价格的制定有较充分的客观经济根据。[1]至于这个极少数商品(和服务)少到什么程度,则要根据具体情况而定。一般来说,宏观经济比例比较协调,经济增长较平稳,通货膨胀的压力较小,国家通过经济杠杆等调节控制宏观经济的能力和艺术比较高,由国家统一规定商品价格和服务收费的种类可以更少些。相反,宏观经济比例不那么协调,经济增长起伏大,通货膨胀压力大,国家运用经济杠杆等调节和控制宏观经济的能力和艺术比较差,由国家统一规定商品价格和服务收费的种类则不能保留太少。

有人担心,对极少数商品和服务收费保留国家统一定价,会麻痹市场机制的作用,同发展社会主义商品经济的要求背道而驰。这种担心不是完全没有理由的。国家统一定价的价格形成机制,往往使产品不能灵活反映其社会劳动消耗和供求关系的变化,使价格信号失真,影响经济效益的提高。这些,的确会带来一定的损失。但是,这样做却有助于保持物价总水平的稳定,有助于经济的稳定和协调的发展,从而有助于保证宏观经济效益,得失相比,所得可能比所失还要大些。正因为这样,现在世界上即使实行市场经济的资本主义国家,也都没有完全放弃对价格的控制,他们也希望通过控制一部分产品价格和收费标准来减轻生产和流通的无政府状态,避免经济的过大震荡。

第二,对一部分重要商品和收费实行有幅度的浮动价格。有幅度的浮动价格有几种形式。一般是由国家规定中准价,允许企业向上浮动或向下浮动,向上浮和向下浮有幅度限制和无幅度限制之分(但不能是上下都无幅度限制,否则就同自由价格没有区别了),向上浮不受

---

[1] "即使在中央需要直接决定短缺的生产资料的分配的时候,也不应该否定价格的重要性。相反,应该力图通过运用尽可能准确地反映真实稀缺比例的价格结构来加强直接决策的基础。这样就能为各级创造进行准确的核算的前提,并鼓励企业减轻紧张的程度。"〔波兰〕弗·布鲁斯:《社会主义经济的运行问题》,周亮勋等译,中国社会科学出版社1984年版,第178—179页)

限制实际是最低保护价,向下浮不受限制实际是最高限价,比较多的是让企业按照中准价在规定幅度(如 20% 或 30%)范围内上下浮动。企业劳动生产率较高,成本较低,可以向下浮动价格,使产品更具有竞争力,占领市场,扩大销路,发展自己。相反,企业产品成本增加,如果销路有保证,或者产品在市场上很抢手,则可以向上浮动价格,以保证盈利。浮动价格在规定实行的品种、确定中准价和限制浮动的幅度等方面,国家仍拥有决定的权力,并使它仍然成为计划价格的一种形式。另一方面,企业又可以在遵守上述规定前提下,拥有调价权和定价权,从而具有一定的灵活性。由于浮动价格是计划价格的一种形式,它可以作为国家统一定价的补充手段,作为稳定经济、保证国民经济协调发展、控制物价总水平和安定人民生活的重要手段,从而可以成为减轻或避免实行市场价格为主可能带来的自发性等弊端。

第三,国营商业和物资部门通过在市场上吞吐物资,配合其他行政措施,平抑物价,对市场进行适当的调节。这样做,也是为了防止物价的暴涨暴跌,克服或防止投机、垄断等因素对物价变动的支配或影响,消除群众由于对市场变化的错误估计和反应而产生的对商品供求和价格的影响等。[1] 目的同样在于稳定经济和市场,保持宏观经济比例协调,避免投机等因素带来价格信号的失真对社会生产和流通的错误引导,减少浪费和损失。当然,在一定的期内,采取这一措施,往往会使经营单位发生亏损,需要国家财政的支持和补贴。这个代价是值得支付的,主要是能够保证宏观经济效益。同时,随着国营商业和物资部门不

---

[1] 弗·布鲁斯说:"在分权模式中,有了生产资料的市场,就有可能形成生产性货物的均衡价格,或者更确切地说,在计划周密设置的市场机制运行的框架内为建立特殊的均衡价格创造了条件。这并不是意味着形成生产性货物价格的职能必须完全留给市场,即使在我们这里所说的中央决策规定的框架内的详细比价也是如此。中央权力机构可以采取积极的措施来干预市场机制运行的结果,它可以改变价格结构等等。"〔波兰〕弗·布鲁斯:《社会主义经济的运行问题》,第 186 页)

断改善经营管理,并非注定要因此而发生亏损,而是可以逐步减少亏损和扭亏为盈的。

在做到上述三点的前提下,实行以市场价格为主,就既有利于促进商品经济的发展,又能防止或减轻市场的自发性和盲目性。只要宏观经济比例协调,货币供应量得到控制(以上三点也正是有利于实现这些要求),就能够较好地发挥价格对社会主义生产和流通的积极作用。这正是我们进行价格改革企求达到的目标。

第三节　近期价格改革的过渡模式

上节说的,是价格改革的目标模式,严格说来,是远景目标,并非近期就能实现的。在近期,由于以下因素的制约,难以很快实现上述目标。

首先,原来不合理的价格体系主要表现在基础产品价格偏低和加工产品价格偏高,因此,要对比价关系进行结构性调整,首先需要适当提高基础产品的价格。这样做往往使许多产品成本提高、价格上升,而原来价格偏高的加工产品的价格也难以降下来,结果必然导致整个物价水平的上升。一般估计,对原来不合理的价格体系进行结构性调整,将使我国物价总水平上升30%—50%。① 这个幅度不能说小。既然进行结构性价格调整会带来价格总水平相当幅度的提高,而且提价的主要是基础产品,那么,如果一下子让大部分产品实行自由价格或市场价格,就有可能引起物价总水平的突然大幅度上升,影响经济的稳定和人民生活的安定,对国民经济的发展是不利的。

---

① 有人测算过,在进行结构性价格调整,不发生轮番涨价的情况下,能源、原材料产品价格总水平,与1983年相比,要达到合理水平,需要上升55%—60%(参见《全国第三次物价研究所所长会议关于进一步改革生产资料价格的建议》,《成本与价格资料》1986年第5期)。

第二,近几年投入流通过程中的货币量偏多,而且近期这种状况也难以根本改变,通货膨胀的压力较大。1979年以来,由于大幅度提高农副产品收购价格,财政头两年发生巨额赤字,发行货币量较多,1984、1985年也因为追求超高速度而发行货币量较多。具体情况是,市场上流通的货币,1980年比上年增加78.49亿元,增加29.3%;1981年比上年增加50.14亿元,增加14.5%;1982年比上年增加42.78亿元,增加10.8%;1983年比上年增加90.66亿元,增加20.6%;1984年比上年增加262.33亿元,增加49.5%;1985年比上年增加195.72亿元,增加24.7%。总的来说,这几年流通中的货币的增长率,大大超过国民经济增长率,即使把这几年由于实行经济体制改革,大力发展商品生产和商品交换,使整个社会经济货币化过程的加速这个因素加进去,货币的增长率仍然太快,市场上流通的货币仍然偏多。同时,货币供应量增加过快、货币流通量过多的情况,在近期内看来还难以避免。这主要是在传统体制没有根本改革和尚未过渡到新的体制前,原来体制下必然出现的投资饥饿和消费饥饿症就难以一下子消除,用银行创造货币(即增发通货)来支持雄心勃勃的建设计划就很难避免,也就是说,流通中的货币偏多的状态难以完全避免。在这种情况下,通货膨胀的压力总是存在。如果过早地实行以市场价格为主的体制,物价总水平容易失去控制,物价的高上涨率很难制止,我们对原来不合理的价格体系进行结构性调整,就可能变为物价的轮番上涨,并可能超过社会和人民群众的承担能力而导致价格改革难以进行下去。

第三,宏观经济比例协调,国民经济走上良性循环轨道,还要有一个过程才能完满实现。经过前几年贯彻执行调整等八字方针,农业生产取得了突破性进展,轻工业也有了迅速的发展,重工业的服务方向也有所转变,农业和工业、轻工业和重工业的比例和结构比过去有了合理的调整,对保证国民经济的协调发展起了良好的促进作用。但是,随着现代化建设的发展,国民经济对建筑业、运输业、通信业以及各种服务性产业(包括商业、金融业、保险业、技术服务业、咨询业等)提出了越来越大的要求,这些部门已经成为我国经济发展及其结构改造的焦点。从这个角度看,我国第一、第二产业和第三产业的发展比例是不够协调的,第三产业的发展远远落后于很多低收入国家,而且结构很不合理,为生产服务、为组织和协调各个产业之间关系以调节国民经济运行的第三产业严重落后。① 从基础设施和直接生产部门之间的关系、原材料工业和加工工业之间的关系来看,这几年,基础设施和原材料工业更趋紧张。这也是国民经济比例关系不够协调的一个表现。

国民经济最重要的一个比例关系是社会的总需求和社会的总供给的关系。由于传统的经济体制还要存在一个时期,传统体制必然带来的短缺现象,即社会总需求大于总供给以及它们之间的结构不够协调的问题,就难以完全解决。这几年我国发展国民经济中出现的许多不协调现象,都与此有关。

由上可见,在近期内,我国要很好实现宏观经济比例协调,使国民经济进入良性循环,还有一定的困难。只有通过改革,实现经济体制转轨,发展商品经济应具有的宽松经济环境和买方市场等条件,才能逐步形成。在这之前,由于社会总需求和总供给常常失衡,结构也不够协调,即短缺现象经常存在,如果很快让大部分产品实行自由价格,自然难以控制物价总水平,投机倒卖、囤积居奇、哄抬物价等活动就会猖獗,这对发展国民经济、推进经济体制改革包括价格改革都是不利的。

那么,近期("七五"期间甚至更长一点时间)价格体制改革、价格

---

① 从第一、第二、第三次产业增长速度对比关系看,1961—1982年,低收入国家为1:2.3:1.9,中收入国家为1:2:1.7,发达国家为1:2.4:2.3。"六五"时期我国为1:0.68:1.05(11%:7.5%:10.5%)。相对来看,我国第三产业的发展不是快了,而是慢了;从投资结构和就业结构来看,第三产业不是多了,而是少了(参见中国社会科学院"六五"经验研究组:《对"六五"时期建设和改革问题的回顾与思考》,《中国社会科学》1986年第2期)。

形式组合的选择的过渡模式应当怎样确定,才比较合理和切实可行呢?

我认为,近期价格体制改革,要逐步缩小国家统一定价的范围和比重,增加浮动价格和市场价格的范围和比重,其中要较多运用浮动价格包括国家指导价格的形式,以便既有利于保证宏观经济比例大体协调,有利于控制物价总水平,又使价格形成具有一定的灵活性,向大体反映社会劳动消耗和供求关系变化的方向靠拢。

在我国,国家批准第一批向下浮动价格,是从1979年8月1日起对电子元件实行在最高限价内可以向下浮动若干幅度。以后,机械工业、冶金工业等一些产品,也实行浮动价格。几年来的实践表明,目前供求大体平衡或供过于求的属于生产资料的工业品,实行浮动价格,不但没有坏处,而且能够促进企业改善经营管理,提高产品质量,降低成本,调整产品方向以适合市场的需要。

实行浮动价格,意味着国家仍然对价格形成保留某些行政干预。这种干预,主要是为了宏观经济的利益,控制价格的变动幅度,使物价的波动在国家可控制的范围内进行,目的在于使国民经济稳定地协调发展。因此,不仅生产资料,而且一部分消费品;不仅供求平衡的产品,而且一部分供不应求的产品,都可实行浮动价格或国家指导价格。对消费品实行指导价格,物价部门要很好地调查研究,掌握充分的信息,既不能让卖方随意哄抬物价,又不能把价格压得过低,影响生产者和卖方的积极性。

在更多地运用浮动价格的同时,一部分产品(主要是供不应求而又关系国民经济全局的产品)仍然实行国家统一定价,一部分产品实行自由价格或市场价格。至于彼此各占多少比重,要依经济发展的形势和体制改革的进程而定。经济发展越顺利,体制改革越向前推进,新的体制在整个经济运行中越占主导地位或优势,国家统一定价的比重可以进一步缩小,市场价格的比重可以进一步扩大,逐渐向远景目标模式过渡。

第七章　我国价格体系的改革

理顺价格参数、建立合理的价格体系,是使市场机制发挥作用的重要条件,也是整个经济体制改革的重要目标。因此,明确了价格改革的重要性和意义,确定了价格改革的目标模式和过渡模式后,需要对这几年我国价格体系改革的进程做出评价,分析当前价格体系存在的主要问题,探索下一步改革的方向、步骤和方法。这正是本章的主要任务。

第一节　这几年价格体系改革的进程及其评价

我国对价格体系进行改革,是从1979年开始的,到现在已有七年多的时间。在这期间,主要进行了如下几次比较大的调整和改革。

第一,从1979年起大幅度提高农产品收购价格。

"文化大革命"前我国每年大约要拿出10亿元来提高农产品收购价格,以缩小工农业产品价格的剪刀差和抵偿工业劳动生产率提高速度快于农业产生的新的工农业产品的比值差,而在"文化大革命"十年中,农产品收购价格基本上没有变动,导致工农业产品价格剪刀差有所扩大。正如前面指出的,1977年农产品价格低于价值的幅度,达到41.1%,高于1957年的38.8%。这种情况,严重损害了农民的利益,挫伤了农民的生产积极性,妨碍了农业生产的发展。

针对这种情况,党和政府决定从1979年起,大幅度提高农产品收购价格。当年提价的有十八种主要农产品,包括粮食、油脂油料、棉花、生猪、菜牛、菜羊、鲜蛋、水产品、甜菜、甘蔗、大麻、苎麻、蓖麻油、桑蚕茧、南方木材、毛竹、黄牛皮、水牛皮,平均提价 24.8%。经过几年的调整,农产品收购价格偏低的情况,已经有了显著的改善。1985 年同 1978 年比较,包括牌价、议价和超购加价等在内的农副产品收购价格上升了 66.95%,而同一期间(1984 年比 1978 年)农村工业品零售价格只上升 5.98%。这样,用同等数量的农产品可多换二分之一以上的工业品。这样,在城乡之间,改变了过去二十多年的职工与农民家庭人均收入差距扩大的趋势,使差距有所缩小(工农收入差距从 1978 年的 1∶2.36 缩小至 1985 年的 1∶1.89,工农消费水平从 1978 年的 1∶2.9 缩小至 1985 年的 1∶2.3),有利于正确处理工农关系和城乡关系。

第二,从 1979 年起提高八类副食品及其有关制品价格。

我国政府决定,在大幅度提高粮、棉、油、猪、蛋、水产品等主要农产品收购价格之后,从 1979 年 11 月 1 日起,适当提高猪肉、牛肉、羊肉、禽、蛋、蔬菜、水产品、牛奶等八种主要副食品的销售价格,提高幅度 30%左右,同时对职工实行副食品价格补贴(一般每人每月 5 元),并于当年给 40%的职工工资升级。

当时为什么不像粮、油那样,采取对经营八种副食品的商业部门进行财政补贴,而不提高这些商品的销售价格呢?因为粮、油是实行严格定量供应的,肉、禽、蛋等商品大多数没有实行严格的定量供应,并且各地的供应标准也不一样,如果不提高销价,而实行财政补贴,实际上是哪里供应得多,哪里国家的补贴就多,谁吃得多,谁享受国家补贴就多,而且由于购价高、销价低,会使这些商品出现倒流,助长投机倒把活动,不利于保障市场供应和物价稳定。同时,这也不利于副食品在全国各地区之间的合理调拨。

第三,对煤炭和一些重工业品价格进行调整。

出于煤炭开采条件的变化和各种材料价格上涨等原因,从 1974 年起,我国原煤生产发生全行业亏损。为了改变煤炭价格长期不合理的状况,国家从1979年5月1日起提高了出厂价格,每吨原煤提价5元。提价后,煤炭工业利润率仍只有1%。为了鼓励增产,从1983年开始,在辽宁、山东等六个省、区的生产统配煤的矿务局试行超产加价。凡当年的实际产量超过1980年末矿井核定生产能力的部分为超产煤,超产煤加价50%。

由于煤炭提价,1980年调整了生铁价格,原来每吨150元,调价后炼钢生铁每吨为200元,铸造生铁每吨为220元。

1979年,小型圆钢价格每吨由436元提高到526元,焊接管由850元提高到930元,镀锌薄板由960元提高到1,160元。1980年,线材由470元提高到550元。这四种钢材过去价低利小,供应紧张,提价后,产量大增,供应状况有所缓和。

经过1979年以来的调整,原煤出厂价提高30.5%,生铁出厂价提高33%,钢材出厂价提高20%等。

在农业生产资料价格方面,降低部分地区农用塑料薄膜的出厂价格,每吨由3,610元降到3,500元;边远地区农用柴油最高限价,每吨由540元降到500元。

电子工业产品的价格则呈降低趋势,1979、1980、1981、1982年分别比上年降价5.8%、1.9%、1%和5.4%。

机械产品1983年以前也呈降价趋势。在机械产品降价总额中,农机产品降价部分占70%左右。

第四,1981年对烟酒和涤棉布价格进行调整。

我国从二十世纪六十年代起,大力开发涤棉纺织品。开始涤棉布价格较高,平均约为纯棉布的3.3倍。随着国内涤纶原料和涤棉布生产的发展,涤棉布生产成本逐渐下降,但价格基本未动。到1981年11月涤棉布降价前,纯棉布和涤棉布比价为1∶3。由于涤棉布价高利大,各地区和企业盲目生产,即使国家下达指令性指标限产也控制不住,结果市场上供大于求,库存大量增加。针对这种情况,政府决定从1981年11月起,降低涤棉布价格,全国平均每米降低0.66元,降价17%。调价后,纯棉布和涤棉布的比价缩小为1∶2.4。与此同时,国家提高了烟酒的零售价格,其中名牌、高级烟酒提价较多,而一般的烟酒则提价很少,有的没有提价。这次调价,对于平衡烟酒供求关系起了一定的作用,但纯棉布价格未动,涤棉布等化纤织品降价幅度小,因而对扭转涤棉布生产的盲目发展和商业库存积压(尽管1982年2月还规定限产)作用不大。

同期内,国家还降低了电视机、手表的价格,提高了竹木制品、铁制品、陶瓷制品等的价格。

第五,对纺织品价格进行全面调整。

1983年初,政府全面调整了纯棉纺织品和化纤纺织品的价格。具体做法是:涤棉布平均每米降价1.2元,降低31%,化纤原料由每吨10,000元降到7,000元,降低30%;纯棉布平均每米提价0.3元,提高19%,工业用棉的供应价由每担135元提高到175元,提高近30%。调价后,每百米棉布利润由原来19元提高到22元,而每百米涤棉布利润则由90元下降为27元,两者利润水平基本接近。与此同时,纯棉布和涤棉布的比价也相应地由1∶2.4缩小到1∶1.4。由于在统一调价后,允许各地根据市场情况有2%—3%的价格浮动权,实际执行的结果,两者的比价是:平布1∶1.3,咔叽布1∶1.25。调价后的第一季度,涤棉布和中长纤维织物畅销,比上年同期增加了1.9亿米,增长44.8%;纯棉布销售减少1.9亿米,下降了9.8%。

第六,调整铁路货运价和水运客货运价。

1983年10月,国家调整了铁路、水运运价,包括提高煤炭、焦炭、矿石、矿建材料、钢铁、水泥、木材、石油、化肥、农药、生铁等十一类整车货物运价,适当调整农业机具及军品运价;改革集装箱货物计价办法,由原来分货类计费,改为不分货类按箱计费,提高零担适箱货物运价;提高铁路短途运价;等等。以上铁路货物运价调整,按1981年运量测算,提价幅度为21.58%。水运方面,国家改革水运轻泡杂货运价及港口装卸费计费办法,将现行按重量计费,全部改为按体积、重量择大计费,并适当提高费率;改革长江运价结构,适当提高长江运价;适当提高水运客票价格,合理调整舱位等级差价;等等。

第七,1985年提高铁路短途客货运价,适当调整煤炭的地区差价和质量差价。

提高铁路短途运价,目的是促进铁路与公路、水路运输的合理分工,发挥公路、水路的运输潜力,缓解运输特别是铁路运输的紧张状况。

1985年3月,国家决定扩大统配煤地区差价、调整品种比价。差价幅度分别为:辽宁、吉林、黑龙江、内蒙古东部、大屯、徐州、四川、重庆地区加价20%,安徽、江西地区由原加价10%增加到20%;山东加价15%,河南由原加价5%增加到15%;河北、北京、贵州加价10%。同时,煤种和各品种比价也做了调整,一般都是提高了比价率,如焦煤、肥煤比价率由原来的110%调整为120%,洗精煤由原来的156%调整为165%等。

此外,国家还调整了各种差价,特别是规定和拉开了产品的质量差价。这方面材料,我们主要放在下一章结合价格管理体制改革进行论述。

从实践结果看,这几年几次价格调整,都是必要的、有成效的,在一定程度上缓解了原来不合理价格体系的矛盾,对国民经济的发展起了好的作用。具体表现在:

第一,有力地推动了农业生产的发展。过去我国农业生产发展缓慢,农业成为国民经济的短腿,在相当大的程度上是由于农产品价格偏低,挫伤了农民的生产积极性。1979年以来,我国农业生产迅速发展。1979年和1980年平均农业总产值增长5.6%。1981—1985年,农业总产值平均每年增长8.1%(不包括村办工业)。农业的这种增长速度比世界许多国家都高,是中华人民共和国成立以来发展最快的时期。农业的这样迅速发展,最主要的,一是靠实行家庭联产承包责任制,一是靠提高农产品的收购价格。前几年,我国还要花相当的外汇,进口粮食、棉花等农产品,这两年,我国粮食已能自给,棉花自给有余,说明党和政府大幅度提高农副产品收购价格的决策是正确的。

第二,对合理调整工业生产结构起了积极作用。比如,过去中厚板钢材价格同小型材、线材比价不合理,前者偏高,后者偏低,结果小型材和线材长期是短线,调整比价后,促进了小型材和线材的增产,缓和了供需矛盾。煤炭的提价也在某种程度上缓解了价格体系不合理的矛盾。纺织品的全面调价效果更显著。过去由于棉纺织品价低利小,企业不愿多生产,不少品种市场上常常脱销;相反,化纤织品则价高利大,生产盲目发展。1979年以前,全国化纤布生产年平均增长2.1亿米,1979年以后则年平均增长9亿米,突破计划指标。到1982年6月底,全国涤纶混纺布库存达19亿米,而销售量年均只能增加2亿米,仅库存量可供销售一年三个月。纺织品全面调价后,棉纺织品和化纤织品比价趋向合理,每百米利润从相差三倍降到只相差30%,促使它们之间的生产和消费都逐步趋向合理。

第三,促进了人民生活水平的提高。这几年调整比价和差价关系的事实表明,价格改革同改善人民生活并不矛盾。价格改革搞活了生产和流通,促进了国民经济的发展,为改善人民生活创造了有利的条件。同时,改革措施注意统筹兼顾,充分考虑各阶层群众的承担能力,想方设法保证不降低人民的生活水平。因此,我国的价格改革,确实是在广大人民实际收入逐步增加的前提下进行的;在价格改革过程中,不但保证了绝大多数的城乡人民生活不下降,而且还使他们的生活有不同程度的改善。

从1978年到1984年的六年中,市场零售物价总指数上升17.7%,其中职工生活费指数上升20.0%。而城乡人民每人平均消费水平则由1978年的175元,上升到1984年的327元,提高86.9%,扣除物价上涨因素为57.7%。城市职工平均货币工资1978年为614元,1984年增加到974元,增长58.6%,扣除物价上涨因素为32.3%。如考虑到近几年城镇就业人数增加,职工赡养人口减少,按人口平均计算的生活费收入增加更多。1978年城镇职工家庭平均每人每年生活费收入316元,1984年608元,增长92.4%,扣除物价上升因素为60.4%。

据对农村居民家庭抽样调查,1985年农民平均每人纯收入为397元,比上年增加42元,增长11.8%;扣除物价上涨因素,实际收入增长8.4%。另据城镇居民家庭抽样调查,1985年城镇居民平均每人可用于生活费的收入为690元。其中,城市居民平均每人收入为752元,比上年增长23.8%;扣除职工生活费用价格上升因素,实际收入增长10.6%。

随着城乡人民实际收入的增加,广大人民的实物消费水平明显提高。全国平均每年每人的粮食消费量,1978年391斤,1984年503斤,增长28.6%;食用植物油消费量,1978年3.2斤,1984年9.4斤,增长193.8%;猪肉消费量,1978年15.3斤,1984年26斤,增长69.9%;布的消费量,1978年24.1尺,1984年32.5尺,增长34.9%。每人每年平均购买日用消费品,1978年28.8元,1984年67元,增长132.6%。每百人拥有自行车1978年为7.7辆,1984年增加到18.8辆;拥有电视机从0.3台增加到4.6台;拥有收音机从7.8部增加到21.6部。许多家庭拥有电视机,其他如电冰箱、电风扇、洗衣机等耐用消费品也正在城市普及。

这几年,城乡居民储蓄存款大幅度增加。1985年居民储蓄存款余额达 1623 亿元，比 1978 年的 210.6 亿元增长 6.7 倍，平均每年增加 200 亿元以上。

第二节　当前价格体系不合理的主要表现

这几年，我国物价经过几次全国范围的调整和改革，对原来不合理的价格体系起了一定的缓解作用。但是，原来价格体系不合理问题比较严重，这几次物价调整的产品面比较窄，而且有的产品虽然调了价但仍不合理，因此，价格体系不合理的问题远未解决，已经越来越成为发展国民经济和进行体制改革的重要障碍。

当前价格体系不合理，主要表现在：

第一，粮食等主要农产品购销价格倒挂，加重了国家的财政负担，不利于生产和流通的正常进行。

1979 年以来，国家大幅度提高了粮棉等农产品的收购价格，但销价未相应提高，造成购销价格倒挂，即销价低于购价。只是从 1985 年起，对农村的粮食销售，才开始由购销价格倒挂，改为购销同价。从 1981 年至 1984 年间，国家用于价格补贴的总金额为 1,361.43 亿元，相当于同期国家财政收入总额的 28.5%，而其中用于改善和稳定人民生活的农副产品价格补贴，就占价格补贴总额的 70%。现在国家平均每经营一斤粮食补贴一角二分钱，每经营一斤食油补贴八角五分钱。这种补贴，使国家财政背上沉重的包袱。一般认为，为了保证和稳定人民生活，对少数农副产品（如粮食、蔬菜、肉类等）进行价格补贴在一定时期内还是必要的，但品种不能太多，补贴金额要减少。大量价格补贴还不利于生产和流通的正常进行。受补贴商品价格低廉，刺激消费，妨碍人们采用代用品，常常造成浪费。价格倒挂还助长了"买难"和"卖难"，阻塞了商品流通。由于价格倒挂，商业部门不但经营无利，而且要承担亏损,影响了积极性,积压滞销的商品越来越多。

第二,工农业产品价格仍然存在剪刀差,农产品内部比价仍不合理。

经过1979年以来大幅度提高农产品收购价格,工农业产品价格剪刀差已大大缩小,农产品价格总水平近期已趋向基本合理。但仍然存在剪刀差,特别是由于存在通货膨胀,需要根据工农业劳动生产率的发展变化情况和国家的财力、物力可能,继续进行调整。这个剪刀差多大,各人测算结果不同,有的经济学家认为工业品价格高于其价值的幅度和农产品价格低于其价格的幅度都不到10%,有的经济学家则认为都超过10%。

另一方面,农产品内部比价也不够合理。如粮价偏低,棉价偏高,棉田扩大过快。还有烟、麻等收购价格偏高。土特产和中药材的价格,有的偏高,有的偏低。如此等等。

当前,粮食价格偏低问题比较突出,已影响到农民种粮的积极性。粮价偏低表现在如下一些典型材料上:

同农用生产资料价格相比:据河南省尉氏县反映,尿素1982年每吨450元,折小麦2,000斤;1985年每吨510元,折小麦2,207斤。柴油1982年每吨435元,折小麦1,933斤;1985年每吨599元,折小麦2,622斤;手扶拖拉机1982年每台1,900元,折小麦8,444斤;1985年每台2,842元,折小麦12,636斤。

同经营工副业比,种植业收入最低。湖北省洪湖县曹氏区对48户(从事种植业、养殖业、加工业和第三产业各12户)抽样调查表明:从事种植业的户年纯收入2,626.24元,人均369.89元;从事养殖业的户年纯收入6,466元,人均1,293.2元;从事加工业的户年纯收入19.880元,人均3,681元;从事第三产业的户年纯收入3,627.25元,人均863.75元。可见从事种植业的收入最低,人均纯收入比养殖业低71.4%,比加工业低90.0%,比第三产业低57.2%。

同经营其他经济作物比,经营粮食收入最低。河北省1984年各类产品收入比较,亩收益最高的是鲜果类为406.63元;其次是经济作物(棉花、大麻、红麻、烤烟)为174.33元;蔬菜为165.91元;收益最低的为粮食,只有24.03元。唐山市1985年调查情况表明,一亩地种不同作物,粮食收益最低;种玉米纯收入95元,种红麻纯收入225元,种菜纯收入1,250元。[①]

此外,粮食牌价和市价的差距渐渐扩大,也说明目前粮食收购价格偏低。

我国粮食生产水平还很低,每人平均不到800斤,刚够吃饱,离吃好还差很远。粮食生产一刻也不能放松。手中有粮,心中不慌,这句话还有很现实的意义。为了鼓励粮食生产的发展,靠"以工补农"和"以副养农",不是长久之计。从根本上说,还是要理顺比价关系,使农民种粮食不但能补偿其生产费用,还能和生产经营其他产业一样,得到大体相同的利润水平。

第三,能源、原材料价格一般偏低,加工工业产品价格一般偏高,不利于产业结构的调整。

这方面价格不合理的主要标志是盈利率高低悬殊,以全国重工业企业1983年实际数为例(下同),先看资金利税率。

全国平均18.2%,其中采掘工业为12.09%,原料加工业为25.85%,制造工业为14.37%,采掘与原料加工相差1.14倍。再从各部门看,高于平均水平的有,冶金19.18%,电力21.18%,石油54.38%,化工29.58%;低于平均水平的有,煤炭2.79%,机械电子14.64%,建材7.76%,林业16.56%;最突出的是石油比煤炭高18.5倍,化工比煤炭高9.6倍。再

[①] 以上资料见赵林如等:《"七五"期间应继续提高粮食收购价格》,《成本与价格资料》1986年第4期。

看工资利税率。全国平均为279%，高于平均水平的是冶金428%，电力1,339%，石油1,715%，化工475%；低于平均水平的是煤炭29%，机械电子214%，建材140%，林业142%，最突出的是石油比煤炭高58.1倍，电力比煤炭高45.2倍。

各工业内部盈利分配的差距也很大，如资金盈利率，冶金中采矿偏低(8.15%)，材料加工偏高(20.96%)；石油中天然气偏低(3.02%)，石化加工偏高(94.53%)；化工中也是采矿偏低(10.33%)，有机化学(44.33%)，橡胶加工(63.37%)和药品(48.85%)偏高；机械中农机偏低(7.08%)，生活用机械偏高(50.66%)；建材采矿偏低(11.32%)，玻璃偏高(40.47%)；林业中采运偏低(14.3%)，木材加工偏高(23.21%)。扣除税金以后，全国重工业平均资金利润率为12.87%，其中采掘工业7.69%，原料加工业17.92%，制造工业10.87%，还是原料加工业高于采掘业，相差1.3倍；各部门中高于平均水平的是冶金13.85%，电力14.51%，石油38.76%，化工19.72%，突出低的是煤炭0.78%，其他低于平均水平的是机械10.29%，建材12.33%，林业10.56%。

由于价格畸高畸低，企业、行业之间苦乐不均，赚钱的不一定吃力，吃力的不一定赚钱。许多市场急需的产品，因价低利小难以发展，而价高利大产品却盲目发展，造成积压。价格不合理也是造成重复建设、投资膨胀的重要根源之一。这样，就不利于产业结构向合理化的方向发展。

第四，交通运输、公用事业和许多服务行业的价格几十年来很少调整，收费低，利润少，有的只能靠补贴维持。这些行业随着工资和费用的上升（包括退休职工的增加），负担越来越重，不少从微利变为入不敷出，职工福利差，难以发展。以北京市为例，公共交通平均每张月票补贴2.56元。这些服务事业不发展，既不利于扩大就业门路，也给人民生活造成了很大的不便。

第五，房租过低，使得城镇住宅盖得越多，国家负担越重。近几年，国家(包括企业和集体)用于建设住宅的投资每年都在一百几十亿元(1982年达到170亿元)，而全国273个城市每年收回的房租只有5亿元左右，仅为管理和维修旧房所需费用的四分之一。这样，住宅作为一种商品，不仅无法扩大再生产，连简单再生产也难以维持。这种情况严重地影响了住宅问题的解决。据有关部门估算，目前，每年仅用于房租的补贴金额即达60多亿元。

此外，对于那些对发展国民经济极端重要而又稀缺的资源如森林、土地、淡水等，国家至今仍未收费，导致滥用浪费，破坏了资源。

价格体系仍很不合理，给国民经济的发展带来许多不利的影响。

首先，妨碍经济效益的提高。

价格体系不合理，主要表现为比价不合理，价格同价值或其转化形态生产价格严重脱节，使价格不能成为经济核算的工具和评价经济活动效果的标准，不能鼓励企业努力节约物化劳动和活劳动，降低成本，提高产品数量和质量。我国能源紧张，但因能源价低，企业节能往往不合算。据计算，通过技术改造，每节约1吨标准煤，需投资250元左右，要八至十年才能回收，这显然不能鼓励企业搞节能的技术改造。这种情况，助长了不少企业躺在国家身上吃大锅饭的风气，影响经济工作真正转移到以提高经济效益为中心的轨道上来。

又如，我国的原材料和能源的价格，不少只相当于国际市场价格的几分之一，如每吨原油以100元左右价格卖给企业，如出口换汇，即使在油价下降一半的情况下，也能卖300元左右。但是，我国许多加工企业，用这样廉价的原材料和能源生产出来的产品，成本却比国际市场上同类产品高得多。这充分反映了我国加工企业的技术、管理等水平还相当落后。如果我们不调整比价关系，提高原材料、原料的价格，就不能给这些企业以应有的压力，就会促使这些企业安于现状，不努力改进技术、改善经营管理、降低消耗、提高经济效益,从而带来社会劳动的严重浪费。

其次,价格体系不合理,也不利于经济体制改革的进一步展开。

这几年,随着体制改革的进行,企业的自主权逐步扩大,企业的自有资金不断增加,企业的生产经营愈来愈以利润为动机。在这种情况下,价格这个信号系统对引导企业的生产经营决策,起着愈来愈重要的作用。价格体系不合理,信号不准确,对生产和消费往往起错误的导向作用,社会需要发展的行业和产品得不到发展,社会不需要多发展的行业和产品反而盲目发展,造成比例失调。比较明显的表现是,由于能源、原材料价格偏低,尽管这几年国家投资于能源、交通运输和原材料等部门的比重逐年呈递增趋势,而投资于机械、化工、食品、纺织等加工工业所占的比重相对缩小,但是由于预算外资金越来越多,比重越来越大,而预算外资金更多的是投向盈利高的加工工业部门,结果在"六五"期间,基本建设投资中能源交通建设投资比重,比原计划降低了3%左右,比"五五"时期还下降1%左右,而原材料工业部门的投资比重则比"五五"时期下降4%—5%。

第三,价格体系不合理不利于在对外贸易中讲求经济效益。

我们的一切经济工作,都要以讲求经济效益为中心。对外贸易也不例外。但是,价格体系不合理,却严重妨碍我们在外贸工作中讲求经济效益。前几年,我们出口了不少高载能产品如铁合金、生铁、颗粒性活炭等,从出口企业或行业看,似乎有利,因为它们的能源成本很低,但是实际上,还不如直接出口能源合算。这就是价格体系不合理造成的恶果。我国工业技术基础落后,能源、原材料价格稍微低一点是可以的,但不能偏低过多。偏低过多,不利于加工工业努力改进技术和经营管理,而变为保护落后了。

不合理的价格,使指导性计划起不了指导作用,甚至使一些指令性计划也难以执行。由于不少实行指令性计划的产品价低利小，只好更多地依靠行政命令和实物指标，这对提高计划工作的权威和效率也是不利的。

总之，改革价格体系，已经越来越成为促进"四化"建设和改革整个经济体制的关键。

第三节　价格体系改革的原则、方向和突破口

价格体系改革是一项艰巨复杂的系统工程，需要精心设计，慎重从事，稳步进行。今后价格体系的改革，看来需要遵循以下几条原则。

第一，在保证宏观经济协调，社会总供给和总需求及其结构基本平衡的条件下，实行结构性价格改革，即对价格偏低的产品适当提价，而对价格偏高的产品适当降价或基本保持原价不动，同时，尽可能保持物价总水平的基本稳定。这个问题，后面还要做专门论述，这里不拟多说。

第二，改革价格体系，要服务于提高经济效益，首先要使各部门、各大类的产品比价合理。因此，应特别强调价格同价值或其转化形态生产价格相一致，而不应强调它们之间的背离。因为只有一致，才能比较正确地评价各部门、地区、企业和劳动者经济活动的效果。价格体系合理了，比价和差价关系理顺了，就能促使各个企业、部门都只有致力于采用先进技术和改善经营管理，即只有通过主观努力，才能得到更多的盈利和经济利益，而不致因为价格结构不合理而产生苦乐不均。这样，就把大家的劲头都集中用在努力提高经济效益上来了。这正是我们进行价格改革的主要目标所在。

第三，生产资料主要是能源、原材料的国内价格，应稍低于国际价格水平。这样做，一方面可以促进国内工业的发展，另一方面可以提高本国加工产品在国际市场上的竞争能力。我国工业生产和技术都比较

落后，产品在国际市场上竞争能力差，如果原材料、能源价格相当于或高于国际价格水平，那么其加工产品的成本肯定很高，无法在国际市场上进行价格竞争，也不利于本国工业的加快发展。这是我们在确定经济发展战略时需要很好研究的问题。当然，能源、原材料国内价格也不能比国际价格水平低得太多。低得太多容易造成浪费，也不利于督促加工企业改进技术，改善经营管理，从而不利于经济的发展，建立合理的生产和消费结构。在生产资料价格略低于国际市场价格条件下，对于鼓励或限制使用进口的原材料等，可通过关税、产品税、增值税等进行调节。

第四，要保障人民的生活水平不因价格改革而降低。改革不合理的价格体系，不能使人民收入和生活水平下降，这是保证价格改革能得到人民群众衷心拥护的根本条件。价格改革如果导致人民群众降低收入和生活水平，必然会遭到群众的反对而使改革无法进行下去。但是，价格体系改革，各种比价和差价的调整和变动，必然牵涉到人们的切身利益，必然带来利益关系的调整和变动。这样，进行价格改革，不能迈大步，因为迈大步会带来利益关系的大变动和大调整，不易为人们所接受，而只能迈小步。同时，为了保证人民群众或绝大部分群众不因价格改革而降低收入和生活水平，我们还要选择改革的时机，即选择经济增长平稳、国民收入增加较多而且其中可用于提高人民收入的部分也较多的时期。这时，国家财力比较充裕，有较大的调节余地，可以保证绝大多数人不会因价格变动而降低其收入和消费水平。如果时机选择不恰当，或者将国民收入的增长额绝大部分用于投资，国家财力和调节余地不大，价格变动就会使一部分人收入下降，这部分群众就会对价格改革有抵触情绪，收入受影响的人越多，价格改革的阻力就越大，到一定程度也可能使改革难以进行下去。

第五，改革价格体系要同改革价格管理体制相配合。过去价格体系不合理,同价格体制不合理有直接关系,同价格管得过死有关。现在,有的只要改革价格体制,就有利于价格体系的合理化。如改革农产品价格管理办法,是有利于农产品内部比价合理的。采取浮动价格,也能促进工业品比价趋向合理。

那么,今后价格改革的方向是什么呢?看来,今后我国价格体系的改革,主要在三个领域内进行。第一,以提高能源、矿产品计划价格为中心的工业品出厂价格的改革。这里包括提高能源和矿产品价格,调整木材价格、水费以及城市土地使用费,调整原材料工业和加工工业产品出厂价,提高运价,调整建筑产品价格等。第二,以解决消费品价格补贴过多问题为中心的流通环节价格的改革,其中还包括提高房租,提高农业生产资料价格等。第三,以调整粮价为中心的农产品收购价格改革。在这三个领域中,第一个领域的改革是最重要的改革。

根据前几年价格改革的实践,今后价格体系的改革,在一般情况下,应从工业生产资料出厂价格的调整作为突破口,其中主要是要提高能源、原材料产品的计划价格,使能源、原材料和加工工业产品的比价逐步合理。

从解决能源、原材料同加工产品比价不合理入手改革价格体系,有如下几个好处。

首先,调整工业生产资料的出厂价,主要是在全民所有制企业之间进行收入调整,可以不直接和完全反映在市场物价的变动上。苏联1967年大规模调整了工业生产资料的出厂价,而对市场消费品价格则不做变动,说明了这一点。当然,苏联那次出厂价格的调整,总水平并没有变动,这是对市场物价不起影响作用的重要条件。我们在理顺工业生产资料出厂价格时,如果价格总水平变动不大,保持市场物价总水平的基本稳定是有可能的。

其次,即使在提高能源和部分原材料价格时,也可以由加工企业

"消化"一部分,从而减轻涨价的压力。《中共中央关于经济体制改革的决定》指出:"在提高部分矿产品和原材料价格的时候,加工企业必须大力降低消耗,使由于矿产品和原材料价格上涨而造成的成本增高基本上在企业内部抵消,少部分由国家减免税收来解决,避免因此提高工业消费品的市场销售价格。"

那么,加工企业对燃料、原材料调高价格的"消化能力"究竟有多大?初步统计材料为:

据1983年对5,800多个大中型工业企业统计,在工业产品成本1,966.9亿元中,由于燃料和部分原材料价格调高,增加开支48.8亿元,由于燃料和部分原材料价格降低,减少开支20.4亿元。同年,可比产品成本上升了0.1%,说明燃料和部分原材料价格上涨的28.4亿元中,有26.4亿元(占工业产品成本的1.3%)由于企业降低消耗而"消化"了;只有2亿元表现为成本的增加。这说明,工业企业对燃料和部分原材料价格调高的"消化能力"为1.3%。用同样办法计算各工业部门的"消化能力"是:黑色金属工业为其工业产品成本的0.8%;有色金属工业为1.4%;化学工业为2.1%;工业设备制造业为3.7%;生活用机械制造业为2.4%;水泥及水泥制品工业为0.2%;纺织工业为0.8%;造纸工业为1.6%。由上可见,加工企业通过降低消耗、改善经营管理、节约开支等可以使产品成本每年实际降低1%—1.5%。如果每年工业生产资料价格只上涨1%—1.5%,就不会影响加工工业产品的价格水平的上升,而被完全"消化"了;如果超过1%—1.5%,那也可以减轻涨价压力,例如燃料、原材料涨价5%,也可以使加工产品只涨3%左右,而不是完全同步增长。①

---

① 据测算,基础产品价格每年上升10%,加工工业中的机械产品和轻工产品的成本将增加4%—5%。

更重要的是,先理顺工业生产资料价格,提高燃料、原材料价格,能够从基础产品开始,摆准价格信号,从而有助于使产业和产业结构合理化,取得宏观经济效益,减少社会劳动的浪费。

赵紫阳总理在《关于第七个五年计划的报告》中说:"'七五'期间,价格改革的重点是有计划、有步骤地解决能源、原材料等生产资料计划价格偏低的问题,使计划价格和市场价格这两种价格的水平逐步趋于接近。"根据目前煤价严重偏低,钢材供求矛盾较大牌市价差距也较大,铁路运输与电力价格偏低难以超前发展等情况,理顺生产资料价格,可以从解决这些价格偏低问题开始,来逐步理顺生产资料的价格。

至于如何解决能源、原材料价格偏低的问题,可以有不同的思路。一种是:继续采取过去几年的办法,提高按市场价格出售的比重,计划价格则基本不动,以放为主来提高价格水平,同时缩小牌市价差距;另一种是:继续提高按市场价格出售的比重,重点放在提高计划价格上,以调为主解决价格偏低的问题,并缩小牌市价差距。两种办法都能提高价格水平和缩小牌市价差距。现在看来,由于能源、原材料计划价格偏低得比较厉害,牌市价差距也较大,如果只采取扩大市场价格比重的办法,不一定有利。因为放多了可能使价格水平上涨过多,失去控制,而放少了不解决问题,在需求过旺的情况下难以使市场价格回落,从而难于缩小牌市价差距。同时,目前市场体系并不完善,企业行为也还不健全,国家对经济的调控能力也难以尽善尽美。放多了的确容易乱。因此,对于这几种产品价格和服务收费,目前似实行以调为主的办法好些,重点把过分偏低牌价提高,缩小牌市价差距,减轻牌市价差距过大带来的许多弊端。然后在社会需求与社会供给大体一致时,逐步转而采取以放为主的办法。当然,某些属于垄断性的行业,如铁路运输,其运费标准也难以放开,而只能继续实行以调为主的办法。

纠正能源、原材料计划价格偏低,还有一个步骤问题,即一次解决还是分几次解决。一次解决效果可能好些,但风险较大;分两三次解决效果较慢,但风险较小。步子大小,要看客观经济环境,最主要的是宏观经济比例是否协调,对物价总水平的影响和各方面对物价水平上涨的承受能力。目前,压缩基建规模困难重重使得社会总需求常常超过社会总供给,仍然存在通货膨胀的压力,在这种情况下,可能分两三次解决的方案稳妥些,副作用小些,同样可以在"七五"期间解决能源、原材料价格偏低的问题。

改革不合理的价格体系,重要内容之一,是继续缩小和消灭工农业产品价格的剪刀差。这虽然是一个老大难问题,但也是任何一个社会主义国家都是不能回避和需要切实解决的问题。为了支持和保证农业生产的发展,"以工补农"之类顶多只能作为一时权宜之计,不能作为长远的战略方针。以工补农,实际上否定了工农业等价交换的原则,否定了价格体系改革的必要性,否定了消灭工农业产品价格剪刀差的任务。

那么,应当怎样来消灭工农业产品价格剪刀差,实现等价交换呢?

最根本的,是要大大发展社会生产力,特别是迅速提高农业劳动生产率。马克思早就预言,随着社会生产力的发展,农业落后于工业的历史现象可以克服,到一定阶段,农业生产率必定会比工业生产率相对地增长得快。其中一个重要因素是:大工业的真正科学的基础——力学,在十八世纪已经在一定程度上臻于完善;那些更直接地(与工业相比)成为农业的专门基础的科学——化学、地质学和生理学,只是在十九世纪,特别是十九世纪的后期,才发展起来。我们看到,一些先进的资本主义国家,例如美国等,在第二次世界大战后,农业随着物质技术装备程度的迅速提高,劳动生产率的增长速度快于工业。有人估计,战后美国农业劳动生产率平均每年提高6%左右,而制造业则不到3%。所以,只要我们大力发展生产力,用现代技术装备农业,实现农业现代化,就能大大提高农业劳动生产率,甚至使农业劳动生产率的增长速度快于工业。做到这一点，即使工农业产品比价不调整，由于农产品价值降低得比工业品快，工农业产品价格剪刀差仍然可以缩小。看来这一点对将来消灭工农业产品价格剪刀差是很重要的。

其次，要随着社会主义生产的发展，国民收入和国家财政收入的增加，通过提高农产品收购价格和降低（或稳定）工业品价格的办法，缩小工农业产品价格的剪刀差。由于社会主义社会农产品大部分是由国家收购，然后直接或间接（经过加工）向人民群众出售的，因此，提高农产品收购价格要考虑到国家的财力负担。但是，应当看到，今后相当长一段时期内，农产品收购价格的提高仍然是不可避免的。因为要使农业劳动生产率提高的速度快于工业，在一二十年内还不太现实。在这期间，靠通过农产品价值降低速度超过工业品价值降低速度来缩小工农业产品价格的剪刀差，前景不大。同时，工业品的产品成本和价格大幅度降低的可能性很小，甚至没有可能。因为工业品原材料和燃料的价格不但难以降低反而要提高，因此，靠降低工业品价格来缩小工农业产品价格剪刀差是难以做到的。此外，目前要进一步减少已经很低的农业税，以便提高农民的收入，也难以实现。所以，在我国现阶段，根据国家财力可能和国民收入的提高，逐步地适当地提高农产品的收购价格，而工业品价格则尽可能基本保持基本稳定，仍将是缩小工农业产品价格剪刀差的比较现实可行的办法。

第八章　我国价格管理体制的改革

1979年以来,我国在改革价格体系的同时,逐步对价格管理体制进行改革。这几年,价格体制改革的步子相当大,效果也很显著,创造了某些我国独特的和有益的经验。现在,人们已经普遍接受这一看法:价格体系的改革必须同价格管理体制的改革相配合,价格管理体制不改革,价格改革的目标是不能实现的。所以,本章转入对价格管理体制改革的论述。

第一节　这几年价格管理体制改革的进程及其评价

从1979年起,我国开始对价格管理体制进行比较系统的改革。改革是渐进式的,采取了许多具有重大意义的步骤和措施。以大类区分,有如下几个方面。

第一,改革单一的国家统一定价形式,实行浮动价格。过去,我国基本上实行中央集权制计划经济模式,与此相适应,在价格体制上实行单一的国家定价形式,价格管理权限几乎完全统一于各级行政机关手里,而在各级行政机关中,价格管理权力又大多集中在中央机关。1979年起,我们开始改变了单一的由国家定价的形式,首先在工业生产资料方面实行浮动价格。

国家自1979年8月1日起,对生产资料类电子产品逐步实行最高限价和最低限价内的幅度价办法,并确定先在少数产品中试行,包括硅半导体分立器件、电容器、电阻器、电位器和出口元件等。幅度价的规定是：以现行部统一定价为最高限价，以低于统一定价的幅度为最低限价，其中有的幅度规定为50％，有的为30％，有的不受限制。在上述规定范围内，企业可自行确定具体价格。

1979年11月10日起，又规定在一部分机械产品中试行浮动价格。浮动价格以部统一定价为最高限价，只可向下浮动，幅度不超过20％。

1980年9月1日起，国家决定在部分农机产品中，试行浮动价格，以全国统一的现行出厂价格为中准价，规定上浮幅度为10％—30％不等，向下浮动不限。生产企业可以根据成本和产销情况，在不超过国家规定的幅度内，自行确定上下浮动的出厂价格。实行浮动价格的产品，不再全国统一销价，经营部门在不超过规定的浮动幅度内，自行制定浮动的零售价格对外销售。

1984年5月，国务院规定：在产品价格方面，工业生产资料属于企业自销的和完成国家计划后的超产部分，一般在不高于或低于20％幅度内，企业有权自定价格，或由供需双方在规定幅度内协商定价。属于生活资料和农业生产资料，要执行国家规定价格（包括国家规定的浮动价格），但企业可用计划外自销产品与外单位进行协作。

1984年9月12日，电子工业部和国家物价局又规定：幅度价的品种范围扩大为全部生产资料类电子产品和全部生活资料类电子产品（电视机和军事电子装备产品及其专用配套件，不实行幅度价）。幅度价的幅度是，生产资料类电子产品以国家定价为最高限价，由原来规定下浮不同幅度，改为一般产品下浮最大幅度不超过30％—50％，生活资料类电子产品（电视机除外），以批准的出厂价格或零售价格为最高限价，向下浮动幅度最大不超过10％。

1984年7月12日，国家物价局在通知中提出：考虑到国家每年对钢材各品种的需求变化很大，在年度安排生产中经常出现一些新的矛盾,今后生产部门,可根据供求情况,在国家定价的基础上对钢材长、短线产品价格在10%的幅度内上下浮动,但升降总额应基本保持平衡。

除了生产资料产品外,轻工业品和纺织品也逐步实行浮动价格。

1980年10月10日,轻工业部规定:将高压聚乙烯制品的价格做相应的调整,各地方可根据生产和市场供销情况,在5%幅度内上下浮动。

1984年5月10日,商业部和国家物价局规定,各种纯棉印花布、色织布以及各种涤纶混纺印花布、色织布实行浮动价格。浮动的幅度是:三级批发企业以当地批发价为中准价,上下浮动幅度不超过10%;零售企业以现行零售价为中准价,上浮幅度不超过10%,下浮幅度不超过20%。

1984年6月15日,国家又规定面盆、口杯实行浮动价格。产地工商企业可在中准价格的基础上,上下浮动不超过10%的幅度内协商定价。销地可根据市场供求情况,参考产地价格,由商业企业自行浮动,但应与进货地保持合理的地区差价。

1984年8月14日,国家规定洗衣机、电冰箱等高级消费品的一些品种的出厂价和零售价均实行浮动价格,幅度一般在10%以内。

第二,放开小商品价格,实行市场调节。

1982年7月7日,国务院常务会议通过了《物价管理暂行条例》,规定:三类轻纺工业品和手工业品中的小商品,由省、自治区、直辖市人民政府规定品种目录,由工商企业协商定价。经营三类轻纺工业品中的小商品和手工业品中的小商品,按照国家有关规定,可以自行定价出售。

1982年9月16日,国务院批转国家物价总局等部门《关于逐步放开小商品价格实行市场调节的报告》,规定:小商品的价格,应在国家政策指导下,实行市场调节,企业定价。其中,商业选购的小商品,由工商企业协商定价;工业自销为主的小商品,由工业定价。小商品的出厂价格,在正常生产、合理经营的情况下,应该使企业有合理的利润。其利润同大商品相比,一般可以放宽一些,高一些,以调动企业生产小商品的积极性。小商品的地区差价、城乡差价和批零差价同大商品比较,应放宽一点,灵活一点,以适应小商品品种繁杂、交易零星、单价很低的特点,使国营、集体商业与个体商贩便于经营。三类工业品中的小商品,决定放开的有六类一百六十种(类)。

1983年9月1日,国家规定:在第一批已放开的一百六十种(类)基础上,第二批再放开三百五十种(类),合计五百一十种(类)。各省、自治区、直辖市人民政府应以此为基础,结合当地小商品的产销情况,制定本地区第二批放开的小商品目录。凡是放开的小商品,购销双方,都可以实行协商定价,不受现行进销差价、地区差价、商业内部调拨作价等办法的限制,可根据交易数量大小,实行批量差价。零售企业可以按进价加批零差价自行定价(从外地进货的另加地区差价)。需要拆零出售的,可以自行规定拆零差价。

1984年10月6日,政府更进一步规定:为了进一步促进小商品的生产和经营,活跃城乡市场,满足广大人民群众的需要,除了各级政府必要管理的小商品外,其余全部放开。放开的措施、步骤和具体目标,由各地自行确定。

第三,农产品实行多类型、多层次价格,最后放开价格。

实行超购加价。1979年3月,国务院决定:提高棉花收购价格。随后又规定,超购棉花的价格,在此基础上加价30%。1979年4月11日,国务院决定:粮食统购价格从1979年夏粮上市的时候起提高20%,超购加价50%。食用油脂油料超购部分在调高购价的基础上,加价50%。1981年4月24日,国务院规定:为了调动茶农的生产积极性,鼓励生产单位超额交售茶叶,凡是超过计划交售的毛茶(不包括红碎茶、边销茶),工商税税率由40%减为20%,减税金额全部给超交茶叶的生产单位。

放开价格。1985年1月1日,中共中央、国务院规定:从今年起,除个别品种外,国家不再向农民下达农产品统购派购任务,按照不同情况,分别实行合同订购和市场收购。粮食、棉花取消统购,改为合同定购。由商业部门在播种季节前与农民协商,签订定购合同。定购的粮食,国家确定按"倒三七"比例计价(即三成按原统购价,七成按原超购价),定购以外的粮食可以自由上市。如果市场粮价低于原统购价,国家仍按原统购价敞开收购,保护农民的利益。定购的棉花,北方按"倒三七",南方按"正四六"比例计价。定购以外的棉花也允许农民上市自销。生猪、水产品和大中城市、工矿区的蔬菜,也要逐步取消派购,自由上市,自由交易,随行就市,按质论价。放开的时间和步骤,由各地自定。放开以后,国营商业要积极经营,参与市场调节。同时,一定要采取切实措施,保障城市消费者的利益。其他统派购产品,也要分品种、分地区逐步放开。

第四,拉开质量差价、季节差价和地区差价。

关于质量差价。1983年10月,国务院规定:同类产品允许有5%—15%的质量差价。国务院同时指出,制定质量差价,主要依据是产品使用上的经济效益和市场适销程度,兼顾优质名牌产品同普通产品、低质产品之间在生产成本上的差异,不能机械地按成本差异规定质量差价。采取优质产品适当加价和质量较低的老产品适当降价,以使优质产品同低质产品保持合理的质量差价。

1984年3月23日,国家物价局、纺织工业部、商业部在《关于进一步贯彻纺织品按质论价政策的暂行规定》中提出:对获得国家金质、银质奖的产品和纺织工业部及省、自治区、直辖市的优质产品,在现行价格基础上给予加价。加价幅度:金质奖产品不超过15%;银质奖产品不超过10%;优质产品不超过5%。对质量低劣,粗制滥造的产品,要实行惩罚价格,其出厂价格应降至生产无利以至亏损的水平。

1983年12月5日,国家规定:凡被国家经委授予优质产品称号的机械产品,允许在现行价格的基础上加价不超过20%。凡重要质量指标超过国家标准或达到国际标准的产品,以及对节能有明显社会经济效益,经宣布推广的机械产品,其加价一般不得超过产品出厂价格的15%。经济效益很高加价需超过15%幅度者,要经机械工业部和国家物价局审批。对技术性能明显落后等劣质产品,分别实行降价或惩罚价格。

从1979年以来,国家还对收购生猪、烤烟、糖料等规定了按质定价的规定。

关于季节差价。1980年1月24日,国家规定鲜蛋实行季节差价:收购季节差价的调整主产区原则上两下两上,4月由现行价下调10%—15%,6月再加调15%—20%,即热季保持在1979年提价前的水平,9、10月回升分两次上调到今年年初的水平。销售价格应随着收购价格变动,做相应调整。1982年3月22日,又规定:鲜蛋季节差价调整的时间、次数和幅度,仍由各省、自治区、直辖市自行掌握。为了衔接好毗邻地区价格,差价调整建议实行一下一上,地区季节差价的下调时间,南方地区最迟在6月上旬前调完,北方地区最迟在6月下旬前调完。

1984年10月5日,国家规定:凡常年生产、季节消费的日用工业品,原则上都应有合理的季节差价,允许旺季价格高一些,淡季价格低些,上下差价原则上要能弥补跨季储存期间的资金利息、保管、消耗等项费用。

关于地区差价。1983年4月11日,国家决定:1983年5月1日起对福建的永安水泥厂,上海市的上海、金山水泥厂,云南的昆明、开远水泥厂,四川的重庆、渡口水泥厂,内蒙古的西卓山水泥厂生产的水泥,均在统一价格的基础上每吨加地区差价5元;广东的广州水泥厂每吨加地区差价8元。1984年4月和10月,又分别决定对广西黎塘水泥厂生产的水泥和江西、渠江、长兴水泥厂生产的水泥实行地区差价,在现行出厂价格的基础上每吨增加8元,分别于5月1日和10月20日起实行。

1984年10月5日,国家决定:改革日用工业品批发价格办法,实行地区差价,企业定价的商品,应按照能补偿费用并有合理利润的原则,安排合理的地区差价。国家管理价格的商品,要有计划地、逐步把地区差价安排合理。

第五,逐步下放价格管理权限。

这里说的下放价格管理权限,不包括下放给企业和把价格放开、让市场调节的部分,它们已在上面论述过了,而是指原来由中央管理的权限,下放给地方和部门管理。比如,1980年5月10日的《关于中药价格管理的改革意见》规定:国家医药总局管理三十三种中药材全国县城以上的收购价格(约占全部药材收购总值的50%以上),改为只管主要产地的收购价格,次要产地的价格参照主产地价格水平,本着按质论价的原则,由省、自治区、直辖市物价或医药主管部门安排。各省、自治区、直辖市物价、医药主管部门或药材经营部门对本地区生产的比较大宗、常用并有调出任务的主要品种的收购价格,可适当管一些,具体品种自行确定。除了中央和省、自治区、直辖市管理的品种以外的小宗中药材(约占药材收购总值的30%左右),分别不同品种,下放给地区或县的物价、药材经营部门管理。

第二节 一些重要生产资料价格的"双轨制"

我国价格管理体制改革的一个重要表现,是出现了一些重要生产资料价格的"双轨制"。所谓"双轨制"价格,系指同种工业生产资料,在同一时间地点上存在计划内价格和计划外价格。例如同一个钢铁厂生产的同种钢材,计划内产品按国家统一定价出售,计划外产品则按市场价格出售,这两种价格是根据不同的价格形成机制形成的,在某种程度上,反映着价格管理体制改革过程中两种体制并存的局面。

我国对生产资料价格的改革,1984年以前,一般采取以调整为主的办法,对不合理的比价和差价进行适当的调整。1984年以来,在继续进行调整价格的同时,较多地实行对计划外产品实行价格放开的办法。1984年5月20日,国务院规定:工业生产资料属于企业自销(占计划内产品的2%)的和完成国家计划后的超产部分,一般在不高于或低于国家定价20%幅度内,企业有权自定价格,或由供需双方在规定的幅度内协商定价。1985年1月24日,国家物价局、国家物资局在《关于放开工业生产资料超产自销产品价格的通知》中指出:工业生产资料属于企业自销和完成国家计划后超产部分,执行不高于20%的加价规定,对搞活经济,增加生产,加快流通起了积极作用。但由于不少品种加价20%与市场价格相差较大,不少中间环节转手倒卖,牟取厚利。因此,根据国务院领导同志指示,对加价20%的规定需做适当修改。凡是国家计划内生产的产品,仍应严格执行国家规定的价格,不准将计划内产品转为计划外。工业生产资料属于企业自销和完成国家计划后的超产部分的出厂价格,取消原定的不高于国家定价20%的规定,可按稍低于当地的市场价格出售,参与市场调节,起平抑价格作用。企业不得在价格之外加收费用。国家要给超产自销的重要物资开辟公开市场,通过交易中心产销直接见面。

工业生产资料价格双轨制的出现,是有其客观必然性的。我国经济体制改革,包括价格体制改革,不是采取突变式一次行动一个早上完成的,而是采取渐进式逐步发展和逐步完成的。改革的初期,原有的体制仍居主导地位,但新的体制也开始占一定地位,起一定作用;然后是两种体制并存、新旧体制处于均势的对峙和胶着状态;经过一系列过渡阶段后,新的体制才逐渐居于主导地位,并最后取代原来的体制,使整个社会经济在新体制下运行和发展。从外国的经验和我国历史发展的实践看,从原有体制过渡到新体制的时间不会很短,至少要十几年的时间。前几年我们已经在各方面进行了一些改革,但从整体上看,原有体制在各个领域仍然起着主导的作用。1984年10月党的十二届三中全会以后,特别是1985年改革迈出相当大的步子以后,改革才有可能开始向两种体制的均势、对峙状态发展。这时矛盾很多,冲突和摩擦也很多。两种经济体制的并存,反映在价格形成方面,就是一方面既存在按照原来的机制形成的价格——国家统一定价,又存在在改革过程中按照新的机制(主要是市场机制)形成的价格。这两种不同机制形成的价格,不仅表现在不同种类的商品交换中,形成板块分割,而且表现在同种商品的交换中,出现价格双轨制的局面。价格形成的板块分割和双轨制,生动地体现着双重经济体制特别是双重计划体制和物资体制并存的态势。

工业生产资料价格的双轨制,不仅是价格管理体制改革的产物,也是扩大企业自主权的必然结果。我国城市改革是从扩大企业自主权开始的。扩大企业自主权包括承认和尊重企业的物资调配权、经营权以及定价权。随着改革的进行,国家规定企业对于占2%的计划内产品和超计划部分的产品,有自销权。既然企业对这部分产品有自销权,就应当允许企业同买主协商,议价出售。而议价同国家统一定价是不同的,一般都是高于国家统一定价,从而形成价格的双轨制。

近年来工业生产资料价格双轨制的实践说明,实行双轨制既有利又有弊,而且利弊都很明显、突出。

价格双轨制的有利作用主要表现在:

第一,刺激生产的发展。由于议价或市场价格高于国家统一定价,企业自然愿意多超产,以获取更多的利润。特别是对于促进短线产品的发展,起了刺激作用。因为越是短线产品,供求矛盾越大,市场价格高出国家统一定价较多,发展这些产品的生产对企业更为有利。

第二,促进了乡镇工业的发展。我国农村劳动力有大量剩余,发展乡镇工业是这些剩余劳动力的重要出路,是提高农民收入水平的重要条件,也是我国实现从二元经济过渡到现代化经济的战略步骤。但是乡镇工业一般来说原材料供应并无国家计划保证,只能靠自己找米下锅。实行工业生产资料价格双轨制,乡镇工业可以用市场价格买到原材料,支持生产的正常进行。同时,原材料价格较高也能促进使用单位努力节约,减少消耗和浪费。

第三,有利于调剂余缺,调节流通。多年来,我国重要工业生产资料都是供不应求,缺口不小。有不少企业,包括国有大中型企业,计划供应的物资,有不少品种,只占需要量的一半多一点。一些小型企业计划供应原材料还要少一些。实行价格双轨制,使许多企业所需原材料,可以用市场价格买到,从而疏通了流通渠道,有利于整个社会生产的正常进行。

第四,有利于了解市场供求关系变化和正常的比价关系。实行价格双轨制后,计划外产品随行就市,价格随市场供求关系变化而升降,可以通过市场价格变动了解市场供求关系变化情况。同时,价格随行就市,不同产品的比价关系,由市场调节,也有助于国家了解它们之间正常的比价关系,作为价格体系改革的参考。

价格双轨制的弊端也很明显。

首先,它常常冲击国家计划。由于计划外产品能卖高价,使企业不是勇于承担计划任务,而是希望压低计划任务,并且不能很好完成供货合同。去年不少企业供货合同完成情况不理想,重要原因之一是由于实行价格双轨制。① 更有甚者,由于某些质次的非计划产品比计划内产品卖价还高,有的企业宁愿生产质次产品而不努力保证产品质量。

其次,不利于增强大中型企业的活力。大中型企业承担计划内产品和财政上缴任务比较重,而小企业生产的同种产品则较多的可以按市场价格出售(其中突出的是大水泥厂生产的优质水泥价低而小水泥厂生产的次质水泥价高),从而出现了大中型企业活力不够和在竞争中处于不利地位的问题,结果出现了落后技术挤先进技术、小企业挤大中企业等不正常现象,在收入分配中也出现大中企业不如小企业的状况。

第三,助长投机倒把,追逐大量的流通利润。由于计划内外价格差距较大,有的人凭借各种手段搞转手倒卖,获取大量流通利润,成为经济生活中某些不正之风的重要根源。计划内外价格差距越大,这方面的问题越是严重。这几年有的单位和人员就是利用这种价格差,发了横财,形成不合理的收入分配现象,群众颇有怨言。

第四,不利于经济核算。一个企业,购进同样的原材料,有的是国家统一定价,有的是市场价;卖出的产品,也是有的国家统一定价,有的市场价。同时计划内外价格的比重还常常发生变化。这给企业严格经济核算、进行正常的经济活动分析、改善经营管理,带来了不少困难;对于国民经济的管理,也增加了许多困难。

第五,不利于加速资金周转。由于计划外价格高于计划内价格,不少单位往往把一些抢手的原材料作为硬通货储存起来,作为随时向其他企业串换所需物资的筹码。这不但不利于社会流通的正常进行,而且造成企业和社会库存增加,资金周转减慢。

看来,工业生产资料价格双轨制的利弊得失比较起来,究竟弊多利

---

① 据统计,1985年各国有钢铁企业共欠交钢材达150万吨。

少还是利多弊少,除了管理的因素以外,最重要的取决于计划内外价格差距的大小。如果价差不是很大(如小于50%),可能是利多弊少;相反,如果价差过大(如大于50%,特别是高出一倍以上),则会是利少弊多。1984年下半年以来,由于出现片面追求高速度的经济过热现象,计划内外价格差距急剧拉大,双轨制的弊病表现得更加突出,受到各方面的批评。实际上,如果通过调整和价格改革,克服了经济过热现象,计划内外差价缩小,加上改善价格管理工作,双轨制就可能变得利大于弊。

1985年3月,计划内外价格差距情况为:解放牌汽车 CA—15型,每辆国家调拨价为17,000元,议价38,500元,议价高126%;线材 φ6·5 每吨国拨价700元,议价1,467元,议价高110%;生铁每吨国拨价272元,议价523元,议价高92%;铝锭每吨国拨价2,760元,议价4,595元,议价高66%;原煤每吨国拨价22元,议价62.3元,议价高183%。看来,上述双轨制价格差距的确大了,反映了当时社会总需求大于社会总供给很多,供求不平衡状况比较严重。1985年国家采取一系列紧缩措施后,经济过热现象逐渐克服,工业发展速度从七月份起逐步下降,到年底已达正常水平,社会总的供需矛盾也逐渐缓和,与此相适应,计划内外价格差距也有逐渐缩小的趋势。

在1985年9月宏观经济管理国际讨论会上,布鲁斯教授对我国生产资料价格双轨制曾给予肯定的评价,说:从配给体制向商品体制过渡阶段,其他社会主义国家在消费品方面曾经实行过双重价格,但中国在生产资料方面也实行了双重价格,这可能是一项有益的发明创造。它是从旧体制进入新体制的桥梁,可以使行政的直接控制平稳地过渡到通过市场进行间接控制。同时,双重价格也有消极作用,持续时间不能太久。前面我们说过,双重价格是双重体制并存的反映。只要双重体制存在,双重价格就难以完全取消。而现在看来,对一些重要的生产资料实行指令性计划是很难在短期内完全取消的。一般说来,实行指令性计划生产的产品是要执行国家统一定价的。事实告诉我们,实行指令性计划生产的生产资料,很难囊括全部同种产品。总有一部分同种产品不属于指令性计划的范围,即使在指令性计划范围内,也要允许企业有少量的产品自销权。这样,生产资料价格双轨制看来有可能在较长时期内存在,而不会很快消失。既然这样,我们就要采取措施,完善双轨制,兴利减弊,发挥其积极作用。

第三节 当前价格体制存在的问题和改革的方向

这几年对价格管理体制进行的一系列改革,已取得了一些成效,积累了丰富的经验。我们已经改革了原来单一的计划价格形式。目前在工农业商品产值中,市场价格的比重已占30%多,浮动价格的比重为10%—20%,国家统一定价的比重则逐步减少到占一半左右。但是,总的看,价格管理仍然是集中过多、统得过死,不利于发挥价格杠杆对生产和消费的积极导向作用。

首先,目前我国进入交换的大部分产品的价格,仍然是由国家统一制定或受国家统一定价影响而形成的。多年的实践证明,由于各部门劳动生产率提高的速度不同,市场情况变化很快,商品的更新换代随着科学技术的加速发展而越来越快,完全依靠层层报批的行政办法,是不可能把比价关系和差价关系调整合理的。这是造成我国长期以来价格既不反映价值,也不反映供求关系的重要原因。显然,过分集中的价格管理制度,自然使我们难以利用市场机制来改善价格形成制度。

第二,生产资料价格双轨制中计划内外价格差距过大。正如上面分析过的,计划内外价格差距过大使双轨制的弊端表现得更加突出,遭到许多人的非议。

第三，由于价格管理制度不完善，近几年来出现一种不正常的情况，就是无论是涨价还是降价，都会把增支减收的矛盾推给国家财政。例如，一些企业在原材料涨价后，不是着力于改善经营管理，内部消化，而是提高自销产品的比重，搞乱涨价和变相涨价，或者要求减税让利，从而把原材料涨价部分转嫁出去，最后是转嫁到国家财政那里。

第四，价格管理制度还不够严密，执行也不力，价格监督检查也不够严格，因此一再出现商品乱涨价现象，严重损害了消费者的利益，群众议论纷纷。

今后价格管理体制的改革，总的原则是要同整个经济体制改革的步调相适应，争取在较短时期内改变两种体制并存的状态，逐步进入以新体制为主的阶段，把新体制的框架建立起来。具体来说，包括如下几个方面。

第一，从发展有计划商品经济出发改革价格管理体制。发展社会主义商品经济，充分利用市场，开展社会主义竞争，都要求对原来的价格体制进行相应的改革。也就是说，继续改变原来僵化或半僵化的、几乎单一的计划价格管理体制，实行灵活的、多种价格形式并存的价格管理体制，以便更好地贯彻等价交换原则。继续减少一些由国家和省、自治区、直辖市人民政府的计划价格，特别是统一定价的品种，适当扩大地方定价产品的范围和权限。不论中央或地方机关，都要有计划地赋予国营企业一定的必要的定价权和调价权。国务院物价综合部门和各业务主管部门主要是制定和贯彻执行有关物价的方针政策；确定主要商品的作价原则和方法；制定和调整关系国计民生的重要商品（包括重要生产资料和与人民群众生活密切的重要消费品）的计划价格和服务收费；调整主要进出口商品的国内价格；检查、监督各地区、部门和企业管理的价格；等等。

第二，从单一的计划价格过渡到三种价格形式并存。改革价格管理体制,首先要从单一的计划价格逐步过渡到主要采取三种价格形式并存,即国家统一定价、浮动价格和自由价格。随着商品经济的发展,先是浮动价格然后是市场价格将逐步成为主要的价格形式。

第一种,国家包括地方人民政府规定的计划价格,其中包括主要农产品的收购和销售价格,燃料、动力和主要原材料的出厂价和销售价,人民群众生活密切的重要消费品的出厂价、销售价,铁路、民航、邮电、主要水运的价格和收费标准等。

第二种,一定幅度内的浮动价格。从理论上说,可以有三种形式。一是以现行统一规定的计划价格为最高限价,允许企业向下浮动;向下浮动分为有幅度限制和没有幅度限制两种。二是以现行的统一规定的计划价格为中准价,允许在规定的幅度内上下浮动。上浮范围从中准价到最高限价,下浮范围有两种。一是规定下浮的下限,二是不规定下限,企业可以在上下限度内自由浮动定价。这种价格形式,可以设想用于品种花色繁多,市场供求变化快,消费(购买)者选择性强的商品。三是以现行的统一规定的计划价格为最低保护价,允许在一定幅度内上浮。这三种浮动价格形式的运用范围,浮动幅度,特别是上限的商品及其幅度,要在国家计划指导下,并经省及省以上物价综合部门和业务主管部门批准。在批准的商品品种及其浮动幅度内,企业有完全的定价权和调价权,任何行政单位不得随意干预。

第三种,购销或买卖双方议定的价格。在一般农副产品和工业品中的小商品实行产销两方议价,产销、买卖双方可以根据供求情况调整价格,有涨有落。允许上市的农产品,商业部门可以议价购进,议价出售。当议价价格太高或太低时,国营商业和供销合作社可以进行经营,通过在市场上吞吐物资,对议价加以影响。在这个意义上,议价并不是完全的自由价格,而是含有计划引导的因素。

第三,正确处理调和放的关系。在改革价格管理体制过程中,要正确处理调和放的关系。调指国家有计划的调整计划价格和各种产品的比价、差价；放指国家把一部分产品放开，让市场调节，而不再规定统一价格或计划价格。

从二十世纪五六十年代以来，苏东各国在进行经济体制改革过程中，对价格改革采取两种不同的起步方法。第一类以苏联为代表，包括民主德国、捷克斯洛伐克、罗马尼亚，一定程度上还有保加利亚。它们都是对国家统一定价进行普遍的大调整，即调整已经过时的价格水平和比价关系，重点放到一个"调"字上。第二类是以南斯拉夫、匈牙利为主，目前某种程度上还有波兰，它们的价格改革则是以改革管理体制为中心，有计划地放活价格管制，大幅度下放定价权给企业，其重点是强调一个"放"字。第一类国家价格管理权限是高度集中的，它们企求经过几年一次的大调整，使计划价格合理化。第二类国家则设想从僵化的官价制度向灵活的市场机制过渡。南斯拉夫1952年就取消了工业品计划供应和农产品义务征购制，宣布价格原则上应在市场上根据供求关系自由形成，实行所谓"经济价格"。同时，国家对市场短缺的基本原材料及生活必需品实行计划价格制度（包括最高价格、固定价格），从而形成了"双重价格管理体制"。目前，国家直接控制的价格只占一小部分。匈牙利1968年起的价格改革，核心是扩大企业的价格形成权限，国家对一部分产品直接定价，大部分产品由企业根据国家规定的规则自行协商确定，总的趋势是"放"。目前，工业生产者价格中，官定价格大约占20%，自由价格占80%；消费者价格中，官定价格占45%—48%，其余为自由价格。波兰近几年来也采取了以"放"为主的改革，实行上有控制，下有自由定价的混合价格制度，按照商品种类及其对国计民生重要性分别实行官定价格、调节价格、合同价格和自由价格。目前，官价商品占35%，调节价格商品占15%，合同定价和自由定价商品占50%。

根据我国的具体情况,结合外国的经验,为了更好的发展有计划的商品经济,看来应把调和放结合起来。目前既要着重有意识地合理调整计划价格,又要把价格管理权限逐步下放和实行一部分商品价格放活。同时,我们更要注意使"调"和"放"有机结合起来。例如,垄断性行业产品更多地考虑调,非垄断性行业产品更多地考虑放;供求不平衡的产品更多地考虑调,供求比较平衡的产品更多地考虑放;直接关系人民切身利益的基本生活消费品更多地考虑调,而非基本生活消费品更多地考虑放;等等。因为各种价格形式是互相联系、互相影响的。经济运动的统一性,必然使那些由国家统一定价的那部分产品的价格,也要同在市场上互相竞争的产品的价格相衔接。由国家统一制定的价格,不是可以随便想高就高,想低就低的。如果过分背离价值或生产价格,就必然会同实行浮动价格或自由议价的产品形成比价不协调的现象。这些实行统一计划价格的产品的价格,就会受到冲击,并造成产销脱节,打乱比例关系,不利于国民经济的发展。

第四节 企业的价格行为和价格的行业管理

随着价格管理体制改革的进行,企业的价格行为合理化和对价格的行业管理的问题越发凸显。在传统的价格管理体制下,国家(指中央政权)几乎是唯一的定价主体,地方主管部门和企业都没有定价权。这种体制束缚了地方和主管部门的积极性,限制了企业的生产经营自主权。我国的经济体制改革是从扩大企业自主权开始的。为了建立充满生机的社会主义经济体制,我们把增强企业活力作为经济体制改革的中心环节,确认企业是相对独立的经济实体,是自主经营、自负盈亏的社会主义商品生产者和经营者。这样,企业必须具有一定的定价权和调价权。行业主管部门担负着行业管理的职责,负责协调与其他行业之间的比例关系,指导行业内部企业的生产和经营。因此,行业主管部门也应该具有一定范围内的价格管理权。中国区域辽阔,受历史和自然条件的影响,形成了不同的经济区和行政管理区。由于自然条件和生产力水平的差异,地区差价必然存在,地方政府也应具有一定范围的价格管理权,这样就形成了国家、地方、行业和企业的多层次的定价主体。这是价格管理的多层次的实践根源。

我国的企业定价,由于国家对各种商品的计划管理程度不同,存在多种形式。现阶段主要有:重要商品,在国家规定的幅度范围内,由企业自定的企业定价;主要流通环节的商品价格由国家规定,其他环节的商品价格由企业制定的企业定价、工商企业协商定价、农产品议购议销定价等。这些形式将在实践中不断发展、完善,其适用范围也将随改革的进程不断变化。

(一)重要商品在国家规定幅度范围内,由企业自定的企业定价。

对重要商品,国家虽规定基价和浮动的幅度,或者国家只规定最高限价或最低限价,但具体价格由企业在规定的幅度内自定,因而可视为企业定价的一种形式。我国从1979年开始在少数工业生产资料中试行浮动价格,以后品种范围不断扩大。当前实行浮动价格的主要商品有:部分生产资料和某些花色品种繁多、市场需求变化较快的日用工业品,如大部分电子产品、部分农机产品、部分机电产品,花布、色织布、搪瓷制品、电冰箱、洗衣机及部分地区规定允许浮动的绸缎、呢绒和其他日用品等。目前,我国实行国家规定幅度的企业定价的工农业产品约占工农业商品总值的20%。

(二)除主要流通环节外的其他流通环节价格由企业自定的企业定价。

我国目前有不少日用工业品,国家只规定批发价格和零售价格,商业企业之间的调拨价格,则由企业根据批发量自定。这些工业品属于工业企业自销部分,在销售给消费者不高于零售价格,销售给零售企业不高于批发价格的前提下,可由买卖双方自行协商定价,因而都属于企业定价的范围。

(三)工商企业协商定价。

工商企业协商定价,是指商品流通各环节的价格都由工商协商定价或自行定价。其范围包括:

1. 三类轻纺工业品中的小商品和手工业品中的小商品。小商品品种繁多、规格复杂、花色经常翻新、供求变化较快,而且生产规模小、零星分散,国家不必要也不可能将它们列入计划,而只能在国家计划指导下,实行市场调节,价格由企业自定。我国从1982年陆续开放了小商品价格,第一批计六类一百六十种,第二批于1983年9月开放,计八类三百五十种。到1984年,除各级政府必须管理的少数品种外,其余全部放开。小商品价格不受现行的进销差价、地区差价、商业内部调拨价格的限制,均由企业协商定价或自定。

2. 国家统一定价的工业生产资料,属于企业分成部分、超产自销部分,1985年改为企业定价和协商定价。

3. 对某些原由国家统一定价的工业生活资料,由于市场容量接近饱和,各生产企业成本悬殊,为了促进竞争,国家于1985年5月放开,规定由企业自定价格,如收音机、电风扇、手表、缝纫机、自行车等。

(四)农产品议购议销价格。

议购议销的农副产品品种范围,原只限于三类农副产品和完成国家统购、派购任务后允许上市的一类、二类农副产品。近年来,范围有所扩大。1985年起,除粮食、棉花由国家与农民签订合同,以优待价格收购一定数量外,多余部分及其他农副产品,都已放开,实行议购议销。但为了保护农民利益,稳定市场物价,对一些重要农副产品的议购议销,实行有指导的议销价格,对与农民利益关系密切的农产品规定了最低议购价格。

　　企业定价目标,是指各个企业在对其生产或经营的商品制定价格时,有意识地要求达到的目的和标准。它是指导企业进行价格决策的依据。

　　企业定价目标,是由企业的生产、经营目的所决定的。社会主义企业生产、经营的目的,应当是在提高社会宏观经济效益、满足全体人民日益增长的需要的前提下,通过自己创造性经营,正当、合理、合法的途径,取得最优的微观经济效益和尽可能多的利润。在符合社会总体利益的原则下,取得尽可能多的利润,是企业发展的重要动力。企业定价作为经济活动的一项重要内容,其一般目标,就是要取得尽可能多的利润。在最终取得尽可能多的利润的一般目标下,企业可依据所处的经济地位、竞争等环境,依据商品在商品寿命周期所处的不同阶段,选择具体的定价目标。

　　(一)以扩大当前利润为目标。这一目标的侧重点,是短期内的最多利润。选择这一目标的前提是:企业的生产技术和产品质量在市场上居领先地位,同行业中竞争对手的力量较弱;消费者对商品的边际需求评价较高,商品供不应求。不具备这两个条件,盲目地提高商品价格,不仅难以扩大当前利润,还会阻塞产品销路,积压资金,增加利息支出。

　　(二)以扩大市场占有率亦即市场份额为目标。这一目标的着眼点,旨在追求长期的、稳定的利润。

　　市场份额,指的是企业产品销售量在同类产品的市场销售总量中所占的比重。扩大市场份额的唯一途径,是扩大销售。要扩大销售,企业必须降低商品的相对价格水平和利润水平。通过低价,吸引消费者,扩大销售量,增加总利润。选择这一目标,企业必须具备的条件是:存在大量生产的物质条件,总成本的增长速度低于总产量的增长速度;能够找出产生最大销售收入的价格与销量的最佳组合方案;单个商品的生产成本低于同类商品的生产成本。不具备上述条件,盲目降价求销,不仅不能增加总利润,还会影响企业的扩大再生产。

(三)以一定的均衡收益为目标。既不盲目追求一时的高利,也不急于限利求销,而力图保持长期稳定的收益。不同企业可根据其产品销售、资金占用、收入支出状况确定不同的收益率。占用资金少、资金周转速度快的企业,可以以一定的销售收益率为目标,即以商品销售总额的一定百分比收益率为目标定价。资金占用多、周转慢的企业,则可选择一定的目标投资收益率为定价目标。选择目标投资收益率,需要以企业的生产能力充分利用,并掌握预期需求为前提。为了能够始终在收支平衡的状况下从事生产或经营,企业还可以以一个固定的收益额作为定价目标。如一个企业需一年收益 100 万元,才能维持收支平衡,那么,则应以 100 万元的目标收益来定价。选择这一目标,需要企业精确了解收支状况为前提。

(四)以平均利润为目标。当企业的生产、销售都处于中等水平时,企业则应以取得平均利润为目标。

对于那些残次变质、滞销积压的商品,为避免更大损失,则应以一次清库为目标。

判断企业定价目标选择的合理与否,取决于该目标在一个不太短的时间内(如五至十年),最终是否能给企业带来尽可能多的利润总量。影响利润总量的因素是多元的,企业选择定价目标可以是单一的,也可以是多目标的综合。①

企业的价格行为和价格的行业管理是价格管理方面的新课题。

企业的价格行为,包括两方面的内容,一方面是企业根据生产耗

---

① 见张卓元、张魁峰、石建社:《企业订价》,《财贸经济》1985 年第 12 期。

费,市场供求关系,国家政策等因素制定产品价格。另一方面是企业根据既定的市场价格调整生产和经营。过去企业没有定价权,只是在国家的固定价格下调整企业行为,因此在价格理论研究中也忽视企业的价格行为。当企业成为定价主体,并且随着经济体制改革的深入,企业定价的比重不断增加,研究企业的价格行为已经具有重大的实践意义。研究企业的价格行为,除了要研究上面论述的企业定价形式和目标外,还要研究不同企业自行定价的范围;探讨企业定价中的涨价行为和降价动机;分析企业对投入品价格变动的反应,研究企业生产消耗结构与投入品价格变动之间的时间间隔;研究企业对投入品涨价的内部消化能力;研究企业在制定新产品价格时的要求;研究价格双轨制下的企业生产行为;研究企业库存与企业自行定价的关系;等等。总之,要通过开展对企业价格行为的研究,揭示企业价格行为的规律性,完善企业的定价行为。

价格的行业管理与企业的价格行为紧密相关。由于企业的经营目标和社会生产目标并不直接等同,企业的价格行为难免出现盲目性,如出现哄抬物价和过度压价竞争的情况。社会主义的商品经济是有计划的商品经济,既要实行商品经济原则,也要实行计划原则。对企业的价格行为也不例外,也要进行计划调节。价格的行业管理是对企业的价格行为实现有计划调节的重要环节,是联结一般价格水平和相对价格水平变化的枢纽。价格的行业管理主要面临两个任务:第一,通过测算理论价格,参照市场价格和供求关系的变化,为制定国家的统一定价和浮动价格的中准价提供充分的根据;第二,要指导企业的价格行为,通过广泛收集国内外的价格信息,预测市场供求关系和价格变动的幅度,指导企业定价,制定行业的价格政策,等等。

价格的行业管理应该防止出现两种情况。一是要防止回到僵死的价格体制,做到管而不死。二是防止出现排斥价格竞争的行业垄断价格。垄断价格,尤其是垄断高价,会妨碍技术进步,降低产品质量,损害消费者的利益。为了使价格的行业管理合理化,要进一步讨论和研究怎样充分发挥价格行业管理的效用,研究价格行业管理的原则与方法。现在,有的工业部门如电子工业部在价格的行业管理方面已进行了许多工作,积累了宝贵的经验。

可以预期,随着体制改革的进行,随着企业价格行为和价格的行业管理实践经验的积累,这方面的管理将日臻完善。

第九章 价格改革与价格总水平的控制

经济体制改革时期物价总水平变动的趋势怎样,能否保持市场物价①的基本稳定,这是全国人民都非常关心的问题。改革不等于涨价,这点必须肯定。与此同时,在价格改革过程中,为了对原来合理的比价做结构性调整,物价总水平的一定幅度的上升又是不可避免的。这就产生了在改革时期如何控制物价总水平的问题。

第一节 我国经济振兴和经济体制改革是否要以高物价上涨率为代价

我们进行经济体制改革,根本目的在于调整好生产关系和上层建筑,促进社会生产力的发展,使经济起飞。一般认为,随着经济体制改革的顺利进行,我国即将进入或已开始进入经济振兴时期。

在这种形势下,学术界和经济界对物价和通货问题发生了争论。有的同志认为,我国经济进入振兴阶段后,经济发展速度高一点,社会需求在一定程度上超过社会总供给,通货的贬值和物价的上涨是不可避免的,加上我们要对原来不合理的价格体系进行结构性的调整,因此

---

① 目前我国有关物价的统计数字为:全国零售物价总指数、职工生活费用价格总指数、农副产品收购价格总指数、农村工业品零售价格总指数。本章所述物价总水平,一般均指市场物价总水平,主要以全国零售物价总指数来表示,有时也兼用职工生活费用价格总指数来表示。

出现物价两位数的年上涨率(即超过10%)并不可怕。一些发展中国家(如韩国)在经济起飞时期的年物价上涨率就超过10%,说明了这一点。

有的同志则认为,为了在今后保持经济稳定的、持续的增长,应该力求使社会的总需求同总供给相一致,根据经济发展的需要来确定货币供应的增加量,避免通货膨胀,把物价总水平的上涨率控制在最低限度。这也有利于为经济体制的改革创造比较宽松的环境。世界上有一些国家(如联邦德国和日本)在经济高速增长时一直保持物价的基本稳定。① 这说明经济的高速增长不一定要以高物价上涨率为代价。

我是赞成后面一种意见的。我认为,有效地控制物价总水平,保持市场物价的稳定或基本稳定,是经济增长和经济振兴的必要条件,也是顺利进行经济体制改革、使市场机制能够比较充分地发挥作用的必要条件。"六五"期间价格改革的一个重要经验是,价格改革的难度在于如何处理好理顺价格和稳定价格的关系,即既要对现有不合理的比价和差价关系理顺,即对价格体系进行结构性调整;又要对物价总水平进行必要的控制,力争保持市场物价的基本稳定。价格改革最怕的是对物价总水平失去控制,使结构性调整变为轮番上涨。如果在价格改革过程中物价总水平失去控制,例如年平均上涨率高达两位数,那么这种改革很可能因受到各方面责难和反对而搞不下去,最后也不利于整个经济体制改革。有人认为,只需平均工资增长速度超过物价上涨速度,

---

① 〔日〕铃木淑夫说:"日本金融政策不同于欧美,它以稳定币值为中心,经济增长与充分就业不作为目标。日本的金融实践彻底否定了那种利用3%通货膨胀来刺激经济起飞的观点。中央银行的首要任务是为企业提供一个稳定的投资生产条件,不应用货币去创造更多的需求。""自1953年至1972年,日本银行在经济赶超欧美的过程中,遵循企业优先的政策思想,选择以控制批发物价水平的做法为物价政策的重心,使日本的批发物价水平在1965年以前基本持平,在1966年到1972年间的平均上升率保持在1.5%的水平上。这对推动日本经济的高速增长起了巨大的作用。"(《日本经济起飞时期价格与货币政策》,《世界经济导报》1985年5月20日第6版)

就是可行的,或者算是保持了物价的相对稳定。比如,物价年上涨率为20%,只要平均工资的增长速度超过20%,似乎就不可怕,能够为老百姓接受。我认为这个说法并不完全。因为这只是考虑了物价同工资的关系,而没有考虑物价同其他经济杠杆特别是利息率的关系,没有考虑物价上涨率过高对经济稳定发展的不利影响。物价上涨率过高,会引起人心浮动,助长一些人醉心于追逐流通利润而不致力于正常的生产经营。物价波动大,会引起工资的变动相应大,人人都怕影响既得利益,造成工资和成本提高,反过来推动物价的进一步上涨,出现恶性循环。物价波动,会搞乱社会正常的经济秩序,出现许多不公正的收入再分配,增加社会摩擦,影响社会的安定。如此等等。所以,现在连资本主义市场经济国家,通过总结上百年和几百年资本主义经济发展的历史经验,都一致认识到,保持物价的稳定或基本稳定,是保证经济稳定增长的最重要条件。现在不少资产阶级经济学家,从凯恩斯主义者到供应学派,也众口一词,高唱反对通货膨胀和物价上涨的调子。① 我国是社会主义国家,是搞计划经济的,我们更有必要也更有条件有效控制物价的总水平,努力排除通货膨胀对价格改革的干扰,保持物价稳定或基本稳定。

---

① "最近,许多资产阶级国家的政府都宣布通货膨胀为'头号'敌人,并采取了反通货膨胀的政策。"(〔苏〕M. 格里巴诺夫斯基:《八十年代初资本主义危机条件下的世界价格》,钟鸣译,《成本与价格资料》1985 年第 16 期)美国货币主义学派大师米尔顿·弗里德曼也把通货膨胀比喻为酒精中毒。他说:"在通货膨胀与酒精中毒之间存在的类似处有启发性。……当一国开始通货膨胀时,效果似乎是良好的。增加货币量使主谋者——当前来说,主要是政府——能够花费多些,而无需使任何别人消费少些。工作岗位空额多,商业活跃,差不多人人高兴——这是在初期。这些是好效果。但是,增加了的支出开始抬高物价。工人发觉,他们的工资,即使以美元计已高了些,但可购到的东西却少了些;商人发觉,成本已增加,因此,尽管销售收入扩大了,但仍不是他们想象中那么有利可图,除非他们能够把自己商品的价格提高得更快些。于是,坏的效果开始呈现:更高的物价,高度需求减退,通货膨胀与经济停滞连在一起。"(〔美〕米尔顿·弗里德曼:《论通货膨胀》,杨培新译,中国社会科学出版社 1982 年版,第 111—112 页)

当前，我们正在对原来不合理的价格体系进行结构性的调整，物价总水平的一定程度的上涨是难以避免的。但是，我们要把物价总水平因进行结构性的调整而有所上涨，同有意识地搞通货膨胀适当分开。在一般情况下，物价上涨同通货膨胀是很难区分的。但是，如果是对原来不合理的价格体系进行结构性的调整，因而引起的物价总水平的上涨，可以说是属于还欠账性质，同有意识地搞通货膨胀有所不同。由于原来各种产品比价不合理，有的畸高，有的畸低，主要表现在能源、原材料和农产品价格偏低，第三产业收费标准偏低、房租太低，而一些加工工业产品价格偏高，所以，在对价格进行结构性调整时，可以有两种选择。一是把偏高的价格降下来，把偏低的价格提上去，而价格总水平保持不动或基本不动。一是把偏低的价格根据不同情况提上去，而偏高的价格则基本不动，从而保持合理的比价，这样，价格总水平会有一定幅度的提高。由于前几年在搞活经济的同时，市场上流通的通货增加过多，加上国民经济的各个层次都存在"投资饥饿"带来的社会总需求的膨胀，普遍要求提价的压力较大，我们在价格改革中，只能选择后一种办法，即在合理调整价格结构时，将会带来物价总水平的一定幅度的上涨。① 这种选择同有意识在价格改革时搞通货膨胀是不同的，也并不意味着物价的普遍上涨。因为这种选择必须有一个根本的前提条件，就是在价格改革中要严格控制社会的总需求量和货币供应量，保证社会的总需求和总供给基本平衡，保证货币流通量的增长同经济的增长基本相适应，而不能过分地超过经济增长的需要（当然，也要充分考

---

① 有的同志认为，"把稳定物价的基本方针，改为物价基本稳定方针，是有差以毫厘谬以千里的危险的……他们认为100%的事是不可能办到的，从而完全稳定是不合理的，而基本稳定才是合理的。这里所说的基本稳定是有具体内容的，即把2%—3%的年上涨率定为物价基本稳定的标准"（马宾：《稳定物价与物价改革》，《管理世界》1985年第2期）。根据这几年改革的实践，看来连2%—3%的年物价上涨率都要避免是难以实现的。如果年物价上涨率能控制在2%—3%之内，倒是相当理想的。

虑社会特别是农村经济货币化过程中大量增加通货的要求，以及由于所有制结构的调整，经营方式的多样化，群众手持现金量的变化等因素对增加通货的要求等）。否则，就会因社会需求过分膨胀，市场上流通的通货太多，不但原来偏低的产品价格提高，原来偏高的产品价格也要求提高，造成价格的轮番上涨，从而使我们原来希望的结构性价格调整的目的难以实现。所以，采取后一种办法最重要的，恰恰是要力求避免通货膨胀，以确保价格改革目标的实现，把各种产品比价关系理顺，使价格体系合理化。同时，在做出这种选择后，还要采取各种措施，保证人民生活水平不致因物价变动而下降。

后一种选择究竟会使物价总水平上涨多大幅度呢？一般估计低限为30%，高限为50%。这个幅度不能说不大。而且由于这两年在微观经济放活以后，宏观经济的管理没有很好跟上去，出现了经济过热、社会需求膨胀、货币发行量过多等不正常现象，导致通货膨胀和物价上涨，不利于对价格的结构性调整。因此，所谓30%—50%的上涨幅度，恐怕还要从现在算起或从1986年算起，而不能从1979年算起。可见，价格改革过程中物价总水平的上涨幅度是相当大的，如果再搞通货膨胀，就很容易使物价总水平失去控制，每年两位数的物价上涨率就可能难以避免。

为了在价格改革过程中适当控制物价总水平的上升幅度，保持物价总水平的基本稳定，必须采取中央提出的走小步的方针，即把30%—50%的上升幅度分摊到五年或者更长一点的时间实现。如果是30%的上升幅度，分摊到五年就是年平均上涨率为5.4%，分摊到八年就是年平均上涨率为3.3%；如果是50%的上升幅度，分摊到八年就是年平均上涨率为5.2%，分摊到十年就是年平均上涨率为4.1%。看来，如果是30%的总上升幅度，由八年完成是较理想的，最少也要分摊到五年完成；如果是50%的总上升幅度，由十年完成是较理想的，最少也要分摊到八年完成。因为一般认为,年平均3%左右的物价上涨率可以说保持了市场物价的基本稳定,到5%就比较勉强了,但总算还说得过去,做好工作,可以为各方面所接受。我们历来的概念,只有做到物价年平均上涨率控制在2%—3%以内,才算基本稳定。在改革时期,年上涨率达到5%—6%还算不算是基本稳定呢?看来,把基本稳定放宽尺度,认为5%—6%的年上涨率也算是基本稳定,可能有些勉强。还是说争取基本稳定,但一般情况下不超过5%—6%甚至7%为好。当然,价格改革采取这种分步实现的办法付出的代价也不小。因为价格是生产和消费的最重要信号,比价关系一天不理顺,信号就一天不准确,价格诱导的方向和计划要求的发展方向就会背离,不利于讲求经济效益。但是,为了保证经济的稳定发展和社会的安定,我们也许只能做这种选择。

我过去写文章说过,物价上涨率的最高经济界线,或物价上涨程度的最后警戒线为年平均利息率[1],这个年平均利息率(以定期存款一年利息率计算)过去为5%—6%,现在为7%略多一点。为什么这样说呢?我想在此做些补充说明。

如果物价上涨率超过了利息率,那么,实际利息率就会成为负数。在这种情况下,利息率这个宏观经济管理的重要手段,就难以发挥作用。这时,由于名义利息率低于物价上涨率,人们就会要求贷款越多越好,而不太关心资金使用效果;另一方面,这又会影响大家储蓄的积极性,助长排队抢购的风气,增加对市场的压力。世界各国经验证明,保持实际利息率是正数,保持名义利息率高于物价上涨率,而且使实际利息率能促使储蓄存款的供应同投资的资金需求达到均衡,这个均衡点(物价上涨率与利息率之差)有的国家为2%,有的国家为4%不等,对于经济的稳定、正常发展,是大有好处的,并且能使国家有效地运用利

---

[1] 见张卓元:《价格改革的理论基础与若干条件》,《价格理论与实践》1985年第3期。

息率作为调节宏观经济的手段(美国一位著名经济学家估计,要使中国的资金供给和需求达到平衡,应使实际利息率保持在4%左右)。当然,这要以经济体制改革使企业对利率的变动有灵敏的反应为前提,例如,在美国,利率变动0.5%,都会使资本市场供求状况、企业投资决策等产生重大影响。所以,社会主义国家必须努力控制物价总水平的上升幅度,把利息率作为物价总水平上升幅度的最高经济界限,不仅是社会经济协调发展的需要,也是国家搞好宏观经济管理的重要条件。

还要指出,我国目前平均资金利润(不包括税金)率并不高,一般只有12%—13%,因此利息率也不可能再有大幅度的提高,从而制约着物价可容忍的上涨率不可能有较大幅度的提高。

关于发展中国家在经济腾飞时,通货膨胀是不是不可避免,值得专门探究一下。

目前在发展中国家中,伴随着经济高速增长,出现了两种类型的通货膨胀。一种以南斯拉夫为例。南通货膨胀主要根源是工资推动,低利润企业的职工,在工资上与高利润企业攀比,造成工资(成本)推动型的物价上涨。消费基金的膨胀,迫使企业举债,依靠大量贷款来支持扩大再生产,从而引起投资需求膨胀,进一步导致物价上涨。1980年至1984年零售物价指数平均年上涨40%,1985年(1—8月份)为50%。伴随着工资推动型通货膨胀实现的高速经济增长,常常是一种以牺牲未来的发展和人民生活改善为代价的增长,因为那种高速增长必然出现严重比例失调,难以为继,因此其结果不仅是债台高筑,而且是经济的起伏较大,人民实际生活不可能持续、稳定提高。1983比1979年,职工实际工资下降了四分之一,投资缩减了五分之一,联邦开支占社会产值的比例,从8.7%压缩到6.4%。看来,这种类型的通货膨胀是由宏观经济决策有误,长期的国民收入超分配,经济不平衡和结构不合理造成的,因而是不可取的。

第九章 价格改革与价格总水平的控制　181

另一种是韩国的模式。韩国在其经济高速增长时间(1961—1979年),每年增长率平均达到10%,但通货膨胀率也达到10%—15%,有两个短时期高达30%—40%。韩国通货膨胀的原因与南斯拉夫不同,不是一种工资推动型的通货膨胀。由于政府对工会和工人群众的压制,韩国的劳动市场竞争激烈,不可能产生工资(成本)推动型的通货膨胀。韩国的通货膨胀是政府把经济增长作为首要目标,有意使用低利率政策保持高的投资需求的结果。这是一种高投资(经济高速增长时期投资率高达34%)引起的通货膨胀,它同时也和政府实行比较自由的价格政策有关。这实际上是一种牺牲劳动者利益,带有原始积累性质的通货膨胀。显然,这种办法同社会主义原则是格格不入的,因而也是不可取的。

根据国际货币基金组织统计的资料,一般发展中国家的物价上涨率是较高的,情况如下页表。

同时,对几十个发展中国家1970—1977年的物价上涨率与国内生产总值平均增长率的比较,得出表9-1的结果。

表9-1　1958—1979年消费品价格的普遍上涨率

(复合上涨率,每年)

	1958—1965年/%	1965—1972年/%	1972—1977年/%
工业国	2.1	4.2	8.8
石油输出国	2.5	3.5	13.1
其他发展中国家	13.6	10.6	23.2

物价上涨率	国内生产总值的实际增长率/%
10%以下(33)	4.0
10%到20%(41)	5.5
20%以上(11)	2.5

以上材料说明,发展中国家,物价上涨率10%—20%的,国内生产

总值实际增长率较高。有的经济学家还发现,在经济增长和12.8%的"最优"物价上涨率之间有一种正相关联系,物价上涨率超过12.8%,则经济增长率明显下降。他们认为,物价的适度上涨,将刺激生产能力的利用和投资,从而有利于经济的增长。①

以上这种情况是否适用于我们国家呢?我认为并不适用。根本的原因在于,我们是社会主义国家。我们这里不存在一般发展中国家普遍存在的投资不足、需求不足,要靠物价上涨来刺激生产能力的利用问题。恰恰相反,我们这里经常存在的是社会需求过分膨胀、投资和消费失控的问题,因此没有必要用通货膨胀来刺激经济,否则就会像患失眠症的人企图用喝咖啡来治疗一样,只会加重失眠。发展中国家统计数字表明,20%以上的年物价上涨率比10%下的年物价上涨率国家,国内生产总值的实际增长率低得多,说明高物价上涨率即使对发展中国家,也是极为不利的。一些发达的资本主义国家,都把低于两位数的物价上涨率,特别是把保持2%—5%的年物价上涨率,作为国家的政策目标,不是没有道理的。②

有人认为,我国今后价格改革,一定程度的通货膨胀是很难避免的,因为价格改革是在通货已经偏多的背景下进行的,同时,在改革期间,社会经济还或多或少要在传统的体制下运行,经济发展模式还难以完全转变,投资饥饿、消费饥饿也一时难以消除。这是有一定根据的。但是,我认为,正因为如此,我们才特别有必要从理论上搞清楚,价格改革需要在物价总水平得到控制的条件下进行,对价格进行结构性调整

---

① 参见〔英〕唐尼·基利克:《发展中国家物价普遍上涨述评》,武桂馥译,《成本与价格资料》,1985年第17期。

② 国际货币基金组织1986年4月6日发表的报告说,1985年工业发达国家的通货膨胀率有所下降,美国和其他二十个工业发达国家的平均通货膨胀率从1982年的7.5%下降到1985年的4.2%,其中:日本为2%,联邦德国为2.2%。美国的通货膨胀率从1984年的4.3%降到3.6%(见《人民日报》1986年4月8日第6版)。

的最佳方案是要排除和防止通货膨胀。这样,才有助于人们认识通货膨胀的危害性,自觉地采取有效措施,努力防止通货膨胀,力争保持市场物价的基本稳定,至少也要努力减轻通货膨胀的压力,尽可能减少通货膨胀对价格改革带来的种种影响和损失。看来,这对顺利进行价格改革是有好处的。

结论就是:我国经济改革和经济振兴并不一定要以高物价上涨率为代价,在价格改革中也要争取保持物价总水平的基本稳定,年物价上涨率一般以不超过3%—4%左右为宜,最高的年份也不能超过年平均利息率。

第二节　控制物价总水平必须控制社会总需求和货币供应量

价格是国民经济活动的综合反映。物价总水平的变动,反映着整个社会经济运行的状况,特别是社会总的供需状况及其比例关系。为了使物价总水平的上涨率控制在较低的幅度范围内,首先要控制社会总需求的数量及其增长速度。我们知道,社会主义宏观经济管理的对象,主要就是社会总需求量和总供给量。宏观经济管理的目标,就是保持社会总需求同社会总供给及其结构的基本一致或平衡。如果社会总需求控制在同社会总供给一致或基本平衡的范围内,没有出现过分膨胀的现象,那么,就能有效地稳定物价总水平。反之,如果社会总需求增长过快,超过了社会总供给量或超过较多,许多物资供不应求,物价总水平就会趋于上涨,供不应求的物资越多,供需差距越大,上涨的压力和幅度就越大。在传统的经济体制下,"投资饥饿"几乎是不治之症,社会总需求的过分膨胀总是顽强表现出来,使社会主义经济成为短缺经济(与此同时,又有大量不合格产品和某些供过于求产品积压),

因而一直存在物价总水平上涨的压力和趋势。尽管在以行政方法为主的管理体制下，物价总水平的上涨常常采取比较隐蔽的不显眼的形式，但物价上涨却是不可否认的客观事实。

社会总需求的膨胀，主要是由基本建设投资膨胀和工资增长过快这两方面原因引起的。要控制社会总需求膨胀，就要有计划地分别对上述两方面因素加以制约。

投资膨胀是需求膨胀的主要因素。要控制社会总需求的增长，首先要在计划指导下，控制投资的增长。随着经济体制改革的进行，企业和地方自主权的扩大，预算外投资占社会总投资的比重逐渐增大。据统计，目前在全社会总投资中，全民所有制单位投资占三分之二，而在全民所有制单位投资中，国家预算内投资只占其中的三分之一。这就是说，通过国家财政预算安排的投资，只占全社会投资的不到四分之一，其余四分之三以上均为预算外投资。因此，为了控制投资，以控制社会总需求，首先要采取"紧缩性"的财政政策，政府靠税收等来支撑各种支出，不搞赤字预算，不用财政赤字搞投资，即政府不再采取用"创造货币"（包括从中央银行借款）的办法来开辟财源、增加社会总需求，而是力争财政有盈余，以回笼货币或偿还公债。与此同时，还要采取"紧缩性"的货币政策，严格控制货币供应量，紧缩银根，提高利率，以控制信贷规模，防止信用扩张，从而达到控制预算外投资的目的。

应该说明，采取紧缩的财政政策和紧缩的货币政策相配合，以控制投资的规模，对有效控制社会总需求的膨胀、克服经济过热是可行的。但这只宜在特定条件下实行。因为这种双紧的政策，会抑制投资，抑制需求，容易把经济搞死，从而影响经济的增长。当需求膨胀现象得到克服，国民经济进入正常发展的阶段以后，就不宜继续采取双紧政策。一般来说，从中长期来看，实行比较紧的财政政策，实现财政收支平衡、略有节余，同比较松的货币政策，即放宽信贷条件，使货币供应量增长速度少许超过经济增长速度,利息率低一点等相配合,对于鼓励投资,活跃经济生活,实现良性循环,是有利的。在这种情况下,物价总水平也能够受到控制,物价上涨率将约束在较低幅度范围内,从而保持物价的基本稳定。

工资增长速度超过劳动生产率增长速度,是造成社会总需求膨胀的另一重要因素。这里说的劳动生产率,指活劳动生产率,反映劳动者创造价值的动态。工资的增长速度超过劳动生产率的增长速度,意味着所创造的物质财富的增长速度赶不上劳动者消费需求的增长速度,这当然是形成社会的总供给落后于社会的总需求的因素。我国第六个五年计划期间,全民所有制职工工资的增长速度,超过了劳动生产率的增长速度,特别是1984年,职工工资性支出比上年增长22.3%,而工业劳动生产率只增长8.9%,扣除新增工人的因素,工资(加奖金)的增长速度也大大超过劳动生产率的增长速度。这也是造成我国社会总需求膨胀的重要原因。

工资增长过快,能直接推动物价总水平上升。这是因为,工资的增长速度超过劳动生产率的增长速度,必然使产品成本提高,并且不只是个别成本提高,而是社会成本提高。这时,各企业、部门为了得到大体相同的利润水平,就竞相要求提高价格。第二次世界大战后,许多国家物价水平的上涨,主要都是这种工资(成本)推动型的上涨。在社会主义国家中,南斯拉夫是比较典型的属于工资(成本)推动型物价上涨。因此,无论是为了控制社会总需求,还是为了控制物价总水平的上涨,都必须改变或避免工资增长过快的状况。在正常情况下,应使平均工资的增长速度慢于劳动生产率的增长速度,这有利于扩大投资,有利于社会主义经济的发展。

还要说明,根据英国、南斯拉夫等国经验,工资(成本)推动型物价上涨一旦出现,往往还不容易扭转和克服。工资与价格对经济运转的一个区别是,一种商品的价格提高了,如果这种商品不是最重要的原材料产品即基础产品,就不容易引起其他商品跟着涨价。与此不同。一部分人(或一个部门)的工资提高,就会使得其他人都跟着攀比,要求提高到相同水平,连锁反应很快。这样互相攀比下去,工资的增长速度就难以控制住。工资的刚性(工资是不容易降下来的)和物价的上涨也使工资增长速度难于很快降下来。这些,都使工资(成本)推动型物价上涨的趋势难以制止,容易出现工资－物价的螺旋形上升,工资和物价交替上涨。

可见,为了控制物价总水平的上涨幅度,保持物价的基本稳定,我们要以国民经济发展计划为依据,制定和实施正确的财政政策、货币政策和个人收入政策(以及外贸政策和外汇汇率管理),并使它们互相协调一致,目的在于有计划地控制社会的总需求,使社会总需求和社会总供给保持平衡,同时控制货币供应量,特别是基础货币(现金和相当于现金的中央银行负债)的供应量,使货币供应量同经济增长相适应或基本适应(即在正常情况下使货币供应量增长速度稍微超过经济增长速度)。这样,就可以避免通货膨胀和物价的高速上涨,保证经济稳定的协调的发展。

以上这些,都是属于宏观经济管理的内容,即保持宏观经济协调发展的要求。需要指出,为了保持宏观经济的协调发展,我们必须选择正确的发展模式。我国长期以来,实行的是片面追求高速度的发展模式,结果不但效益差、效率低、消耗高、浪费大,人民得到的实惠少,而且使各方面的关系绷得很紧,社会总需求总是超过总供给,物资短缺现象很严重,从而形成通货膨胀和物价上涨的强大压力。党的十一届三中全会以后,我们努力寻找和开始走上发展速度比较实在、经济效益比较好、人民能够得到较多实惠的新的发展道路,这是一种新的发展模式,并取得了显著的成绩。但是,原来那一种发展模式还为一部分人向往,并顽强表现自己。攀比速度,追求超高速度就是它的表现,结果造成信贷过分扩张,重要原料、能源和交通出现短缺和紧张,同种产品特别是重要生产资料国家牌价和市场价格差距扩大,外汇收支状况恶化,等等。为了保持国民经济稳定和协调的发展,给经济体制改革创造一个比较宽松的经济环境,使国家能对宏观经济进行有效的管理,有计划地控制好社会的总需求和货币供应量,保持物价总水平的基本稳定,我们必须坚决抛弃那种片面追求高速度的发展模式,采取以提高经济效益为中心、保持经济协调发展的模式。

第三节 采取调放结合的方针,避免价格总水平失去控制

我国社会主义经济是有计划的商品经济。组织与管理社会主义经济,既要按照计划原则,又要按照商品经济原则办事。由传统模式向有计划商品经济模式过渡,并不意味着把经济的运行完全交给市场,而不对宏观经济进行有计划的控制和管理。在放活微观经济的同时,必须加强宏观经济的管理。价格改革也是这样。价格必须放活,使它有一定的弹性;同时,又要加强对物价总水平的控制。否则,物价总水平失去控制,通货膨胀就不可避免,放纵市场机制必然带来的生产无政府状态和比例失调也难以避免。

在价格改革过程中,既要放活价格,把不合理的价格体系理顺,又不能对物价总水平失去控制,我们就要正确处理好自觉调整价格和放开价格的关系。

一般说来,把产品价格放开,实行市场价格,有利于使各种产品比价逐步合理,并能灵活适应供求关系的变化。市场的透明度越大,竞争环境越好,各种垄断因素排除越彻底,价格形成就不容易受到扭曲,价

格信号也较准确,从而有助于讲求经济效益。但是,由于我们原来的产业结构、产品结构和价格结构都不合理,一下子把全部产品价格放开,在流通中的通货已经过多,社会总需求超过社会总供给的情况下,必然会引起物价总水平的大幅度上升,不利于经济的稳定和人心的安定。因此,价格体系合理化只能经历一个过程逐步做到。在这过程中,有的产品价格可以放开,让市场自发调节,有的产品价格则不宜一下放开,而只能通过国家有计划地进行调整,控制其波动的幅度。

  我认为,根据我国实际情况,似乎可以考虑生产资料产品的价格,逐步实行放调结合、以放为主的方针。除少数关系国民经济全局的最重要原材料和燃料,其价格要由国家有计划地进行调整外,其余产品价格,都可逐步放开,以便尽快把这一部分产品价格理顺。在调整价格取得一定成效后,生产资料产品价格以放为主,把其中大多数产品价格放开,可以因摆准价格信号而很快获得经济效益,引导产业结构和产品结构朝着合理化方向发展。同时,又不至于马上引起市场消费品物价的波动,连锁反应较小。特别是有的原材料燃料价格的上涨,能够为加工工业所吸收或吸收一部分,使物价总水平上升的趋势部分得到缓解。

  少数最重要生产资料如钢材、煤炭实行以国家调整价格为主,并不意味着这些产品完全没有市场价格,而是两种价格并存,即归国家计划安排的部分仍实行国家统一定价,超计划部分或国家允许企业自销的部分(如钢材占产量的10%左右,水泥占产量的7%,煤占产量的近半数等)则实行市场价格。两种价格并存对于从由国家统一定价过渡到有幅度的浮动价或市场定价,是有好处的,但是也存在一些弊病,正如上面分析过的,在牌市价差过大的情况下,这常常使企业不是致力于改善经营管理、提高效益,而是尽力减少计划任务,并且成为某些不正之风的根源。因此,实行这种双轨制的时间不能无限期延长下去。办法是逐步调高国家统一定价,通过物资部门参与市场调节逐步降低市场价格,使这两种价格逐步接近,最后形成统一的价格。当然,要做到这一点,必须以宏观经济的协调发展、社会总需求能够得到有效的控制为前提。否则又会出现1984—1985年上半年两种价格差距不是缩小而是拉大的不正常现象,这反而不利于生产资料价格由双轨制向单轨制的过渡。

对于消费品,现阶段应实行调放结合、以调为主的方针。因为消费品价格是市场物价的主要部分,直接影响到千家万户,同人民切身利益息息相关,必须采取十分慎重的态度。一部分不是直接关系十亿人民生活的非基本生活消费品如小商品,和在较长时期内供求能够平衡的基本生活消费品的价格,是可以放开的,但是某些基本生活消费品价格只能采取逐步调整的办法使其合理化。如果统统把价格放开,风险太大,在物资供不应求的条件下,容易使市场物价波动和失去控制。这对保障人民生活的逐步改善和安定人心是不利的,对经济体制改革也是不利的。有人认为,对基本生活消费品价格放开并不可怕,因为国家手中掌握着大量物资,国营商业部门可以参与市场调节,通过吞吐物资,平抑物价;物价放开后,还可刺激生产,扩大供应量。问题在于,我们当前正处于消费需求过分膨胀的时候,国家手中掌握的货源并不能充分满足人民群众有购买力的需求,国营商业参与市场调节,能够抑制物价大的波动,但是不能有效地控制物价总水平的较大幅度的上升。而且看来这种状况,很难很快改观。所以,目前就把基本生活消费品价格统统放开,是不可取的。

我国人民生活基本上还处在温饱型阶段,人民生活消费支出中,60%用于吃的方面,穿的方面也占15%左右。而这些消费品特别是食品的原料主要还是来自农业。这几年,随着农村经济体制改革的顺利进行,农业生产获得迅速发展,粮食已经能够自给,棉花自给有余。但是,应该看到,我国整个农业生产水平还是很低的,人均粮食还不到

800斤，其他农产品特别是副食品人均水平仍未达到世界平均水平，离小康水平则还有相当距离。同时，根据东欧一些国家经验，农民从强制集体化转为家庭经营后，增产潜力并不是无穷无尽的，较高的增长率一般只能维持五年左右的时间。过了五六年，如不采取重大措施，包括采用先进技术，发展速度就会大大降低。看来，我国农业包括粮食的增产前景也不容过分乐观。在这种情况下，我国人民基本生活消费品供应从长期看并不宽松而是比较紧，即不少产品供不应求的状况可能在较长时期内存在。从这一估计出发，如把基本生活消费品价格统统放开或大部分放开，可能使市场物价总水平失去控制，或会产生较大的波动。实行以调整为主的方针，则可以使物价的波动不那么直接受市场供求变动的影响，可以比较容易稳定人民基本生活消费品的价格水平，从而稳定人民的生活，防止工资——物价轮番上涨这一令人不安局面的出现，从而使经济改革较好地为人民所理解和支持。东欧有的国家在经济改革中，对生产资料价格放开较多，而对消费品价格则管得较严，相对来说放得较少，多数采取国家有计划调整的办法。例如匈牙利农产品价格70%由国家掌握，工业产品中能源、矿石、建材以及一部分食品，约占20%由国家直接定价。其余冶金、机械、轻工及大部分食品，约占80%实行自由价。自由价中的约占三分之一的主要产品提价前三周需向物价局申报。如物价局不同意，可推迟三个月至六个月，以至一年。这个经验值得我们重视和借鉴。看来，只有在生产力有较大发展，消费资料供应比较充足，社会总供给和总需求比较平衡，宏观经济比较协调发展，货币供应量受到严格控制的情况下，才具备消费品包括基本生活消费品价格大量放开的条件，才不致于在价格放开后出现大的风险。

第十章 价格改革要分步、配套进行

我国的经济体制改革不是把总体方案预先设计好,在一个早上施行,代替原有的体制,即所谓采取一揽子解决的方式,而是采取逐步过渡即渐进的办法,使新经济体制逐步建立和健全起来。既然是采取分步骤实现的办法,就产生如何分步和经过多少年实现过渡的问题,以及在分步实现时如何使价格改革同其他方面的改革互相配套,价格改革本身如何互相配套等问题。这就是本章研究的主题。

第一节 价格改革要分步骤实现

经济体制改革是一项非常复杂和艰巨的社会系统工程。我们在确定了在公有制基础上的有计划的商品经济作为新的经济体制模式后,如何从传统体制向新体制过渡,就成了面临的重大问题。

党的十一届三中全会确定对原来的经济体制必须进行改革以后,我国的体制改革,从一开始就明确是逐步进行的。改革首先从农村开始,推行联产承包责任制,几年就取得了巨大的成效。在城市,也从1979年起开始扩大企业的自主权试点。经过几年的试验和探索,也取得了显著成效和重要经验,使经济生活出现了多年未有的活跃局面。1984年10月,党的十二届三中全会做出了关于经济体制改革的决定,标志着我国已进入以城市为重点的整个经济体制改革的时期。

关于经济体制改革应当如何进行、体制模式转换应当采取什么方式,在理论界和经济界多年来有不同看法。有人主张一揽子解决的方式,有人则主张渐进的方式。二十世纪八十年代初,专门研究东欧经济体制改革的外国经济学家,一般都倾向于一揽子解决的方式。比如布鲁斯曾经认为,世界上实行渐进式改革的国家几乎无一成功,中国应当采取一揽子转轨的方式。科尔奈和锡克都认为,渐进式改革会导致"交通规则"不统一的问题,即大家都是靠右走,而改革试点则靠左走,不同规则混杂必然会引起经济运行的紊乱。

经过几年的研究和实践,现在绝大多数经济学家都认识到,从中国地广人众,经济文化比较落后,各地发展又很不平衡这些具体国情出发,中国的经济体制改革不能实行一揽子转轨的方式,而必须采取渐进的方式,在明确改革的目标模式以后,摸着石头过河。这样做,还可以在经济体制改革过程中避免利益关系的过猛变动。有的外国学者的看法也有所改变,如在 1985 年 9 月宏观经济管理国际讨论会上,布鲁斯说,东欧国家采取渐进式改革可能会因为政治形势变化半途而废,中国不存在这样的威胁,特别是中国农业比重大,农村改革取得了卓越成就,会促使其他方面做出相应改革,也使整个改革难以逆转。科尔奈认为,对经济体制改革的步骤不能简单化,有的领域需要采取渐进式,例如,在所有制结构的变革中,不论是国家所有制的调整,还是其他所有制形式的扩大,都只能是一步步地进行,不应当也不可能突然变更;有的领域则需要采取一揽子方式,即各项改革措施必须同步配套,如取消指令性计划,就必须相应地进行工资改革、价格改革、建立各种形式的资金市场,硬化企业的财务预算约束,实行财政金融的严格控制等,所有这些都是一揽子改革中的各个组成部分,只进行单项改革难以获得成功。

根据上述情况,我国改革的步骤可以归纳为:第一,根据我国国情,改革不能采取一揽子方式而要实行渐进方式;第二,在渐进中也要互相配套,避免各个单项改革互相打架,互相掣肘;第三,要设计总的改革蓝图,包括目标模式,过渡步骤,各项改革的互相配合,体制改革和经济发展的互相配合等,改革要在总的改革规划指导下有条不紊地进行。

当然,分步实行经济体制改革,会在改革过程中出现新旧体制并存的状态。而由于不同经济运行规则的混杂,必然会出现种种矛盾和摩擦。无论是双重计划体制、物资管理体制,还是双重流通体制、价格体制,都是这样。双轨制价格是双重经济体制的集中反映,它是不可避免的,有利于价格机制的转换,但其弊病也很明显,带来许多问题,这点上面已有过分析。双重体制并存的时间,将根据改革延续的时间长短而定,一般估计在十年以上。在这期间,国家由于要处理许多因双重体制并存而产生的问题,常常陷入两难选择的困境,因此需要特别谨慎从事,避免出现大的差错。

经济体制改革之所以会走上双轨制道路,不仅是采取渐进式改革的必然现象,而且也因为双轨制有其积极的一面。例如,实行双轨制可以减轻新旧体制转换中的阻力。原来属于指令性计划生产和调拨的产品,实行国家统一定价,不会影响利益分配格局;对于上述基数以外的部分,则进入市场,实行市场价格,对新增利益做较大调整。这样既可以在冲破僵化半僵化的旧体制打开缺口,又能避免或减轻新旧体制转换过程中的震荡与阻力。其次,企业可以根据自己的承受能力做出灵活的反应和选择。经济体制改革和价格体系改革,往往因为企业承受能力有限而产生矛盾。实行双轨制,计划外议价,即市场价格,是以商品的自由让渡为前提的,没有能力消化吸收的可以不买议价商品,因而受承受能力的束缚较小,还可以借此锻炼企业,使企业逐渐熟悉市场运行规律,增强市场观念。此外,在价格和其他经济参数尚未理顺的情况下,双轨制价格有利于企业努力增产短线从而市场价格较高的产品,增加供应,并逐步扩大同种产品价格放开的部分,促进价格形成机制的顺利转换。

目前,双重体制并存的特征主要在如下三个方面表现出来。

第一,在社会主义企业(国有企业)的地位和行为方面。企业一方面有了一定的自主权,注意经济效益,开始感受到市场的压力。但并未摆脱行政隶属关系,还未成为自主经营、自负盈亏的商品生产者和经营者。企业特别是大中型企业还是一只眼睛盯住市场,一只眼睛盯住上级,而且眼睛主要是盯住上级,仍然主要通过纵向的信息流进行生产经营决策,横向经济联系不发展。在这种情况下,所有权与经营权并未很好分开,也谈不到硬化财务预算约束,不能很好地端正企业的行为,使企业不是只追求局部和短期效益,而是具有长远打算和对收入分配的自我约束机制。

第二,在市场方面。消费品市场比过去活了,生产资料也有一部分进入市场,并且开始打破了商业、物资部门对流通的垄断体制;技术和信息市场已开始建立,资金市场也已逐步开展,劳动力合理流动刚刚起步,整个国民经济开始活跃起来。但是,社会主义市场还很不完善,离统一市场体系的建立还很远。由于条块分割和地区封锁还很严重,由于价格体制转换远未完成,行政定价色彩很浓,价格体系仍不合理,不能为企业的经济活动提供一个平等的竞争环境,使市场机制优胜劣汰作用的发挥受到很大的限制,企业经济效益也不能很好反映其经营管理水平。同时,不但商品市场不发展不完善(如在物资管理方面有统一调拨分配的部分和市场上自行销售部分,形成非市场渠道和市场渠道的物资流通体制),而且生产要素市场基本上没有很好建立,从而不利于社会主义商品经济的发展,不利于资源的合理配置,即不利于在计划指导和国家其他宏观控制下,发挥市场机制对社会资源合理分配的作用,以保证社会生产和社会消费有机地联系起来。

第三,国家对企业的管理开始较多地运用经济手段,但主要还是直接的行政控制。现在,国家的指令性计划已有所缩小,指导性计划和市场调节的范围逐步扩大。与此相适应,国家统一分配的物资也由过去的上百种减少到现在的二十多种。国家已越来越多地运用经济政策和价格、税收、信贷、利率、汇率、工资等经济杠杆,来调节企业的运行和进行宏观经济管理。但是,直接控制和行政管理仍然到处可见。1985年加强宏观经济管理,实行紧缩政策,抽紧银根,就是仍然实行贷款的指标和额度控制,即沿用行政的配额分配手段。因为目前通过调整利率的办法难以对投资需求实现有效的控制,即资金"大锅饭"没有很好打破,不能使投资需求得到有效的约束。同时,企业的经营状况和收益高低在相当大的程度上仍然依靠同上级行政主管部门的讨价还价,企业对上级主管部门的依赖性还相当强,所以距离以间接控制为主的目标还相当远。

价格改革是整个经济体制改革的一个有机组成部分,也要在上述总的原则下进行。也就是说,价格改革要分步骤实现,而不能企求一蹴而就。在这过程中,两种价格形成机制将同时并存。

分步骤也有分大步、中步、小步之分。价格改革要分步进行,除了同整个经济体制改革一样,需要摸索经验,避免社会过大的震动和摩擦,因势利导等原因外,还要特别考虑国家、企业和群众的承受能力。价格改革是要国家财政的支持的。照理,把价格体系理顺了,能有力地促进经济效益的提高,从而有利于国家财政收入的增长。但是,在进行改革的当年或开头几年,由于价格体系的变动涉及各部门、地方、企业和人民群众的利益的变化和调整,为了减少改革的阻力,国家往往要对因价格改革而减少收入者以适当补贴,而对增加收入者则不能将多得收入统统收归财政,致使国家财政负担加重。在理顺价格过程中,比价和差价关系的变动一般会引起企业产品成本的增加和人民群众生活费指数的提高,这也有一个负担能力的问题。我们是社会主义国家,企业提高成本、减少收入要由国家财政兜着,群众生活费指数的提高也要由国家财政解决,因为国家要保证人民群众不因价格改革而降低实际收入水平和生活水平。所以,对价格改革来说,所谓迈大步、中步还是小步,主要是看财政能够拿出多少钱来支持价格改革,物价的上涨率不能太高。二十世纪八十年代初,人们在设计价格改革方案时,曾经提出过三种不同的方案:(1)大步方案,城市物价指数上升20%以上(全国上升10.5%),财政需拿出60亿元以上,由于当年消费品价格指数上涨10%以上,物价连锁反应大,会出现轮番上涨的局面。(2)中步方案,城市物价指数上升13%(全国上升6%)左右,财政需拿出40、50亿元,连锁反应也比较大。(3)小步方案,城市物价指数上升6%左右(全国4%),财政当年需拿30亿元左右,连锁反应较小。当时多数人都认为,我国价格改革,只能走小步,即取其中第三方案。

经过这几年价格改革特别是1985年价格改革的实践,人们对于价格改革必须走小步的意见没有发生大的动摇,但是对于走小步的标准却有所提高,即认为原来的中步方案(全国零售物价指数上升6%,城市物价指数上升达两位数,财政当年需拿出40亿、50亿元),也仍然可以算作是走小步,因为这个方案不但国家财力能够承受,在改革时期也能够为人民群众所理解和承受。

所谓走小步,是指整个价格改革走小步,使年物价上涨率最高时也不超过年利息率(根据后来放宽了的尺度)。这并不排斥在某些领域(如生产资料,或农产品,或第三产业收费标准)价格在某一年改革步子迈得大一些。上面说过,改革价格体系,可以以生产资料价格为突破口。生产资料价格改革搞得快一些,把生产资料价格信号尽快摆准,可以得到明显的经济效益。同时,生产资料价格改革引起的物价上涨并不会完全反映在市场物价上面,可以通过企业吸收一部分(以及国家财政减税让利一部分),使市场价格上涨程度弱化一部分而得到缓解。

例如，生产资料价格由于价格改革年上涨率可能达到10%，反映到市场物价上可能只有4%—5%，这样的物价上涨率还可以被接受，从整个价格改革看，可以说没有违背走小步的原则。

目前主张价格改革应当走大步、一次完成的观点已很少见。争论的焦点是走中步还是走小步。根据我们在上面说的中、小步标准已有所变更的条件下，我认为，价格改革走小步比走中步的代价要小一些，而效益会高一些。价格改革走中步，要以较高的物价上涨率（一般要达到甚至超过两位数）为代价，这就容易给整个经济体制改革带来很大的困扰。目前我国居民存款已达到两千亿元，这是潜在的消费需求。物价上涨率超过银行定期存款的利率后，可能导致银行存款外溢。如果出现居民到银行挤兑现象，就难以避免消费需求的膨胀，刺激市场物价更大幅度的上涨。物价上涨幅度偶尔在个别年限达到两位数也许并不可怕，但如连续几年如此，必然使消费者形成物价总是不稳定和看涨的心理。当耐用消费品价格也出现上涨趋势时，更会造成银行存款外流。连续几年较高的年物价上涨率还可能抵消价格改革的成果，使比价关系出现新的扭曲，为继续改革带来困难。例如，1979年我们开始进行价格改革时，粮食价格处于整个比价关系中的"锅底"或谷底，所以，价格改革从调高粮食收购价格开始，这对粮食生产的发展起了很好的推动作用。但是，经过这几年价格的调和放，由于物价总水平的上涨包含通货膨胀的因素，现在粮食价格又差不多回到整个比价关系中的"锅底"的状况，成为当前影响粮食生产进一步发展的一个原因。应当着重指出，价格改革不怕走小步，而最忌出现由于物价上涨过快而被迫形成的"走走停停，停停走走"的间断局面。这是前几年价格改革的一个经验。看来，避开经济、政治风险，踏踏实实走小步，再用十年八年的时间，把价格体系基本理顺，就将远远超过前几年的改革速度。

第二节　价格改革必须同其他改革配套进行

这几年我国经济体制改革的实践说明，无论是价格改革，还是工资、奖金、利改税、金融等的改革，都要互相配套进行。如果我们过分注重某些经济杠杆的单项运用和单向调节功能，不仅会使这些杠杆本身的作用因"孤军作战"而得不到充分发挥，而且还往往因其单向调节而产生某种消极后果。同时，如果综合运用经济杠杆进行宏观调控的目标不具体、不明确，就难以使经济杠杆体系的作用形成有效的"合力运动"。弄得不好，有时还相互抵消。比如拨款改贷款的目的是树立投资责任制，而税前还贷的制度又抵消了拨改贷的作用。又如，利改税的税制改革是在1984年初宣布三年内价格不做大的变动的情况下进行的。因此，产品税和调节税税率的制定，考虑了价格扭曲的现实，企图通过税率加以缓解。但这却为下一步的价格改革带来某种困难。而一部分生产资料价格放开以后，又未利用税率调整将一部分属于超额利润的企业收入收归财政。这样形成的某些不合理的利益关系，也将成为下一步改革的障碍。

为了使各项改革互相配套，需要制订有科学根据的、符合我国国情的经济体制改革的总体规划，包括明确改革的目标模式和实现的具体步骤。我们实行渐进式的改革，但是渐进式并不意味着各行其是的单项局部改革，而要在改革的总体规划的驾驭之下，走渐进式加小配套的道路，即整个改革的进程是渐进的、分步骤实现的；而每个阶段的改革则要在互相联系的各个方面配套进行。渐进式时序长短的选择和每一次小配套的内容，都要从实际出发，灵活掌握。

价格改革也不能我行我素，必须同其他改革配套进行，即要同财政、税收、金融、计划、投资、外贸、物资、工资、企业财产关系等体制改革配套进行。这可以说是价格改革的外部配套。由于各种改革实施的效应不易充分把握,由于各种改革之间可能出现难以调和的摩擦和冲突,一些改革难以同步进行,因此,还要辅之以政策配套,使之起到与改革配套相同的作用。

价格改革外部配套(与政策配套)的主要目的是为价格改革创造一个较为宽松的经济环境,建立一个对价格信号传递迅速的市场组织系统和对价格信号反应灵敏的微观运行机制。价格改革的外部配套(和政策配套)至少包括以下几方面。

第一,价格改革要与分配体制改革和个人收入政策配套。

党和政府一再宣布,价格改革不能降低广大城乡居民的实际收入和生活水平。在对价格进行结构性调整因而引起物价一定程度的上涨时,要使职工名义工资有所提高,并使之能抵消物价上涨对收入的影响。个别年份,如果由于集中调价而对市场物价确有比较大的影响,零售物价指数和职工生活费指数上升比较多,也可以考虑,职工的工资增长与物价指数挂钩,以便不影响职工的实际收入和生活水平。当然,在一般情况下,似不宜采取工资与物价指数直接挂钩的指数化办法。因为现在物价指数统计一时难以精确,特别是城乡之间、不同地区之间经济差别还较大,各地物价指数差别也较大,工资指数化究竟应用全国物价指数还是本地区物价指数挂钩,就会有很大争议;特别是,确定本年本月工资时,是考虑上年当月的物价指数上升数呢?还是以上年当月物价指数上升数为基数进行预计呢?如果把上述数字作为预计数,这本身就会成为推动以后物价上升的因素,就很难避免物价和工资的轮番上涨这一可怕局面的出现。在1985年9月宏观经济管理国际讨论会上,有的专家指出,意大利是通货膨胀率一直较高的国家,那里曾经进行过关于工资指数化的民意测验,结果遭到工人阶级政党的反对,50%以上的意大利选民投票反对工资指数化。

另一方面，为了避免通货膨胀，要实施正确的个人收入分配政策，即要防止个人收入的增长速度超过劳动生产率的增长速度。因为个人收入增长速度超过劳动生产率增长速度所造成的个人收入超分配，是消费膨胀的直接动因。而消费基金膨胀会从成本与需求两个方面推动与拉动物价上涨，形成通货膨胀，干扰价格改革的进行。为了防止工资不合理的增长，目前最好不采取企业的工资增长同企业的总利润（包括税和利）增长挂钩的办法。因为企业税利的增长，不仅取决于自身的主观努力，而且同国家投资多少、技术装备和资源条件等外部因素有直接关系，尤其在价格体系不合理、不同产品价格畸高畸低的情况下，会带来不同企业利润水平的差距。实行这种办法，部分企业工资增长过多，会促使其他企业同它们攀比，并把工资成本的提高转移到产品价格上去，从而可能推动工资和物价的轮番上涨。现在看来，可以设想推行一种具有自我抑制特点的工资改革，使企业在个人收入分配中建立自觉控制工资水平，合理安排积累与消费比例的机制。而在这种工资改革未出台之前，似应实行较严格的个人收入政策，包括控制总额，征收高额累进的奖金税和起点较低的个人年均收入所得税。东欧一些国家的经验表明，进行经济体制改革最怕出现的，除了物价上涨过猛或物价总水平失去控制外，就是工资增长过快，分光吃净，消费基金增长过快。这是值得我们重视的。

第二，价格改革要与金融体制改革和相应的货币政策配套。

根据社会主义国家进行经济体制改革的经验，价格改革特别是对原来不合理的价格体系进行结构性调整时，要尽可能排除通货膨胀的因素。为此，就要对原来的金融体制进行改革，即改革资金"大锅饭"制度，信贷敞开口子供应资金，并由信贷差额决定现金发行的制度，而要实行资金有偿使用制，中国人民银行要成为中央银行，成为宏观经济管理的中枢，逐步做到运用间接手段控制住专业银行的储备。中央银行要把直接分配专业银行信贷配额的做法,改为以利率进行信贷分配。中央银行可采取的措施包括:控制专业银行向中央银行的贷款,可以结合使用限额手段和再贴现率调整手段;调整准备金率和准备金结构;买卖政府债券,以调节专业银行的储备;等等。这样就不会造成信贷总规模的失控,并导致货币发行失控,形成通货膨胀的局面,而是使中央银行可以通过控制各专业银行的信贷总量和货币发行量,肩负起控制物价总水平的任务。与此同时,各专业银行在对企业财务负有监督责任的同时,在经营上逐步实现企业化。银行自身利益要与银行国有资金的使用效益挂钩。在金融体制改革过程中,为防止或减轻通货膨胀,要继续实行比较严格的货币政策,尽可能使货币发行控制在经济发行的范围内。

第三,价格改革要与流通领域的改革相配套。

流通领域的改革,最根本的,是要逐步形成和完善社会主义统一的市场和市场体系。为什么发展社会主义商品经济必须建立和完善社会主义市场体系? 从经济运行的要求来说,不能设想,各种产品的生产和流通是按商品经济的原则来组织进入市场的,而生产这些产品的要素包括资金、劳动力、技术、信息等则不按商品经济原则办事进入市场,而是按计划安排实行纵向分配。这样做,必然破坏经济运行的统一性,企业在选择生产要素投入方面就会受到很大的限制,难以成为真正的商品生产者和经营者。从调节体系看,则会出现互相对立的两块,一块是商品市场,受市场调节;另一块是生产要素的分配,由计划安排,从而出现紊乱的局面。特别是,许多社会主义国家的实践表明,生产要素的直接分配无助于资源的充分利用和配置。在社会主义条件下,某些生产要素并不是完全意义的商品,但可以利用商品形式,实行商品化,借助市场机制根据供求关系和价格的变化,确定它们的流向,使资源得到充分利用和配置优化。当然,社会主义利用市场机制是以计划指导和有宏观控制为前提的,没有这个前提,利用市场机制使资源配置优化是难以实现的。

价格改革的目的在于使不同企业站在同一个起跑点上展开竞争,同时,使整个社会的生产和消费,都在比较准确的价格信号导向下逐步合理化。而这些都要有一个开放的、完善的市场和市场体系为前提条件。价格放开不等于市场形成。我国由于商品经济不发达,自然经济影响很深,不但缺乏资金市场和劳动力市场,就是产品(包括消费品与生产资料)市场也不完善,表现在:流通组织的规模小、流通渠道堵塞、市场分割、区域封锁,难以形成统一的市场。特别是在财政分灶吃饭情况下,不少地方都对本地区产业实行保护政策,阻挠外地产品进入本地区,只要求外地市场为它开放,而不愿意将本地市场彻底开放。在市场不完善的条件下,价格放开后,局部需求畸高,拉动价格向上,但却难以拉动供给的增加,难以进入"放则涨,涨则多,多则降"的良性循环。如果存在通货膨胀,则更不可能出现这种循环。结果某些产品价格停留在一个远远高于社会平均利润率的水平上。1985年农副产品价格放开后,某些城市的蔬菜和一些副食品价格长时间居高不下,一个重要原因,就是郊区与城区、外地与本地的市场隔离,流通不畅。生产资料实行双轨制价格所出现的一系列问题,特别是计划内外价格差距很大的问题,也同缺乏生产资料市场、庞大的物资集散中心和强大的物资经营组织有关。因此,价格改革包括价格放开,必须同市场的形成与完善,包括市场的再造相配套,否则难以收到预期的效果。总之,经济体制改革所要求的使企业成为自主经营、自负盈亏的商品生产者和经营者,并使它们在统一的社会主义市场上展开平等的竞争,需要把价格体系理顺,纠正严重扭曲的不正常状况;另一方面,要使价格改革能顺利进行,充分发挥市场机制的作用,发挥价格对生产和消费的正面调节作用,又要求流通体制改革,建立和完善社会主义市场体系与之配套。

第四,价格改革要同财政、税收制度的改革相配套。

价格一改革,相应地,税收也要改革,包括调整税率,要考虑在价格变动后将一部分企业的超额收入通过税收上缴财政,实行价格和税收联动。如果价格做了调整,如提高了能源和原材料的价格,能源、原材料生产企业的收入大幅度增加了,而税率不跟着变动,财政收入就不能随之相应增加,留给企业的超额利润就太多了。与此同时,固定资产投资等则因能源、原材料价格提高而要求相应追加投资,增加财政支出,这样财政是难以承受的。所以,价格改革必须同税收改革配套进行。另一方面,调整和改革税收制度,对价格的不合理可以起到某种缓解作用,能更好地促进产业结构、产品结构和企业组织结构的合理化。实行利改税以后,企业从上缴利润和税金改为上缴税金的新轨道,是一个很大进步。但税制本身还有许多问题没有解决。为了给企业创造一个大体平等的竞争条件,税制改革要考虑通过产品税来缓解不同产业和不同产品价格结构不合理的问题,通过资源税、资金占用税来解决级差收入问题。而随着价格改革的进行,价格结构的逐步合理化,又要对原来为缓解价格不合理的产品税重新进行调整。

价格、税收的变动,在企业之间、地区之间,都必然带来经济利益的重新分配,要求财政体制相应地配套改革和对财政收入进行调整。特别是原来的中央和地方财政分灶吃饭制度,强化了条块分割,不利于统一市场的形成和横向经济联系的发展,妨碍企业在平等条件下展开竞争。因此,财政体制改革的方向,应当是实行中央与地方的分税制,明确各级财政担负的不同职能,以利于削弱条块分割,进一步搞活生产和流通,更好地讲究生财、聚财、用财之道。

"七五"期间,以改革生产资料价格为中心的价格改革,同税收、财政体制的改革相配套,尽管涉及国家、部门、地方、企业之间的利益分配,但不像副食品价格的改革涉及千家万户,解决的问题大(可以把基础产品价格理顺，为讲求经济效益奠定良好的基础），承受能力也较大。这是"七五"期间一项带有根本性的改革，不论是在深度上还是广度上都将迈出重要的一步，企业的外部活动条件将会大为改善，国家对宏观经济的控制也将大为改善。

第五，价格改革必须与完善企业行为，硬化企业预算约束，使企业成为相对独立的商品生产者和经营者的改革相配套。

这几年在扩大企业自主权、放活微观经济过程中，由于种种原因，经济责任制并没有很好建立，企业往往只是负盈而不负亏。例如，原材料、燃料价格上升时，生产加工产品的企业或者通过涨价把负担转移给消费者，或者通过减税退利转移给国家，而不是花大力气改进技术和完善经营管理，吸收消化能力很差。价格放开后，价格作为最有效的经济杠杆，其作用在于能灵敏地反映社会劳动消耗和供求关系的变化，发出信号，拨动企业的利益神经。离开这一点，价格的调节作用就不能充分发挥。因此，合理的价格体系，只有在企业能对价格信号做出充分反应时，才能对社会生产和消费结构的合理化产生积极的作用。而只有硬化企业的预算约束，实现真正的自负盈亏，企业才能很好地根据价格的变动进行经营决策和选择。可见，企业改革要以价格改革作为重要条件，反过来，价格改革又要求企业改革相配合，价格改革才能发挥其成效。

企业改革的难点不在于集体企业，也不在于国有的小企业，而在于数量虽然不多，但占资产、产值和税利比重很大的国有大中型企业。目前正是这些国有的大中型企业没有搞活，影响改革的进一步开展。

为了搞活国有大中型企业，使它成为相对独立的商品生产者和经营者，可以有如下几种设想和做法。

从扩大企业权力特别是财权着手进行改革。前几年，我们的体制改革首先从扩大企业自主权开始，着重在分配领域对奖金、工资等做了一些改革，改变干多干少一个样、干好干坏一个样、干和不干一个样的状况,开始打破职工吃企业的"大锅饭"的问题,调动了职工的劳动积极性。但是不少企业运用国家下放的权力,追求本企业的短期的利益,滥发各种名目的奖金,出现了消费膨胀,职工收入的增长速度超过了劳动生产率的增长速度。这表明,前几年的改革远没有解决企业吃国家的"大锅饭"的问题,需要进一步改善企业的行为。

实行"利改税"和"企业留利递增包干",通过收入分配来实现所有权和使用权的分离。这种办法有利于促进企业自主经营,国家不再对企业的收入分配进行直接干预。特别是"企业留利递增包干",大大增强了企业的活力。但是,由于价格体系不合理,各个企业的生产条件很不平衡,有的增产增收潜力很大,有的增产增收潜力很小,有的新企业设备更新技术改造任务不重,有的老企业设备更新技术改造任务很重,等等,这些办法("企业留利递增包干"更突出)只对那些生产价高利大产品和生产条件好的企业有利,而对那些生产价低利小产品和生产条件不好的企业不利。同时由于资金"大锅饭"没有打破,企业仍然是争投资,扩大投入,只负盈不负亏,投资饥饿症无法根除,仍然没有解决企业吃国家"大锅饭"和只注意短期行为的问题。

主张从国家所有制改为社会所有制,如像南斯拉夫那样。从体制改革一开始,就有人发表这个意见。认为只有这样,才能实现生产资料和劳动者的直接结合,并且是在企业范围的直接结合,充分体现劳动者的主人翁地位,以便更好地调动劳动人民的积极性和主动性。但是,这里说的社会所有,实际上是集团所有,不但难以进行宏观控制,而且也很难使企业的行为端正,看来不宜在我国推行。

推行股份制度。近年来,各种类型的集资合股联营等股份经济雏形的出现,以及少数企业让职工购置少量股票的试验和取得一定成效,使一些同志认为,推行股份制可以成为企业改革的一条重要途径。马克思在《资本论》中曾把资本主义经济中的股份制当作建立社会主义公有制的一个前提来论述。他说:"那种本身建立在社会生产方式的基础上并以生产资料和劳动力的社会集中为前提的资本,在这里直接取得了社会资本(即那些直接联合起来的个人的资本)的形式,而与私人资本相对立,并且它的企业也表现为社会企业,而与私人企业相对立。这是作为私人财产的资本在资本主义生产方式本身范围内的扬弃。"[1]所以,股份制同资本主义没有必然的联系。不仅如此,在我国,推行股份制可能有以下好处:第一,公有制能够得到具体化,改变过去国有企业谁都是所有者但谁都对企业资产不负责任的状态。第二,使企业的所有者、经营者和劳动者之间建立互相制约的关系,促使企业行为逐步合理化。第三,有助于筹集社会闲置资金用于生产经营,促进资金横向流动并打破统一利率不能浮动的僵化状态,抑制投资饥渴和投资膨胀,还有利于资源的充分利用和合理配置。第四,通过让企业职工购置本企业的一部分股票,使职工更加关心本企业的生产经营成果,提高经济效益。总之,股份制有可能成为国有企业改革的一种新的形式。

当然,股份制也还有一系列问题有待探索。股份制可以容纳不同的所有关系。国有企业股份化如果是以个人股份为主体,则会导致公有制主导地位的丧失,这不符合改革的方向和目标模式;如果以企业持股为主,则会导致全民资产的集团化,可能妨碍劳动力与资金的合理流动。看来应以国家股份为主体。至于由何种机构——专门部门、综合部门或金融组织——来代表国家持股,则可考虑本着一方面防止对企业经营的行政干预,一方面又能切实保证国家资产所有者的利益的原则来解决。

---

[1] 《马克思恩格斯全集》第25卷,第493页。

第三节　价格改革本身也要相互配套

价格改革不仅要与其他改革配套,而且还要自身配套。

价格改革本身配套,首先是价格体系改革和价格管理体制改革要互相配套。如果价格管理体制不改革,仍然是僵化半僵化的管理体制,价格体系就难以实现改革和合理化,即使一时进行了合理的调整,过一个时候,随着劳动生产率和供求关系的变化,又会变得不合理。从本质上说,僵化或半僵化的价格管理体制本身,就排斥随着劳动生产率和供求关系的频繁变化而及时调整数以十万、百万计的产品比价和差价关系,建立合理的价格体系。

另一方面,价格管理体制的改革,也不能随心所欲,不考虑价格体系改革的步骤与进程。例如,"调"与"放"是价格改革的两种方法,对哪些产品价格应当调,哪些产品价格应当放,以及各自的程度是多少,应当做出恰当的选择。其中一个重要制约因素是价格总水平的变动情况。"六五"期间,在价格改革的调与放上,生产资料价格调多于放,而消费品价格放多于调。这种做法使消费品价格上涨过多,物价总水平变动过大,使价格改革处于"走走停停,停停走走"状态。因为在存在通货膨胀情况下,价格一放开,就必然引起物价的上涨,因而遭到了各方面的责难,于是不得不采取某些补救措施,停止新的价格改革方案出台,并强化物价检查监督。但不合理的价格又不能长期不动,过一段时间,又采取新的改革步骤,然后又因遭到责难而渐停。所以,价格体制改革,特别是放开价格能做到什么程度,要受物价总水平上涨幅度多大的制约,归根结底要受财政的负担能力和人民群众的承担能力的大小的制约。

价格体系的改革本身也要配套。

在前几年放开农副产品价格和小商品价格之后,今后要理顺价格,主要包括:解决原材料、能源等生产资料计划价格偏低的问题;解决粮食价格偏低和粮油购销价格倒挂的问题;解决房租畸低和第三产业收费标准偏低的问题;等等。

赵紫阳总理在《关于第七个五年计划的报告》中指出:"'七五'期间,价格改革的重点是有计划、有步骤地解决能源、原材料等生产资料计划价格偏低的问题,使计划价格和市场价格这两种价格的水平逐步趋于接近。要结合工资调整,研究、确定合理的房租和住房销售价格,以利于逐步推行住宅商品化。要逐步合理调整劳务收费标准,以利于社会服务事业的发展。"

目前,我国工业生产资料主要是原材料、能源的计划价格偏低问题比较突出。原材料、能源部门资金利润率大大低于加工工业部门,情况已在前面叙述过了。拿我国能源和原材料计划价格同国际市场价格相比,也明显偏低。情况如表10-1。

在同一部门内部,也是初级产品价格和利润较低,中间产品次之,加工产品较高。以石油序列产品为例,1985年开采一吨原油的平均利润为50元左右,而大型炼油厂加工一吨原油的平均利润为150元左右。国内外1986年2月原油与成品油交换比例如表10-2。

表10-1　1986年国内外能源和主要原材料价格比较

单位:元/吨

	精煤	原油	铸造生铁	普通钢坯
国内计划价	52.8	102.0	285.0	425.0
国际市场价	118.0	460.0	403.0	659.0
国内价比国际价 (±%)	-55.0	-78.0	-30.0	-36.0

表 10-2　1986 年 2 月国内外原油与成品油价格比较

比价(以原油为1)	原油	航空煤油	柴油	汽油
国内	1	0.20	0.30	0.17
国际	1	0.57	0.76	0.87

还有,能源、原材料计划价格和市场价格差距也很大。不少重要生产资料市场比牌价高出一倍。这点在本书第八章第二节已有论述,这里不再重复。

由于能源、原材料价格偏低,多年来,它们的生产发展受到影响,而加工工业则盲目发展,特别是预算外资金,往往只愿意投入加工工业部门,而不愿意投入已经属于短线的能源、原材料部门,从而影响产业结构的合理化。为了扭转这种不正常状况,"七五"期间重点解决能源、原材料计划价偏低的问题,是非常正确的,这将为理顺整个价格体系奠定了良好的基础。

提高能源、原材料的价格,会带来某些连锁反应。因为能源、原材料是各种工业品以及其他产品的生产资料,能源、原材料价格的提高,除去使用能源、原材料的企业因改进技术和改善经营管理而吸收、消化一部分外,会提高产品成本,降低利润水平。如果企业要保持原来的利润水平,除国家退利减税一部分外,还将提高产品的销售价格。一般估计,能源、原材料等生产资料价格水平如果提高 10%,会使加工产品价格水平提高 4%—5%左右。所以,能源、原材料价格水平的提高,会带来整个零售物价指数上升。这样,在提高能源、原材料的价格的同时,要考虑适当调整原来已经偏低的劳务收费标准,并要适当提高以粮食为中心的农副产品价格,与之相配套,以避免产生新的价格扭曲,或使原来已经扭曲的价格更加严重。这里面特别需要提出来的是粮食价格。1979 年以来,国家大幅度提高了粮食的收购价格,调动了农民发展粮食生产的积极性,有力地推动了这几年粮食生产的迅速发展。但是,由于这几年存在通货膨胀,物价总水平上升较快,这两年粮食和其他农产品价格稳定下来,而其他商品的价格却上去了,这样,粮食的价格又显得偏低了,因此有些地区农村中已经出现农不如工、工不如商、土地撂荒等现象,农民种粮积极性下降。因此,粮价问题成为当前发展粮食和农业生产的实际问题。今后,我们在考虑理顺工业生产资料价格,解决能源、原材料价格偏低的问题的同时,也要考虑农产品特别是粮食价格应做适当调整,与之配套,以免比价关系出现新的紊乱,产生不良后果。

近来,为了稳定农业生产和调动农民的积极性,提出了以工补农的口号。我认为,以工补农,作为权宜之计,是可以的,但不宜作为长远的战略方针,因为这个口号本身是违背等价交换原则的,是以被扭曲的价格固定化为前提的,从而在实际上否认改革不合理的价格体系特别是改革工农业产品不合理差价的必要性。以工补农,意味着从事工业生产获利多,其原因主要是价格高,而从事农业生产则获利少,其原因主要是价格低。这本来是不合理的,违背等价交换原则的。等价交换要求的是从事各行各业都能得到大体相同的利润水平。按照价值规律,如果哪一个行业利润水平低,就将使资金和劳动力从这个行业抽出,投入利润水平高的行业,这样必然使原来利润水平低的行业产品供不应求,推动价格上涨,从而吸收资金和劳动力投入这个行业,增加产品供给,恢复供需平衡。与此相反,原来利润水平高的行业,由于有利可图,大批资金和劳动力拥入,造成过量供给,迫使价格下跌,并使一部分资金和劳动力从这个行业抽走,产品供给减少,供需平衡恢复。价值规律的这个作用是商品经济中普遍存在的,社会主义商品经济亦不例外。所以,在正常情况下,按照商品经济运动的内在规律,应当是从事工业和农业,从事粮食生产和其他生产,都能得到大体相同的利润水平。价格改革的目的，也是为此创造条件，即逐步实现工农业产品等价交换，消灭工农业产品价格的剪刀差。这样，就不可能出现以工补农的问题，也不需要以工来补农了。

价格管理体制的改革本身同样要求配套。

随着价格改革的逐步进行，一部分商品退出了国家统一定价的范围。1985年，价格仍由国务院有关部门管理的农副产品的品种已由1980年的一百一十三种减少到二十五种；这二十五种在完成国家合同收购任务后，也实行议价购销。1983年以前，由国家统一定价的日用工业消费品为八十五种，占销售额的75%左右，1985年已减为三十七种，占销售额的30%左右。国家统一定价范围的缩小，意味着实行市场价格和浮动价格的范围的扩大。但是，市场价格和浮动价格相应扩大的比例各占多少，要根据经济发展和体制改革进展情况而定。一般来说，经济体制改革越深入，经济发展比较协调，通货膨胀压力较小，就可以较多地扩大市场价格的范围和比例；与此不同，经济体制改革起步不久，经济发展不那么协调，通货膨胀压力较大，则不宜过多地扩大市场价格的范围和比重，而要较多地实行浮动价格，以免物价总水平失去控制，败坏价格改革的声誉。

扩大自由价格或市场价格，也有选择产品和品种的问题。前面提及，在我国具体条件下，生产资料的价格可以较多地先放开，而最终产品特别是消费品的价格则宜后放开。因为先放生产资料价格，后放最终产品价格，可以让涨价部分由生产最终产品的企业消化一部分，引导产业结构和产品结构逐步朝着合理化的方向发展，同时又不致于马上引起消费品价格的过大波动。消费品价格是市场价格的主要部分，消费品物价水平与人民生活息息相关。过快过多地放开消费品价格，要承担很大的危险。某些基本生活消费品的需求弹性小，供给弹性也小，价格放开后上涨时，需求并不减少，供给也难以很快增加，可能造成价格的持续上涨。对放开消费品价格采取慎重的方针,比较容易稳定市场物价水平,也能够有效地防止工资和物价的轮番上涨。

　　此外,价格管理权限的下放也有一个互相配合的问题。就政府定价来说,也有中央定价、中央经济部门定价、省及省以下政府定价之分。随着经济体制改革的进行,中央定价将逐渐减少,价格管理权将逐步下放,除下放给企业的以外,各级政府之间定价权如何划分,也有一个择优的比例问题。这个问题解决得好,将有助于价格改革的顺利进行。

第十一章　社会主义国家对价格的直接管理和间接管理

社会主义价格体制改革后,并不是意味着价格形成完全交给市场力量,国家放任不管。不是这样。社会主义国家只是从直接管理,转变为以间接管理为主,只对少数产品和劳务的价格保留直接控制。这是为保证社会主义有计划商品经济正常运行所必需的。

第一节　经济体制改革要求国家对价格从直接管理逐步转变为主要进行间接管理

随着经济体制改革的进行,社会主义国家对经济的管理将会出现两个突出的变化。一是管理的对象从几乎无所不包变为主要管理宏观经济,其核心是有效地控制社会总需求的合理增长,同时合理地利用资源,有计划地增加社会的总供给,使社会总需求与社会总供给相一致,以保证国民经济比例关系大体协调,实现有计划的发展;而对微观经济活动则大部分或绝大部分放开,不再随便干预。一是管理从直接管理变为主要进行间接管理,从行政方法变为主要运用经济方法,即主要通过经济参数进行诱导和控制,使各项经济活动符合总的发展战略目标。

与此相适应,国家对价格的管理也将发生变化,从管得过多过死变为主要管宏观价格(如控制物价变动幅度、合理调节某些战略性价格和主要比价、差价关系等),从国家统一定价的直接管理变为主要进行间接管理。除极少数关系国民经济全局的产品和服务收费仍保留国家统一定价,一部分重要产品和服务收费由国家规定实行浮动价(包括最高限价,最低限价,中准价和浮动幅度)外,国家一般不再对各种具体产品价格和各项服务收费进行直接的行政干预,而只通过各种间接手段控制价格总水平和各种重要产品的相对价格水平,运用价格杠杆引导社会生产和消费结构合理化。

社会主义国家这种对价格管理制度的转变,是符合我们对社会主义经济的本性和特征的新认识的。党的十二届三中全会《中共中央关于经济体制改革的决定》,确认社会主义经济是在公有制基础上的有计划的商品经济。前面已经说过,所谓有计划的商品经济,是指社会主义经济从总体上说,是商品经济,商品经济活动是整个社会经济活动的基础;国家通过自觉地组织、调节和控制,引导商品经济活动纳入有计划发展的轨道,避免资本主义商品经济那样的无政府状态和经济危机。

根据社会主义经济是有计划的商品经济的本性,在经济运行方面,自然更多的要实行市场协调而不是行政协调,而这就意味着在价格形式上要更多地采取市场价格或以市场价格为主。当然,为了保证社会主义商品经济发展的计划性,市场协调和市场价格都要以国家对宏观经济的有效管理和控制为前提,即要以计划为依据,实现宏观经济比例协调,主要是实现社会的总需求和总供给相一致,对增加货币供应量实行严格的控制,以及包括对一部分产品实行国家统一定价或浮动价,国营物资和商业部门参与市场调节等。这样,就能使市场价格不因由于垄断、投机、群众市场心理变态或外来因素带来的短期供求关系的变动而波动太大,暴涨暴跌,同时防止短期供求关系的变化给生产和消费的错误引导带来破坏和经济危机。

这样,一方面,价格将及时和灵活地反映社会劳动消耗和供求关系的变化,并存在一种自动调节比价和差价关系使它们经常合理化的内在机制,从而给生产和消费提供比较准确的信息,促进生产和消费模式合理化;另一方面,价格又不是盲目地受市场自发势力摆布,变幻无常,而是存在着国家直接和间接的管理,并以间接管理为主,以尽力避免或减轻其盲目性及由此带来的不良影响。

有人主张,社会主义商品经济条件下理想的价格模式是自由价格或供求平衡价格,国家应当放弃对价格的干预和管理,包括间接管理。这种主张并不可取。因为这意味着价格完全受市场供求关系的制约而经常波动,特别是受短期的市场供求关系的失真(不属常态)的变动而给生产和消费带来不那么真实的信息,容易引起生产和流通的无政府状态。同时,在社会总需求不能得到有效管理的条件下,还必然导致物价总水平失去控制,显然,这是不符合社会主义经济是有计划商品经济的本性,不符合社会主义商品经济要有计划地发展。事实上,现在几乎所有发达的资本主义市场经济国家,也没有完全放弃对价格的干预,包括直接干预和间接干预,企求减轻市场自发势力对社会经济生活的破坏作用。但是,资本主义市场经济是以私有制为基础的,难于做到宏观经济比例协调,难于对市场进行有效的调节,因而市场价格的引导不可避免地会带来生产的无政府状态和经济危机。

与上述意见相反,有人主张,社会主义经济理想的价格模式仍是以国家统一定价为主,国家对价格仍应广泛实行直接管理,以保证对市场的有效控制和社会经济发展的计划性。这种主张也不可取。国内外社会主义经济实践证明:对价格的广泛直接管理是高度集权计划经济模式的产物,存在种种弊病,主要是不能灵活而及时地反映社会劳动消耗和供求关系的变化(前面提及过,国家调整各种产品的价格,从搜集数据资料、调查研究到提出方案层层审批,最后做出决策,需要经历长达四五年的时间,调价方案出台时早已时过境迁),因而常常给生产和消费带来不准确的错误的信息,导致生产和消费结构不合理,造成各种浪费和损失,不但影响微观经济效益,而且影响宏观经济效益。经济体制改革包括价格改革的目的,就是要打破这种僵化的价格形成模式,发挥市场机制的作用,使社会主义经济充满生机和活力,不断提高经济效益。如果坚持对价格广泛实行直接管理,就会继续把价格管死,同经济体制改革的进程不协调,拖改革的后腿。同时,既然我们承认社会主义经济是有计划的商品经济,要按商品经济原则办事,充分利用市场机制,让生产者和经营者的眼睛主要盯住市场,以便使自己的生产经营活动更好地符合社会的需要,就必须把大部分产品的价格放开,由市场去决定它们的相对价格水平,让价格自动而灵活地调节各项经济活动,使企业在同等条件下开展竞争,以推动技术进步和社会生产力的发展。

需要指出,国家对价格从直接管理转变为间接管理是逐步完成的,需要经历一段相当长的时间。这是因为,国家对经济的管理从直接管理到间接管理需要逐步过渡来完成。即使是资本主义国家,也不例外。英国在第二次世界大战后,从统制(配给)经济过渡到主要从宏观上控制社会总需求的间接管理的经济体制,大概花了九年的时间,而对外汇的控制一直延续到1979年才取消。外汇汇率同资本利息和劳动力工资一样,都是影响社会经济全局的战略性价格。我们是社会主义国家,在进行经济体制改革前,几十年来一直实行直接管理经济和价格。因此要实现从直接管理向间接管理的过渡,要比资本主义市场经济国家困难得多、复杂得多,经历的时间自然也要长一些。在过渡阶段,直接管理和间接管理将是同时并存,互相补充。而随着改革的推进,逐步缩小直接管理的范围和程度,扩大间接管理的范围和程度,从而完成模式和体制的转变,从双轨制向单轨制转化。

在对价格的管理上,也是如此。在从直接管理向以间接管理为主的过渡阶段,将出现如下几种情况。

第一,逐步缩小国家统一定价的范围,扩大市场价格的范围。与此相适应,定价权和调价权逐步下放给直接的生产者和经营者。最后国家只保留少量必要的对价格的直接控制和管理。这是就不同产品来说的。

第二,对于一些同种产品来说,则逐步从单一的计划价格向双重价格或双轨价格过渡,然后再过渡为有指导的市场价格。所谓双重价格或双轨价格,是指除计划价格外,承认非计划价格的合法性并允许其普遍存在。后者既不同于黑市价,也不是一般的物资协作价。实现从双轨价格向单一的有指导的市场价格过渡的关键,在于缩小国家牌价和市场价的差距。

第三,在体制转换过程中,可以较多地采用计划和市场有机结合的过渡形式。浮动价格可以说是这方面非常有益的创造。它可能有助于调节双重经济体制特别是其中双重计划体制、物资分配体制并存带来的种种矛盾和弊端,从而有助于摸索对价格从直接管理过渡到间接管理的形式、方法和步骤。浮动价格在体制转换时期大有用武之地。

第二节 国家对价格进行间接管理的内容

社会主义国家对价格的间接管理,包含哪些内容? 我想最少包括如下几个方面。

(一)控制物价总水平。

任何一个国家,要保持经济持续稳定的增长,都不能对物价总水平失去控制,最好能实现市场物价总水平的基本稳定。所谓基本稳定,不同的国家有不同的标准,有的国家如联邦德国要求较高,认为年平均上涨率不能超过 2%—3%;有的国家如美国、意大利要求低一些,认为年平均上涨率达到 3%—4% 也算基本稳定;等等。美国里根总统 1980 年上台时,面临着通货膨胀率和失业率都达两位数的困境,他和他的智囊团认为,当务之急不是降低失业率,而是先控制物价总水平,降低通货膨胀率。他们通过紧缩的货币政策,控制货币供应量,提高利率,把物价总水平的上涨率逐步降到5%以下,从而稳定了经济,为这几年经济的复苏和增长创造了有利的条件。其他一些发达的资本主义国家,多年来也一直把稳定币值,争取物价的基本稳定,作为重要的战略目标。比如,一般发达资本主义国家中央银行的货币政策的目标有四个,即保持物价稳定、充分利用资源、经济增长和国际收支平衡。但各国的重点有所不同,其中联邦德国、日本、美国都以实现物价稳定或基本稳定作为主要目标,联邦德国更认为如果其他目标同稳定币值目标矛盾时,要服从稳定币值这个主要目标,他们还提出"保卫马克"的口号。

我国是社会主义国家,要实现国民经济的有计划按比例发展,就更要求国家有效地控制物价总水平,争取价格水平的稳定或基本稳定,而不要出现大的波动。物价不稳定,既是经济不稳定的反映,又会反过来影响经济的稳定、协调发展,经常打乱各部门的正常的比例关系。因此,控制物价总水平,不是权宜之计,而是社会主义国家需要长期坚持的战略方针。

控制物价总水平不等于冻结各种产品的价格和服务收费。在价格总水平稳定或基本稳定的前提下,各种产品价格和服务收费有升有降是自然的现象。同时,有必要把结构性物价变动引起的价格总水平的上升,同通货膨胀加以区别。在一般情况下,物价上涨同通货膨胀是很难区分的,但有时也会出现特殊的情况。只要不是因为货币发行过多,而是社会经济生活中的某种压力促使物价上涨,就不是通货膨胀。如某些产品价格和服务收费长期偏低,需要做适当提高;粮食和其他农产品因歉收而出现的价格上涨;国际市场价格波动,国内出现连锁反应而使价格上涨;等等。我们在价格改革过程中,在逐步实现对价格以间接管理为主的过程中,更是要着重控制和避免由通货膨胀引起的物价总水平的上升,至于对由价格的结构性调整引起的物价总水平的上升,则不必大惊小怪,过多干预,而要因势利导,把物价总水平的上涨幅度分解在若干年内实现,避免一时上涨率过高,影响社会经济的正常运行。

(二)影响某些产品的相对价格水平。

各个国家为了实现各自的经济发展战略,都对一些产品的价格进行某种干预和管理。最常见的,有对某些农产品实行定额优待收购价,这实际上是对生产者的保护价;有对某些短缺产品实行最高限价,这实际上是对消费者的保护价;有对某些基本生活消费品通过在流通环节进行价格补贴低价出售;有对出口商品进行特殊补贴;等等。其中,对农产品进行财政补贴,是各国普遍存在的经济现象。据联合国粮农组织对57个国家和地区调查,就有53个实行补贴。

社会主义国家为了保证国民经济的持续、稳定、协调的发展,为了保障人民生活并使之逐步提高,也需要对某些产品的相对价格水平进行管理和控制。其中特别突出的是经常存在大量的对人民基本生活消费品的价格补贴。苏联长期实行主要农产品(特别是肉类、奶类、马铃薯和某些蔬菜)购销价格倒挂的价格补贴,1983年达425亿卢布,比1961—1965年平均每年补贴额增加23倍,占国家预算支出的12%。波兰对基本食品的价格补贴,1978年为1,250亿兹罗提,1980年增为2,000亿兹罗提,增长60%,占国家财政支出的16%。我国长期实行逐步提高农产品收购价格和稳定消费品零售价格的方针,以保证人民生活的安定。但是,流通环节价格补贴的范围越来越大,金额愈来愈多。实行补贴的消费品,由二十世纪六十年代初期的粮、油、絮棉等五种,逐步扩大到现在的三十五种左右,1978年直接用于城乡人民生活的价格补贴为56亿元,1983年增至342亿元,如果包括房租和其他公用事业亏损补贴在内,高达400亿元以上,占国家财政支出的20%以上。随着价格体系改革的进行,需要逐步减少补贴的金额,把一些不合理的补贴逐步取消。例如,随着房租改革的进行,房租补贴就将大大减少。

过去我们研究价格及其变动,常常局限于物质产品的价格以及各种服务收费,而对其他方面的价格经常忽视或注意不够。随着社会主义商品经济的发展,随着资金、土地、住房等的商品化,这些商品的价格利息、汇率、地租、房租等已开始引起人们的重视。国家对这些价格水平的管理,是进行宏观经济管理的重要内容,也是控制物价总水平的有效手段。国家只要合理控制货币供应总量,控制那些战略性价格,就可以把一般的物质产品价格和服务收费放开,并不会引起价格的全面上涨。

(三)控制某些产品价格的升降及其变量。

价格是最重要的生产和消费的信号。在其他条件不变时,商品价格提高,就能增加利润;相反,商品价格降低,就会减少利润。而追逐利润正是商品经济中生产和经营单位从事经济活动的主要动机。另一方面,商品降价,同量的货币就能买到更多的商品;相反,商品提价,同量的货币只能买到较少的商品。正因为这样,价格的变动对供和求同时发生作用。价格提高,可以刺激生产,增加供应,同时限制需求和消费;相反,价格下跌,可以刺激需求和消费,同时影响生产,减少供应。所以,价格及其变动调节着人们的生产和消费,调节着生产资料和劳动力在国民经济各部门之间的分配比例,体现着价值规律对商品经济的决定作用。

价格的这种职能,使它常常成为各国用于实现某种经济发展目标的有力工具。例如,当投资的资金需求大大增加而资金供应不足时,国家可以通过提高资金的价格,例如通过调整(提高)中央银行的再贴现率的手段,提高利息率,以鼓励储蓄,增加资金的供应,同时抑制对资金的需求。在能源危机时,国家往往采取鼓励节能产品的政策,如对节能产品实行保护价等。对于本国资源短缺的产品,则让其价格偏高,以便适当抑制需求和消费。如此等等。

在我国,经验证明,对短线产品实行价格鼓励和对长线产品实行价格歧视的政策,对于鼓励短线产品的增产和限制其需求,对于限制长线产品的盲目增产和刺激其需求,能够取得明显的效果。价格的这种对生产和消费的导向作用,对于提高社会和长期的经济效益,是至为重要的。需要指出,这种对价格的有效管理,同目前我们事实上对许多大、中型企业的"价格歧视"政策是完全不同的。现在大、中型企业生产的许多计划内产品,质高耗低但价格低;而一些小企业生产的是计划外产品,尽管质低耗高但价格反而高,并且非常抢手,因而出现以小挤大,以落后挤先进,并造成新的苦乐不均的不正常现象。这样做,价格往往起逆调节作用,不利于社会经济效益的提高。

第三节 国家通过货币政策和财政政策控制物价总水平

国家通过多种手段,实现对价格的间接管理。其中通过货币政策和财政政策控制物价总水平具有决定性意义。

首先是货币政策。价格问题的实质是币值问题。物价上涨,说明货币贬值;物价下跌,说明货币升值。马克思主义纸币流通规律告诉我们,纸币的币值代表流通中需要的货币商品(金)的价值。如果商品流通量和纸币流通速度不变,纸币比前增加一倍或减少一半,那么每单位纸币(元)所代表的价值就减少一半或增加一倍,物价就上涨一倍或下跌一半。所以,调节货币供应量被广泛的用来控制物价总水平。连西方经济学著作都提出了如下的经验数据:年货币供应量增加6%,如果年平均国民生产总值(GNP)增长3%,那么,物价总水平的上升就可以控制在3%以内,因为6%的货币增加量有3%被生产和流通的扩大所吸收。① 这里面需要说明两点。第一,以上推论,要以商品市场经济已

---

① 米尔顿·弗里德曼说:"在1969—1979年美国温和得多的通货膨胀中,货币量按年率9%增长,物价则按年率7%增长。其差额2%反映了这10年生产增长的平均年率2.8%。"(〔美〕米尔顿·弗里德曼:《论通货膨胀》,第100页)

经相当发达,纸币流通速度不因社会经济的货币化而减慢为前提。第二,货币供应量中货币的范围要相对稳定,即使在信用制度比较发达的国家,也主要指基础货币(西方国家主要指 M_1,即现金、支票存款和活期存款,在我国指现金和相当于现金的中央银行负债)。

在控制货币供应量方面,我国目前存在相当复杂的情况。这主要是我国近几年出现货币流通速度减缓的状况。因为这几年正值我国农村由自给半自给经济向大规模商品经济转化过程中,原来的实物经济逐步向货币经济转化,需要吸收越来越多的货币;同时,在所有制结构调整中非现金结算范围缩小和现金流通范围扩大,以及居民手持货币增加引起的货币的沉淀,等等。这种情况,决定着我国货币供应量可以超前增加,但是究竟可以超前到什么程度,其合理的经济界限在哪里,需要很好研究。其次,目前我国应掌握的基础货币是什么,在经济界和理论界也有争议。看来,似应以现金和可直接用于购买商品的各项存款(如企业存款、基本建设存款、机关团体存款、不包括个人储蓄的农村存款等)为准,而同西方国家的 M_1,有相当大的差别。因为我国目前基本上不存在支票存款,一般活期存款需要从银行取出现金后,才能成为现实的购买力。再次,除了基础货币以外,是不是还要建立广义的货币总量指标,作为控制货币供应量的工具,这也值得研究。广义的货币总量指标,包括现金、活期存款、定期存款和储蓄存款。目前,我国正处在建立新的金融制度的过程中,货币流通规律很不稳定,科学的广义货币总量指标短期内还不可能建立。同时,在我国,储蓄存款是目前居民最主要的积累办法,如果把长期的储蓄存款也划入货币总量指标,在控制货币供应量时也控制储蓄存款,就会限制储蓄的增长,这对经济的发展显然是不利的。

利息本身是资本(资金)的价格,利息率又是实现货币政策的重要杠杆。利息率高低是一个国家实施紧的还是松的货币政策的重要标志。中央银行根据发展国民经济的需要和市场货币(资金)供求状况确定统一的再贷款利率(或再贴现率),以影响整个社会的利率水平。例如,为了控制社会总需求的膨胀,抑制需求拉动型的物价上涨,中央银行可以提高再贷款(或再贴现)利率,使整个利率水平提高(当然这以国家对商业银行的存贷款利率不进行行政干预为前提),这样就可以抑制投资,刺激储蓄;而为了刺激社会总需求的增长,活跃国民经济,则可以降低再贷款(或再贴现)利率,使整个利率水平下降,这样就可以鼓励投资,增加对货币(资金)的需求。

为了发挥利率的杠杆作用,第一,必须使名义利率不低于通货膨胀率,否则实际利率会是负数,人们将不愿意存款,而贷款者则由此受到鼓励和刺激滥用贷款。我国1985年的实际利率就是负数(物价上涨率高于名义利息率),这是不利于发挥利率对资金供求的调节作用的。第二,各个生产经营单位要对利率的变动做出灵敏的反应。在资本主义市场经济国家,利息率哪怕是微小的变动,都会引起资金供求关系的重大变化,直接影响到企业的投资和经营决策。如果社会主义企业对资金使用不负经济责任,利息负担对企业实际利害影响不大,利率的变动就难以对企业行为产生重要影响。因此要发挥利率的杠杆作用,还需要使企业的财务预算约束强化,打破资金"大锅饭"。

财政政策也是国家管理价格的重要手段。采取紧缩的财政政策,实现财政收支平衡,是控制社会需求、货币发行和稳定物价的基础。对于商品市场经济不够发达的国家,更是如此。因为没有资金市场的国家,政府的财政赤字只有靠发票子而别无其他方式弥补。如拉美国家财政赤字有多大,货币发行就有多大,这是许多不发达国家长期遭受通货膨胀的原因,因此这些国家实现财政收支平衡对于控制物价总水平显得更加重要。不仅如此,有的发达资本主义国家有时也重视运用财政政策来控制价格总水平。英国在第二次世界大战后,为避免过度需求和控制通货膨胀,就没有使用货币政策,因为这需要利率有较大变动,同时利率变动反映到投资和物价上有一个"时间差",而财政预算一旦出现盈余,整个局面就能改观。

在财政政策上长期有争议的问题是要不要实行一定程度的赤字预算,以刺激需求和投资的增长。有人竭力主张用一定数量的赤字预算来扩大建设规模,认为这是加速经济增长的灵丹妙药,而由此带来的通货膨胀和物价上涨则是为经济腾飞付出的必要的代价。当然,对有些发展中国家来说,由于需求不足,会有一些部门生产能力利用不足,因此有一定的通货膨胀,可能有助于生产能力的充分利用。但是,我们是社会主义国家,我国几十年社会主义建设的经验表明,我们这里一般不存在需求不足的问题,而是常常出现需求膨胀难以控制的状况,如果再加上通货膨胀的刺激,就等于火上浇油,有害无益。正确的做法,似乎应是在长时期内实行紧缩的财政政策,争取财政收支平衡,从根本上防止货币的超前发行和过量供应,这是国家控制物价总水平的有力手段。

还有,随着社会主义商品经济的发展,即使出现财政赤字,也不能通过向银行透支(银行发票子)的办法来弥补,而应通过国内的债务(或证券)市场来筹集资金,弥补赤字。有的发达的资本主义国家,如美国,多年来,一直存在大量财政赤字(近年来财政赤字高达2,000亿美元),但是靠发行国债弥补,而同时对货币供应量的增加仍然严加限制,做到在财政赤字很大的条件下遏制通货膨胀率,并保持了经济的一定幅度的增长。当然,美国有其特殊条件,这就是投资环境较好,利润水平较高,因此吸引着大量的欧洲美元、中东石油美元的流入,有力地补充了投资的需要。总之,为了减轻通货膨胀的压力,财政赤字不能靠发票子弥补。同时,一旦当财政出现盈余时,也应用于回笼市场上已经过多的票子。

比较复杂的问题是财政政策和货币政策的互相配合问题。

国家在调节社会总需求,实现社会总需求和总供给的平衡,以便控制物价总水平时,单纯运用财政政策或货币政策是难以达到预期的目的的。特别是主要靠间接调节控制经济运行时,更有必要实行财政政策和货币政策的配合,以便取得较好的效果。而它们之间的良好配合关系又以中央银行和财政部门各自独立为前提,特别是如果中央银行处于软弱无力的地位,货币政策就很难发挥其效力。

在目前我国存在过度需求、通货膨胀压力很大的情况下,一般认为,为了有效地控制物价总水平的上升,需要采取紧缩的财政政策和紧缩的货币政策相配合。所谓紧缩的财政政策,就是政府的财政预算要做到收支平衡,力争有盈余,并将盈余冻结起来,不应作为银行信贷资金的来源。在货币政策上应同时控制贷款总额,提高利息率,以控制和紧缩社会总需求,防止需求拉动型物价上涨。

从长期来看,正如上面提到过的,也许实行紧缩的财政政策和比较松弛的货币政策相配合,可能既有利于控制总需求,控制物价总水平,又有助于把经济搞活。这种选择同西方国家如美国多年来的做法是相反的。西方国家通常用松的即扩张性的财政政策来避免萧条,因而赤字很大,债台高筑;同时又用紧缩的货币政策来反对通货膨胀,出现高利率,本国通货升值,不利于出口。结果出了许多问题,至今没有找到好的出路。

第四节 防止和克服工资与物价轮番上涨

过去,我国历来执行平均工资的增长速度慢于劳动生产率增长速度的政策,因此不存在单位产品成本中工资含量增加的问题。反映在理论上,长期以来经济学界不承认我国存在工资(成本)推动型的物价上涨。

与此不同,在第二次世界大战后,许多资本主义国家却普遍存在工资(成本)推动型的物价上涨。① 因为在他们那里,需求长期不足,一般不存在需求拉动型物价上涨,但是,却存在工资要求不断提高的强大压力,而一旦工资的增长超过劳动生产率的增长,就会出现工资(成本)推动型物价上涨。有的经济学家还提出一个公式:假设其他条件不变,物价上涨率就等于名义工资增长率和劳动生产率增长之间的差额。

有的社会主义国家也出现工资(成本)推动型物价上涨,特别在实行经济体制改革的时候。南斯拉夫自 1961 年实行新的收入分配制度后,职工个人收入(工资)成为企业自己安排的事情,中央只发布关于个人收入应如何形成的一般性的规定,缺乏有效的宏观管理。企业进行收入分配时,容易从眼前利益和局部利益出发,个人收入的增长超过劳动生产率的增长,消费基金过分扩大,使企业的积累与补偿能力严重不足,只能千方百计追求银行贷款,引起信用膨胀。因此,南斯拉夫物价飞涨(近年来通货膨胀年率高达 70%)主要是由两方面因素引起的:一是工资推动,二是信贷过度。到 1984 年,工资增长同物价上涨一样快,出现了工资和物价你追我赶的竞赛。南斯拉夫有的经济学家认为,有效的收入政策看来是经济稳定的最重要的工具。如果不从根本上,即从工资和一般收入支付的地方制止通货膨胀,就很难实现经济稳定。同时,要实现经济生活的正常运转,第一步要做到物价上涨率低于名义利息率,使实际利息率成为正数,哪怕只有 1%也好。

与此相类似,波兰在 1973 年改革中,在投资过猛的同时,工资也剧增,改革开始不到两年,就遇到严重挫折。针对南、波情况,匈牙利著名经济学家科尔奈提出:经济体制改革是有风险的,主要风险之一,是要

---

① 进口价格大幅度上升也会引起成本推动型的物价上涨,因为进口的原材料、设备或组装件等价格上涨了,会提高产品成本,从而推动物价上涨。本章对这方面的因素撇开了。

求增加工资的压力过强,如不能正确处理,可能带来严重问题。

我国开展经济体制改革以来,也存在工资增长过快的问题,出现了工资(成本)推动型物价上涨。实际情况迫使我们要认真研究工资和物价关系问题。1984年,全民所有制单位职工平均工资为1,034元,比1980年的803元增加29%(扣除职工生活费用价格变动因素后,实际工资增长18%)。同一期间,全民所有制独立核算工业企业全员劳动生产率(按1980年不变价格计算),只增长16%。工资增长快于劳动生产率增长,加上生产资料价格有所上涨等因素,使得"六五"期间前四年可比产品成本,虽然年年要求降低,实际上除1983年降低0.24%以外,年年都是上升的,1981年上升1.17%,1982年上升0.38%,1984年上升1.97%,1985年前8个月又比上年同期上升5%。产品成本上升,必然推动产品价格上涨。

针对上述情况,我们要控制物价总水平,除了要采取正确的财政政策和货币政策,以控制社会总需求,防止和克服需求拉动型物价上涨以外,还要采取正确的收入政策相配合,以防止和克服工资(成本)推动型物价上涨,即防止和克服工资和物价的轮番上涨。由于当前我国面临通货膨胀、需求过度、外贸逆差、建设资金不足等情况,工资的增长速度就不但不应超过,而且应当低于劳动生产率的增长速度。这里有一个正确宣传体制改革的问题。应当向群众反复讲清楚,进行经济体制改革能够解放生产力,加速经济的发展,从而有利于提高人民生活水平。但是,不能期望每年、每季、每月的生活水平都提高,而且都能大幅度提高。相反,在体制改革时期,控制工资水平,不让其增长过快,正是保证体制改革顺利进行的关键之一。如果体制改革一开始,就给人民许诺过多,一旦种种原因实现不了时,反而会造成不良后果。

还有一个问题,就是如何评价工资增长与税利挂钩的做法。在价格体系合理、税制和税率也合理的条件下,工资增长和税利挂钩未尝不可。因为在这种情况下,税利的增长能够反映企业的经营管理水平的提高和经济效益的改善。但是,如果价格体系还不合理、税制和税率还不完善,实行工资增长和税利挂钩,就容易使一些企业工资不合理的增长过快,并影响其他企业竞相增加工资,造成平均工资的全面提高,推动物价上涨,并成为工资要求进一步提高的理由。这种工资和物价的轮番上涨,是最令人不安的局面。世界各国的经验证明,工资和物价的交替上升,往往是很难克服和扭转的。所以,为了保证经济体制改革顺利进行,为了有效控制物价总水平,需要采取切实措施,避免工资增长过快和失去控制。

第五节 用直接管理和间接管理的办法影响某些产品的相对价格水平

社会主义价格管理体制改革实现以后,即过渡到以间接管理为主的体制以后,国家对价格总水平的控制,基本上将采取间接手段,主要通过货币政策、财政政策等进行。与此有所不同,对于各种产品的相对价格水平,绝大部分是放开的,即实行自由价格。但是也有一部分产品的价格,需要管理,包括直接规定限价或管制,以及通过间接手段影响其相对价格水平。

对某些产品包括工业品进行价格管制,即使是资本主义市场国家也不例外。据报载,1985年12月23日,法国政府宣布撤销部分工业品的价格管制,这些产品的年销售额总计1,000亿法郎以上。法国发言人说,这项措施生效后,在法国销售的制造品将有85%不受价格管制,在此之前约为80%。这次撤销价格管制的产品包括某些家用电器、录像机、录像带、某些烈酒、报纸期刊、香水、巧克力、炼乳以及某些汽车零件。价格仍受政府管制的产品包括医药产品、汽车零件及某些专卖性食品等。

　　因此,即使实现价格管理体制转轨后,社会主义国家对某些产品实行直接管理仍然是需要的,特别是对于某些关系民生而又在一个时期内供不应求的基本生活消费品,以及对某些需要进口的产品等,进行直接的价格管理,是不可避免的。对这些产品价格的管理,也在一定程度上影响价格总水平,管理的产品越多,对价格总水平的影响就越大。看来,随着价格体制改革的进行,对生产资料将较快地实现间接管理,而对消费资料可能要保留较多的直接管理,因为生产资料价格变动不会直接影响市场物价水平,容易推行间接管理,而消费资料价格的变动则会直接影响市场物价水平,因此保留直接管理的时间要长一些,品种可能要多一些。

　　对某些产品价格水平的影响,除了第二节提及的实行财政补贴以外,可以通过制定和实施产业政策、税收政策和信贷政策等实现。例如,某种重要生产资料,关系国民经济全局,但因生产周期长,投资大,长期供不应求,价格居高不下。这光靠放开这种产品价格,并不能实现一放就涨,一涨就多,一多就降的良性循环。而要通过实施扶植这种产品生产的产业政策,并通过其他政策配合,把生产搞上去,才能增加供应,稳定其价格水平。至于一些重要的服务收费,如铁路客运价、地铁票价、公共汽车票价等,由于这些基础设施投资都很大,成本很高,许多国家都采取优惠办法,维持较低的收费标准,以保障群众的生活安定。与此相反,对于某些需要限制消费的进口产品,则可以通过关税政策,收取较高的进口税,让价格水平高一些,以限制对它的需求和消费。

　　比较常见的还有,国家合理调整产业结构,对某些行业和产品制定和实施优惠的信贷、税收等政策,扶植和鼓励其发展,面对另一些行业和产品则制定和实施歧视的信贷、税收等政策,以限制其盲目发展,从而影响它们之间的比价关系,影响它们的相对价格水平。许多国家的经验证明,国家有必要也有能力直接掌握大部分信贷资金,以低于市场利息率水平的优惠利率向新兴工业部门和生产出口产品的企业提供贷款,以保证资金的最有效使用和生产资源的最优配置,这也是保持合理的价格结构的重要措施。

随着社会主义商品经济的发展和经济体制改革的进行,越来越多的产品将实行企业定价,企业的价格行为越来越重要。上述国家的政策要求,最后都要落实到企业的价格决策上。因此,国家要影响各种产品的价格水平,都要通过正确引导、控制企业的价格行为来实现。因此,企业价格行为合理化,是国家对价格实行间接管理的重要内容。

国家还要加强对物价的监督和检查。对违反国家有关政策法令乱涨价和变相涨价,以欺骗和坑害消费者的行为,要依法制裁,经济上严厉惩罚。特别是,这种监督和检查要经常化、制度化、群众化,不要只是出了问题以后才重视,平时则放松。这种行政手段和立法手段的运用,是对经济手段的必要补充,需要加以重视,把它作为国家实现对价格管理的重要方面。为此,要尽快制定《价格法》《市场法》《反垄断法》等经济法规,用法律形式明确各管理部门和企业等在价格方面的权利和义务。

第六节　社会主义国家实现对价格间接管理的条件

社会主义国家要实现对价格的间接管理,必须具备一系列重要条件。

首先,防止经济过热和出现过度需求。这是最根本的。这个问题后面一章还将专门论述,这里暂时从略。

其次,企业要能真正自主经营、自负盈亏。

这是保证国家的宏观经济管理包括对价格的间接管理能够取得成效的重要条件。如果企业不是真正的自负盈亏,而是像人们通常形容的那样,只负盈而不负亏,只有动力没有压力,国家的货币政策就很难起应有的作用,通过货币政策控制物价总水平也可能落空。比如,企业仍然吃资金"大锅饭",并且比较容易地从免税、补贴、软信贷,或由财政调整产出价格取得补偿的话,企业就不会对利率、汇率的变化做出灵敏的反应,提高利率照样要求贷款投资,国家通过提高利率控制总需求的计划就难贯彻,而需求压缩不下来,需求拉动型物价上涨就难以制止。又如,企业不管经营好坏,职工工资和奖金都差不多,那么,国家通过产业政策、税收政策和信贷政策对长线产品的抑制和对短线产品的鼓励,都将很难奏效,从而国家通过间接管理影响各种产品的相对价格水平,以引导各种产品的生产、流通和消费符合整个社会的利益的要求,也实现不了。

可见,有效的间接管理,需要有微观经济对这种管理能够做出灵敏反应为前提。否则,即使管理对头,信号准确,但微观经济活动可能无动于衷,像严重色盲者,即使放了红灯,仍然开着车子直撞过去,而开了绿灯,反而停车不走。

再次,要有比较完善的市场体系。

国家要对价格进行有效的间接管理,需要有一个比较完善的市场体系,发挥市场力量的作用。这里面最重要的有三条。第一,要争取有一个供需大体均衡、最好供略大于需的市场条件。这就能为市场机制的作用创造比较良好的环境。如果情况不是这样,许多物资供不应求,出现短缺,质量再次的产品都卖得出去,就不能充分发挥市场机制的作用,涨价之风以及各种变相涨价就很难制止。第二,要有一个公平竞争的条件,不能画地为牢,搞地区封锁,更不能搞垄断生产和经营,这同样会麻痹市场机制的作用,给国家的间接管理制造种种障碍。第三,要逐步建立和完善市场体系。除了商品市场以外,还要有资金市场、技术市场、劳动力市场、房地产市场等。比如,为了使微观经济行为对宏观经济间接控制做出有效反应,就必须建立资金市场。这样的市场可以帮助组织不同企业、部门和地方之间的横向资金流动。投资通过资金市场分配,有利于提高人们对资金使用的责任心,提高投资效果。同时,如果在国内有一个非货币的政府债券市场,就可以使人们在政府债券和银行存款之间进行选择。没有这样一个市场,货币政策只能服从于财政政策,要控制通货膨胀就必须压缩财政赤字。

为了更好地发挥市场的作用,要加强市场行情的分析、预测,及时向有关部门和企业提供市场信息。还要迅速建立全国物价信息网络,及时公开发布,以发挥其指导生产和消费的积极作用。

由此可见,实现对价格的间接管理,或以间接管理为主,是价格管理体制的重大变革,需要具备一系列条件,不是一朝一夕就能做到的。在条件尚未具备时,许多直接管理方法不能放弃。即使条件具备后,也仍需保留某些直接管理,虽然这种管理只有从属的意义。

第十二章　为价格改革创造良好的经济环境

价格是国民经济状况的综合反映。多年来在僵化半僵化价格管理体制下形成的价格体系很不合理,价格问题成堆成山,亟须综合治理。价格改革是解决价格问题的唯一出路。为了顺利进行价格改革,需要有良好的即比较宽松的经济环境,主要是宏观经济比例协调,社会总供给和总需求及其结构基本平衡,货币供应量增加基本上控制在经济发展和流通扩大所需要的限度内,国民经济发展比较平稳,国民收入和人民收入水平稳定增长,国家财力、物力后备比较充裕等。在这种情况下,对价格的结构性调整就能不受或少受通货膨胀的干扰,就能够避免物价的轮番上涨或工资与物价的螺旋形上升局面的出现。因此,在本书结束前,需要对价格改革的外部经济环境做一简要的考察。

第一节　价格改革是否需要比较宽松的经济环境

价格改革总是在一定社会经济条件下进行的。这几年在理论界和经济界一个有争议的问题是:价格改革的顺利进行,是不是需要一个比较宽松的经济环境?

有的同志认为,所谓比较宽松的经济环境,包括社会总供给略大于社会总需求的有限的买方市场的出现,是整个经济体制改革包括价格改革的结果,而不是价格改革或经济体制改革的条件。在进行体制改革期间，由于原来的体制继续在起作用，传统体制必然带来的投资饥饿症不可避免，社会经济生活总会绷得比较紧而不可能宽松。如果只有具备宽松的经济环境，才能进行经济体制改革和价格改革，就会因宽松环境难以出现而使改革无限期推迟下去。同时，在经济腾飞时期，社会总需求的超前增长，货币的超前发行，从而一定程度的通货膨胀，对发展中国家来说是一般规律，而我国进行价格改革时，正处于经济腾飞阶段，因此只能在经济关系比较紧张而不是比较宽松的环境下进行。

我认为这种认识是不完全的。

首先，作为一般命题来说，价格改革和经济体制改革一样，需要有一个比较宽松的经济环境，才能顺利进行，这已为我国和外国经济体制改革的实践所证明。道理很简单，在比较宽松的经济环境下，回旋余地大，承受风险能力强；在调整经济利益关系时摩擦和冲突小，或者即使发生冲突时，国家有较充裕的后备力量进行调节；可以保证经济的稳步增长，即经济的发展不因体制改革而剧烈波动，而且能使改革促进经济发展的成效比较快地显现出来；有利于安定人民生活和逐步提高人民的收入水平；等等。所以，二十世纪七十年代末八十年代初，一些研究东欧国家经济体制改革的经济学家到我国做学术报告时，就曾提出：进行经济体制改革，应选择经济发展比较平稳、经济比例比较协调、国家具有一定后备力量的时机进行，在国民经济比例失调、财政大量赤字的条件下，轻率地全面进行改革，风险太大。从 1979 年以来，我国实施调整、改革、整顿、提高八字方针，直到 1984 年，都是以调整为中心，把克服国民经济比例失调、建立比较协调的宏观经济比例关系放在第一位，而把全面经济体制改革，推迟到 1984 年 10 月党的十二届三中全会以后。

其次，就我国现实情况看，由于原来的经济体制在经济运行中继续发生作用，而且在许多领域仍占优势，传统体制必然带来的投资饥饿症远未消除,经济关系的确并不宽松也很难一下子宽松。但是,我们必须从理论上搞清楚,宽松的经济环境对于经济体制改革包括价格改革的顺利进行是很重要的。比如,为了在近期内解决双重体制并存的局面,使新的体制在各个领域内逐步占据主导地位,当前要着重抓紧建立和完善社会主义市场体系,为此,要把价格改革放在重要地位。具体来说,"七五"期间价格改革要迈出比"六五"期间更大的步伐,首先要加快价格形成机制转换的步伐,从国家统一定价为主转换到以浮动价格和市场价格为主,价格的决策权主要应放给企业,尤其是大中型企业。否则,就不利于社会主义市场体系的建立和完善,不能使新体制在经济运行中起主导作用。而价格形成机制的转换和价格决策权的下放,在社会总需求大于社会总供给,货币发行量已经偏多的条件下,肯定会带来物价总水平的上升。"七五"期间,在加快价格形成机制转换的同时,在改革价格体系方面就要逐步解决能源、原材料价格偏低、初步理顺工业生产资料价格的问题,因此估计物价总水平将上涨30%以上。为了保持市场物价的基本稳定,或者顶多使全国零售物价指数上涨率控制在年平均不超过5%—6%的范围内,生产资料价格水平上涨的部分,除了企业吸收消化一部分以外,不能让其余部分都反映到消费品价格上面,而要通过国家的减税让利或补贴,由财政负担一部分。这就是说,价格改革要得到财政的支持。改革的步子迈得越大,需要的财力越多。因此,在"七五"期间,如果要进行大步的价格改革,加快价格形成机制的转换,并且初步理顺工业生产资料的价格,需要国家拿出较大的财政力量予以支持。在这种情况下,就必须下决心控制基本建设和固定资产投资的规模(与此同时,控制消费需求的增长),从控制基本建设和固定资产投资中省出一部分财力用来支持价格改革。如果不控制基本建设和固定资产投资规模,还是把大量的财力用于增加这方面投资,就没有足够的财力支持价格改革。情况将是这样:要顺利进行价改革,就必须控制建设规模;如果继续把大量财力用于扩大建设规模,价格改革就难迈大步或者难以顺利进行。总之,我们如果要把改革放在第一位,使建设服从于改革,在推进价格改革时,就必须控制建设和投资规模,腾出一部分财力用于支持经济体制改革和价格改革,为经济体制改革和价格改革创造比较良好的经济环境。

再次,要正确理解对价格进行结构性调整和通货膨胀的关系。为了使对价格的结构性调整能够顺利进行,要防止通货膨胀。因为对价格的结构性调整本身,就会导致物价总水平的上升(这是由我国基础产品价格偏低需要提高和原来在市场上流通的货币量已经偏多这两个因素决定的),如果再加上通货膨胀的因素,就容易使物价总水平失去控制,难以保持市场物价的基本稳定,甚至会造成物价的轮番上涨以及物价和工资的交替上升。

我国前几年的价格改革也可说明上述道理。这几年改革价格体系,由于是伴随着几次社会总需求膨胀、现钞发行过多的情况下进行的,已经引起市场物价总水平较大幅度的上升。从 1979 年到 1985 年,全国零售物价总指数的上升幅度已接近 30%。在这当中,既有由对原来不合理的价格体系进行结构性调整引起物价上涨的因素,如提高农产品收购价格、提高一部分原材料价格等,同时又包含有由通货膨胀带来物价上涨的因素。例如,1984 年增发人民币 262 亿元,增发的钞票等于原来市场流通的现金的 49.5%。这就引起 1985 年物价上涨率高达 8.8%[①],超过了平均利息率,成为经济生活不够稳定的一个因素。由于物价总水平的上升,包含有通货膨胀的因素,也影响了我们对不合

[①] 从增加货币供应量到物价上涨要有一个过程。这个过程一般为一年左右时间。米尔顿·弗里德曼说:"通货量作用的发生需要时间。一般说来,在过去一个多世纪以来,美国、英国及其他一些西方国家通货量大约增加到 6 至 9 个月才能渗入经济,产生经济增长和就业增长的效果。再过 12 至 18 个月以后增加了的货币量才能严重地影响物价,促使通货膨胀的发生或加快增长。"(〔美〕米尔顿·弗里德曼:《论通货膨胀》,第 115 页)

理的价格结构进行调整,或者使这种调整的成效减弱。例如,前已提到,我们开始进行价格改革时,粮食价格处于整个比价关系中的"锅底",所以,价格改革从调高粮食收购价格开始,这对粮食生产的发展起了很好的推动作用。但是,经过这几年价格的调和放,现在粮食价格又差不多回到整个比价关系中的"锅底"的状况,成为当前影响粮食生产进一步发展的一个原因。物价总水平上涨包含通货膨胀的因素,还使某些产品的价格更加扭曲(如一些服务收费,像地铁和公共汽车票价显得更加偏低),使某些重要生产资料的国家牌价和市场价格的差距不是缩小而是扩大,物价轮番上涨压力很大等。还有,我们曾经设想,把原来不合理的比价关系理顺,将使物价总水平上升30%—50%,经过这几年的价格改革,物价总水平已经上升了近30%,但是,由于这几年物价总水平的上升包含通货膨胀的因素,现在看来,为了使现在不合理的比价关系理顺,价格总水平上升幅度还将达到30%—50%,甚至更多一点(如果考虑到理顺房租要使房租上涨十倍左右的话)。

最后,宽松的经济环境还是经济体制改革及其成效发挥的重要条件。我们知道,经济体制改革就是要在社会主义经济中承认和重视商品货币关系,充分利用市场机制的作用,使社会生产同社会需要与消费更紧密地联系起来。而市场机制发挥其积极作用的重要前提条件,则恰恰是社会总供给大于社会总需求的买方市场的存在。例如,波兰经济学家弗·布鲁斯在提出他那"含有可调节的市场机制的计划经济"模式时,就曾指出:"由于经济方面的严重紧张而引起的比例失调的后果之一,就是难以保证、有时甚至不可能保证市场机制有效发挥作用的基本条件——买方市场。有了买方市场,上面所说的对市场机制的许多批评就会部分地或完全地失去意义。"[1]如果社会总需求总是大于社

---

[1] 〔波兰〕弗·布鲁斯:《社会主义经济的运行问题》,第191页。

会总供给，以及由此带来的通货膨胀，一些质次价高的商品也成了"皇帝的女儿不愁嫁"，那么，市场机制那种督促企业按社会和市场的需要而生产，努力改进技术，提高产品质量，改进花色品种，降低产品成本，用质好价低来占领市场，从而增进社会经济效益等积极作用，都无从发挥出来。所以，改革经济体制，在计划经济中引进市场机制，来改善我们的经济组织和管理工作，以利于经济的健康发展，也要求努力创造社会总供给略大于社会总需求的有限的买方市场条件。

有人认为，主张建立买方市场会造成社会物质财富的浪费，因为社会总供给大于社会总需求，总有一部分产品是多余的、不进入消费领域的，还不如努力实现社会总供给和总需求的平衡。这个问题需要具体分析。社会总供给略大于社会总需求，是有一部分物质财富不进入当年的消费。但它有三方面的用途。第一是可以留作后备，第二是可作为机动随时动用，第三是抵补被淘汰的产品。这三方面用途都是发展国民经济所必要的，因而应当作为国民经济综合平衡的有机组成部分，而不是被浪费掉了。社会总供给略大于社会总需求，安排一部分产品作为抵补被淘汰的部分，对于发展社会主义商品经济，对于使各个企业感受到市场的压力，逼迫它们努力革新技术，改善经营管理，提高产品质量，提高劳动生产率，讲求经济效益，都大有好处。这正是市场机制发挥作用的条件和结果。如果社会总供给和社会总需求正好平衡，没有留出后备、机动特别是没有留出用于抵补被淘汰产品的部分，就意味着或者认为社会所生产的产品都是适销对路的，而这是不现实的，事实上也不可能做到；或者认为只要是生产出来的产品都必须推销出去，没有选择的余地，没有报废和淘汰的风险，从而损害消费者的利益，并鼓励生产者和经营者安于现状，不求进取，这看来是不可取的。只有供给略大于需求的平衡，才是留有后备、留有机动、留有余地的平衡，表现在市场上，就是有限的买方市场。这样的环境能够较好地应付和解决改革进程中利益关系的调整对于资金、物资的需要和其他不时不测之需,克服改革遇到的种种困难和障碍。这样的环境特别有利于社会主义商品经济的发展,有利于克服多年来我国社会经济生活中存在的供应紧张,配给排队,产品质量低劣也不愁卖不出去的严重弊端,有利于开展竞争、优胜劣汰,从而有利于社会生产力的迅速提高。

当然,只有通过改革经济体制和实现经济发展战略的转变,才能最终建立比较稳固的宽松的经济环境,使整个国民经济进入良性循环的阶段。但是,这并不等于说,在体制改革和发展战略转变完成以前,就绝对不可能创造和出现宽松的经济环境。只要我们思想认识明确,方针正确,措施得力,真正把改革放在第一位,建设为改革让路,完全有可能把投资规模的不适当膨胀控制住,实现社会总供给和总需求及其结构的基本平衡,实现财政、信贷、物资和外汇的基本平衡以及它们之间的综合平衡,国民经济平稳发展,国民收入稳步增长,国家后备力量较强,市场物价基本稳定,而这正是宽松的经济环境。我国 1981 年实行对经济的进一步调整后,1982—1983 年事实上已出现过这样良好的经济环境——当时被人们称为进行价格改革的黄金时期。可惜那时没有及时抓住这种有利时机,对工业生产资料的价格进行较大步伐的改革。还有,所谓宽松的经济环境,是有一定弹性的概念,真正的和稳固的宽松环境,的确是经济体制改革和经济发展战略转变的结果,但是,一定程度的和一定时期的比较宽松的经济环境,则是可以在改革完成和发展战略转变以前争取到的。关键在于指导思想是不是真的认为改革需要有一个良好的、宽松的经济环境。如果有明确的认识,我们就能自觉地运用各种手段,认真控制投资需求和消费需求的增长,努力创造有限的买方市场势头,推动经济体制改革和社会主义现代化建设,然后在新体制下形成自我调节和控制的机制,约束需求的增长,使买方市场的势头逐步得到发展与巩固,从而有利于新的经济体制和发展战略的最终形成和巩固。认为只有实现体制改革(和发展战略转变)后才能出现宽松的经济环境,就有可能松懈我们的努力,有时甚至会坐失良机,这对加快体制改革的进程是不利的。

第二节 克服盲目追求发展速度的过热现象是创造宽松经济环境的关键

为了给价格改革和整个经济体制改革创造一个良好的宽松的经济环境,关键在于克服盲目追求发展速度的经济过热现象,真正实现经济发展战略的转变,从盲目追求高速度的数量增长型转变为重视效益和质量的效益提高型,各项经济活动都以讲求效益为中心和出发点。从这里,可以看出经济体制改革和经济发展战略之间的密切关系。

国内外社会主义建设经验都表明:在传统体制下运行的社会主义经济,都存在着强制的增长机制,经常使经济过热。不仅是中央政府,而且地方政府,都容易产生扩张冲动,投资饥饿。国民经济的各个层次都想发展得越快越好,计划野心勃勃,打得很紧,经常留缺口,尤其是在经济形势较好时,更是要追求超高速度,结果使增长欲望与实际潜力之间的鸿沟越来越大。同时,还常常表现出这样一种特征:每次由于盲目追求高速度,出现国民经济比例失调,基建战线过长,不得不对经济进行调整之后,即每次控制投资规模、压低速度之后,接着而来的是一次更大的更猛的增长。这种情况,引起人们怀疑社会主义经济发展是否也有周期性的涨落问题。

社会主义经济是计划经济,一般都制订发展国民经济计划作为各项经济活动的指导。但是,长时期以来,几乎每个社会主义国家都把完不成计划作为经济形势不好的标志,而把提前和超额完成计划作为经济形势大好的标志。其实,提前和超额完成计划并不都是好事。计划留有余地,有一定的弹性,并不是为了让下面超过,而是为了加强计划的科学性,为了预防不测,便于及时调整。有两种不同的情况:如果是短线部门(产品)超额完成计划或提高资源利用效率使计划超额完成,当然是好事;但如果是长线部门(产品)超额完成计划或通过增加投入使计划超额完成,则会打乱计划,破坏平衡,造成新的紧张和更大的不合理。不加区别地笼统说超额完成计划是好事,常常导致层层加码互相攀比速度的不良后果。

攀比速度,经济过热,需求过度,意味着宏观经济比例不协调。在这种情况下,物价总水平就难以控制,通货膨胀就不可免,就谈不上宽松的经济环境。

反对盲目追求高速度,并不是不要发展速度,也不是速度越低越好。我们国家大,人口多,农村剩余劳动力多,经济比较落后,人民收入水平低,需要急起直追,加快四化建设的进程,自然需要保持一定的发展速度。这是不成问题的。在提高效益和保持经济协调发展的前提下,经济发展速度高一点更好。现在问题在于,首先,我们计算速度的办法不够完善,有许多毛病。多年来,我们都是以工农业产值的增长速度作为评价发展速度的主要标志,甚至作为经济发展的战略目标。这是传统的数量增长型的发展模式,即以产值增长为目标,以增加积累和投入为手段,以外延发展为方式,而提高质量和经济效益、平衡协调和结构改造、技术进步和技术改造等,则常被忽视。一些发展中国家曾经实行这种模式,结果付出了很大的代价,效果不理想。工农业总产值指标不仅因其未包括在国民经济中日益重要的交通运输业、建筑业、商业服务业和其他第三产业的发展情况而有其很大局限性,而且它因按工厂法计算而存在许多缺陷和弊端,远不能反映经济活动和发展的效果,因此,理论界和经济界多年来一再呼吁不应再把产值速度作为衡量经济发展成绩的主要指标和考核、评选干部的依据。应当寓速度于效益之中，采用能够全面反映经济活动及其效益的指标。近年来，国家已规定国民收入作为评价经济活动的综合指标，大城市则用国民生产总值作为主要考核指标，这是一个很大的进步。但是，以工农业总产值作为经济发展主要指标的传统观念和做法，仍然有广泛的市场，需要从理论上更好澄清和改进考核指标体系。

其次，速度和效益是经济发展的两个方面，它们是能够统一起来的，但是，有时又可能是不一致的。一定的发展速度可以是由提高经济效益得来的，例如，通过增加产品品种，提高产品质量，降低物质消耗和成本，提高劳动生产率，取得经济发展速度，在这种情况下，速度和效益是完全一致的。但是，也可能出现这种情况，高的发展速度伴随着产品质量下降和物质消耗与产品成本上升，这时速度和效益就不一致而是相矛盾的。需要指出的是，在盲目追求高速度下，出现的往往是后一种情况，即在获得高速度时经济效益却下降了。这样的高速度只是表面的，含有水分的，因而是不实在的，不可能使人民得到真正的实惠的。

创造比较宽松的经济环境，主要在于实现经济发展战略的转变，其核心，则在于从以速度为中心转变为以效益为中心。这个转变实非易事。因为我国当前的短缺经济本身存在着追求数量的巨大压力，劳动力过剩的状况常常助长着外延扩张和粗放经营；另一方面，讲求效益所不可或缺的技术进步和技术改造是有一定的难度和风险的，目前也还缺乏使各项经济活动都以讲求效益为中心的内在经济机制。在这种情况下，如果从上到下对以提高经济效益为中心的指导思想不是十分明确和坚决，政策措施不是非常有力，经济机制和企业行为没有显著的改变，那么，就难以加快实现向以提高经济效益为中心的轨道转变，我国经济形势要进一步向好的方向发展也增加了困难。

我国经济经过前几年的调整，已经取得了显著成效，宏观经济比例，有一些大的方面，特别是农、轻、重比例，已趋于协调。但是，也要看到,还有一些重要经济比例,仍然存在不够协调的现象。除了前面说的社会总需求仍然大于社会总供给的问题没有根本解决外,还存在其他方面的问题。例如,第三产业发展落后,同第一、第二产业发展不协调,影响宏观经济效益的提高;能源、原材料工业发展严重落后于加工工业的发展,发电量系数不是超前而是落后[1];基础设施建设明显落后于城市经济的发展;等等。而存在这些问题的原因,同过去农轻重比例失调的原因一样,是盲目追求高速度,特别是盲目追求按产值计算的工农业发展速度。由于把注意力集中用在工农业产值的增长上,自然容易挤掉第三产业的资金和劳动力,挤掉那些投资大、收效慢、只有微利甚至无利的基础设施建设和能源、原材料生产。

总之,为了给经济体制改革和价格改革创造良好的宽松的经济环境,实现宏观经济比例基本协调,最根本的,是放弃盲目追求高速度,特别是盲目追求按产值计算的工农业发展速度,真正把经济工作转移到以提高经济效益为中心的轨道上来。

第三节 评所谓价格改革的"黄金时期"

1984年11月25日至30日在江苏省常州市举行的中国价格学会第三次价格理论讨论会,讨论了价格改革的时机问题。在发表的讨论会《纪要》中,认为当时正是改革价格体系的"黄金时期"。《纪要》说:"对当前时机的估计,比较普遍的看法认为,当前是改革价格体系的'黄金时期',改革的宏观条件基本成熟,这主要表现在:①当前我国安定团结的政治局面日益巩固,经济调整工作取得了重大成绩,1984年

---

[1] 各国在工业化过程中,发电量增长总是大大高于工业的增长,超前系数一般在1.6—1.8之间。我国1954—1980年发电量超前系数为1.33,1981—1983年降到0.7左右,1984年为0.52,1985年为0.44。

以来,工业生产和交通运输出现了稳定、均衡、持续的增长,城乡市场繁荣,这是多年来少有的好形势。②实现了生产、利税、财政收入'三同步'的好势头。③农业连年获得大丰收,农民收入逐年增加;企业改革过程中,工人收入水平也有不同程度的提高。④价格管理办法的初步改革,已见成效,受到群众欢迎。上述情况表明,我国财政经济状况已开始全面好转。但是还必须清醒地看到,同实现根本性的好转还有距离。因此,对时机的估计要恰当,估计不足或过头,都会影响到改革迈步。"①

现在回过头来看,上述对时机的估计是不够全面的,因而所谓改革价格体系的"黄金时期"的判断是不准确的。让我们先回忆一下那几年经济发展的过程吧。

1981年和1982年,国家由于着重抓经济调整,收到了重大的成效,扭转了在过去"左"的指导思想影响下形成的严重比例失调状态,使我国国民经济开始走上健康发展的轨道。这两年在采取重大调整措施的过程中,社会总产值、工农业总产值、国民收入的增长速度仍然分别超过4%、5%和8%,而经济效益有所提高,速度比较扎实。特别是经过大力调整,做到了社会总供给略大于总需求,在1982年下半年出现了历史上少有的有限的买方市场势头,形成了比较宽松的经济环境,为以后的价格改革和整个经济体制改革创造了较好的前提条件。

首先,农业总产值1981年比1980年增长6.6%,1982年又比1981年增长11%,平均年递增达到8.7%。其中,粮食由1980年的32,056万吨增长到1982年的35,343万吨,两年增长10.3%。棉花由1980年的270.7万吨增长到1982年的359.8万吨,增长32.9%。油料由1980年的769.1万吨增长到1982年的1181.7万吨,增长53.6%。其他经

---

① 《中国价格学会第三次价格理论讨论会纪要》,中国价格学会编《价格论文选集》第三集,第3页。

济作物增长也很快。

工业生产也有发展。1981年工业总产值比上年增长4.1%,其中轻工业增长14%,重工业下降了4.7%。1982年重工业停止下降,有所回升。全年工业总产值比上年增长7.7%,其中轻工业增长5.7%,重工业增长9.8%。

这两年,全民所有制单位固定资产投资额为667.51亿元和845.31亿元,分别比上年减少78.39亿元和增加177.8亿元,其中基本建设投资1981年比上年减少115.98亿元,1982年仍未达到1980年水平。由于压缩了基本建设投资,一部分重要生产资料出现了有限的买方市场,因而从经济机制上有力地促进了生产资料特别是机器制造业产品质量的提高。

对经济的进一步调整,不仅改善了经济结构,而且改善了财政状况。1981年财政总收入为1089.5亿元,与上年基本持平,总支出为1,115亿元,财政赤字为25.5亿元。1982年财政总收入为1,124亿元,比上年增加34.5亿元,总支出为1,153.3亿元,财政赤字为29.3亿元。这就改变了过去财政收支存在大量赤字的状况。

这两年还保持了市场物价的基本稳定。全国零售物价总指数,1981年比上年提高2.4%,1982年比上年提高1.9%。职工生活费用价格总指数,1981年比上年提高2.5%,1982年比上年提高2%。

由上可见,1981年和1982年对经济的进一步调整,成效是显著的,为国民经济的进一步健康发展和经济体制改革创造了良好的条件。

1983—1984年经济获得高速度发展,后期还出现了经济过热现象,为价格改革和经济体制改革带来了某些困难。

1982年9月,胡耀邦总书记在党的十二大报告上,提出了从1981年至二十世纪末我国经济建设的宏伟的战略目标,这就是:在不断提高经济效益的前提下,力争使全国工农业的年总产值翻两番,即由1980

年的7,100亿元增加到2000年的28,000亿元(按1980年不变价格计算),并确定农业、能源和交通、教育和科学是实现上述经济发展目标的战略重点。全国人民在十二大报告精神的鼓舞下,团结一致,专心致志,为全面开创社会主义现代化建设的新局面而英勇奋斗。在客观上,由于1981、1982年对经济的进一步调整,一些主要比例关系趋于协调,加上实行改革和开放的方针,其中农村改革获得特别令人瞩目的成功,为经济生活注入了一定的活力,这也有利于经济的高速度发展。

在经济形势好转的情况下,在1983、1984年经济的高速度发展中,历史上反复出现过的急于求成、片面追求高速度的因素又滋长起来。这就是,自从1982年把工农业总产值翻两番作为经济发展战略目标后,由于没有认真贯彻执行以提高经济效益为前提的指导思想,追求产值和攀比速度之风重新抬头。1982年末就出现了膨胀的迹象和过快的苗头,1983年未能有效地控制,并且逐渐到1984年下半年形成过热的现象。

1983年和1984年,社会总产值分别比上年增长10.3%和13.8%,农业总产值分别比上年增长9.6%和17.1%,工业总产值分别比上年增长10.5%和14%,国民收入分别比上年增长9.8%和13.9%。

问题比较突出的是固定资产投资的增长额。1983年和1984年,全民所有制单位固定资产投资额分别比上年增长106.65亿元和233.22亿元,增长12.6%和24.5%。其中,基本建设投资额分别比上年增长38.6亿元和149.02亿元,比上年增长6.9%和25.1%。也就是说,这两年的平均速度超过国民收入的增长速度。与此同时,消费基金增长也过快。如职工平均工资,1983年为826元,1984年为974元,分别比上年增长3.5%和17.9%;工资总额1983年为934.6亿元,1984年为1,133.4亿元,分别比上年增长6%和21.3%。而全民所有制独立核算工业企业全员劳动生产率1983年和1984年分别比上年增长7.6%和

7.8%。总之,这两年工资的增长速度超过劳动生产率的增长速度。

投资增长和消费基金增长过快,都超过了国民收入增长速度,因此,1983和1984年,出现了国民收入超分配的不正常现象。这两年,财政赤字虽然不大,但信贷收支差额扩大,1983年增发人民币80亿元,1984年增发人民币262亿元,1984年新增发行量等于年初流通量的一半。通货膨胀带来物价上涨。1985年全国零售物价上涨率高达8.8%,是近几年来最高的。其中城市零售物价上涨率已高达两位数,各方面反应强烈,责难也不少。

需要指出,这两年特别是1984年高速增长的形成,在相当大的程度上,一是靠投资膨胀,靠外延型的扩展;二是靠以落后技术挤先进技术,以小企业挤大、中企业,影响了企业结构的优化,严重制约着规模经济效益的发挥。据统计,1984年比1983年,小型工业企业比重由占工业企业总数的98.5%上升到98.54%,相应地大中型企业的比重则有所下降;三是靠大批进口原材料和散件组装,致使国家外汇储备下降。

1984年经济过热还导致工业生产发展速度起伏过大。如轻工业由1981年的14.1%降至1982年的5.7%,又升至1984年的13.9%;同期重工业则由-4.7%猛增到9.8%,再上升到14.2%。从而又一次呈现某种起伏的周期性。

经济过热导致社会总需求膨胀,较多地超过总供给,使总供给与总需求这一最重要的比例关系又一次失调,这种经济环境不利于经济体制改革的深入推进,也影响经济体制改革的成效。现在越来越多的经济学家都认识到,1984年经济过热,使1981、1982年通过调整经济好不容易取得的比较宽松的有利于进行价格改革和整个经济体制改革的"黄金时期",未能保持下去,这是一个值得总结的经验教训。

总之,回顾这几年经济发展的过程,所谓价格改革的"黄金时期",只在1982年短暂出现过。从1983年起,由于片面追求高速度之风重新抬头,宽松的经济环境很快就不再存在。而到了 1984 年,特别是 1984 年年底,则进一步出现经济过热现象,社会经济生活和各种比例关系更趋于紧张,更谈不上宽松的经济环境,改革的"黄金时期"也早过去了。

　　1985 年以来,国务院先后召开了四次省长会议,加强对经济的宏观控制和管理,使从 1984 年下半年以来由于经济过热、发展速度过高而出现的不稳定因素逐步得到缓解。工业生产过高的速度逐步减慢,从 1985 年 7 月份到 12 月份,与上年同期相比,各月增长速度的情况是:20.2%、17.4%、14.5%、11.7%、8.8%、8%,全年平均增长 18%。到年底工业增长速度已趋于正常。基本建设投资有所控制。从 1985 年 8 月份开始,基本建设投资增长速度逐步降低。消费基金控制初见成效。货币净投放额比上年减少 26%。信贷收支情况也有好转。城乡个人储蓄存款增加较多。外贸出口也逐步向好的方面发展,不适当的进口已得到控制。

　　可见,今后的任务,正是在搞好对宏观经济的调节和控制的基础上,协调各种重大经济比例关系,保持经济的稳定的按比例的发展,重新创造经济体制改革和价格改革的宽松的经济环境,创造价格改革的"黄金时期",稳步地、顺利地推进和实现价格改革,包括价格体系改革和价格体制改革。